Mariana Brasil

Das Elf-Minuten-Mädchen

Mariana Brasil

Das Elf-Minuten-Mädchen

Aus dem Portugiesischen
von Sabine Giersberg und
Barbara Mesquita

Droemer

Originaltitel: Entre as fronteiras – O manuscrito de Sônia
Originalverlag: Itália Nova Editoria

Die Folie des Schutzumschlags sowie die Einschweißfolie
sind PE-Folien und biologisch abbaubar.
Dieses Buch wurde auf chlor- und säurefreiem Papier gedruckt.

Besuchen Sie uns im Internet:
www.droemer.de

Redaktion: Angela Troni
Umschlaggestaltung: ZERO Werbeagentur, München
Umschlagabbildung: Getty Images
Satz: Adobe InDesign im Verlag
Druck und Bindung: GGP Media GmbH, Pößneck
Printed in Germany
ISBN 978-3-426-27395-1

2 4 5 3 1

Allen Frauen gewidmet,
die ihren Körper in die Seele verwandelt haben,
denn sie hat ihnen erlaubt weiterzuleben.

Vorwort

Mit großer Freude stelle ich Ihnen *Das Elf-Minuten-Mädchen* vor. Eine ganze Reihe von manchmal komplizierten und verwirrenden Umständen, dazu Menschen, Gefühle und die Hoffnung auf bessere Tage waren das Rohmaterial, aus denen ich die Figur der Mariana erschuf. Der brasilianischen Prostituierten gelang es, ihren Schmerz zu besiegen, indem sie sich ihren »heiligen Raum«, ihren Glauben an das Leben bewahrte. So meisterte sie ihr Schicksal, ohne ihr Herz und damit die Fähigkeit, mit anderen mitzufühlen, zu verlieren.

Anhand von Marianas Lebensweg und dem ihrer Kolleginnen lassen sich Träume, Ängste, Enttäuschungen sowie freudige und traurige Momente miterleben. Für *Das Elf-Minuten-Mädchen* habe ich Aussagen und Lebensberichte von Menschen aus unterschiedlichen gesellschaftlichen Milieus gesammelt, von der Unterschicht bis zur Elite. Dennoch handelt es sich keineswegs um einen banalen Erlebnisbericht und schon gar nicht um eine vulgäre Beschreibung der Welt der Prostitution Europas und Brasiliens in den neunziger Jahren.

Dieses Buch ist vielmehr eine Abrechnung, ein Befreiungsschlag und zugleich ein Weg, mit den Schreckgespenstern meiner Vergangenheit umzugehen. Es ist auch ein Akt der Bewusstwerdung und der Verwandlung in einen freien Menschen, der fähig ist zu lieben – eine Geschichte, die mir im Verlauf meines Lebens förmlich in die Haut geritzt wurde.

Die Tatsache, dass ich mein Buch überhaupt publizieren konnte, habe ich einem außergewöhnlichen Ereignis zu verdanken:

Wie viele andere Menschen auf der ganzen Welt bin auch ich eine Anhängerin von Paulo Coelho, und als solche fuhr ich 1999, zwei Jahre nach der Fertigstellung meines Manuskriptes, nach Mantua. In der italienischen Stadt fand ein Literaturfestival statt, dessen Ehrengast der berühmte brasilianische Schriftsteller war. Ich stellte mich also mitten ins Publikum und hielt ein Schild in der Hand. In Portugiesisch, unserer Muttersprache, hatte ich darauf geschrieben: »ERFÜLLEN SIE MIR MEINEN TRAUM, UND SCHENKEN SIE MIR EINE MINUTE IHRER ZEIT.«

Eigentlich wollte ich Paolo Coelho bloß darum bitten, mein Manuskript zu lesen und mir seine ehrliche Meinung darüber zu sagen. Und unser erstes Treffen dauerte tatsächlich nur eine Minute, denn so lange brauchte er, um mir die Adresse seines Hotels zu notieren, damit ich meinen Text an der Rezeption für ihn abgeben konnte. Überraschenderweise hat Paolo Coelho meine Zeilen tatsächlich gelesen.

Einige Monate später rief er mich nämlich an, um mir zu sagen, dass ihm mein Text sehr gut gefallen habe. Er war damals in Zürich und lud mich ein, ihn dort zu treffen. Freudig fuhr ich hin. Als ich ankam, aß er gerade mit Monica, einer Reporterin der Boulevardzeitung *Blick*, und einem befreundeten Schriftsteller zu Abend. Netterweise hatte man im selben Hotel ein Zimmer für mich reserviert. Nach dem Abendessen bat er mich, sie alle drei zu der Straße zu bringen, in der ein Teil meines Buches spielt. Ich muss gestehen, es war ein ganz besonderer Abend.

Sowohl Paolo Coelho als auch seine beiden Begleiter waren tief beeindruckt von der Stärke, Entschlossenheit und Natürlichkeit dieser Frauen, Mütter, Schwestern, Töchter, Freundinnen und Geliebten. Wie Coelho in seinem Vorwort zu der brasilianischen Ausgabe meines Romans schrieb, signierte er mit großer Freude diverse Bücher für einige dieser Frauen, die umgehend nach Hause geeilt waren, um sie zu holen.

Ich erinnere mich noch genau, dass er irgendwann von einer Passage aus der Bibel über die Begegnung von Maria Magdalena und Jesus sprach, in der es heißt: »Wer sehr liebt, dem wird viel vergeben werden.« Diese besondere Nacht war die »Genesis der elf Minuten«. Im Nachwort zu seinem Buch *Elf Minuten* erwähnt er nicht nur mein Manuskript, er dankt auch Sonia (so lautet mein richtiger Name) und einigen anderen Prostituierten, die alle, aufgrund einer Reportage über unsere improvisierte Signierstunde in der Zeitschrift *L'ìlustré,* in Genf zu einer seiner Lesungen kamen.

Wenn diese Begegnung für Paulo Coelho ein Zeichen war, dann war sie für mich der Auslöser, dass ich endlich den Mut fasste, mein Buch zu veröffentlichen und damit einen Traum zu verwirklichen. Mit Unterstützung der Medien, aber hauptsächlich durch das Vorwort von Paulo Coelho, für das ich ihm immer dankbar sein werde, konnte im September 2003 in Brasilien *Das Elf-Minuten-Mädchen* erscheinen.

Auch wenn dieses Vorwort in den internationalen Ausgaben nicht verwendet werden darf, ist die weltweite Veröffentlichung dieses Buches für mich ein Durchbruch. Viele Menschen bekommen dadurch einen Einblick in die Welt der Prostitution, und zwar aus einer besonderen Perspektive: von innen.

Ich möchte Ihnen nun eine angenehme Lektüre wünschen, aber ich möchte Sie auch dazu einladen, über die Stellung der Frauen nachzudenken, die gewollt oder ungewollt ein solches Leben führen, über die Vorbehalte und Vorurteile, vor allem jedoch über die wahren Bedürfnisse all derer, die Teil dieser Wirklichkeit sind oder irgendwie mit ihr zu tun haben.

Ab der folgenden Seite werde ich Mariana und ihre weibliche Seele zu Ihnen, ihren Leserinnen und Lesern, sprechen lassen. Marianas Stimme und ihre Worte, die leise an Ihre Ohren dringen werden, so intim, intensiv und einnehmend, werden Sie in die Hölle ihrer inneren Suche und in das Paradies der Begegnung mit der Liebe führen.

Dieser Lebensbericht besteht aus realen und fiktiven Elementen, nicht zuletzt um die Identität all jener zu schützen, die mir von sich erzählt haben. Jedwede Übereinstimmung mit realen Personen und Orten ist daher rein zufällig und nicht beabsichtigt.

Abschließend möchte ich noch allen danken, die an der Verwirklichung dieses Projektes beteiligt waren. Ich firmiere mit meinem Pseudonym, das ich irgendwann als Schriftstellerin angenommen habe. Dabei vergesse ich jedoch nicht, dass Mariana, die Protagonistin dieser Reise, und ich, Sonia, stets ein und dieselbe waren.

Licht … immer mehr Licht ….

Mariana Brasil

1

Juli 1995
Zürich

Von Mailand nach Zürich

Der zartblaue wolkenlose Himmel verschmolz mit den noch schneebedeckten Gipfeln der Schweizer Alpen. Hier und da sah man wunderschöne Holzchalets, fast alle dunkelbraun gestrichen, und friedlich weidende Kühe. Eine wahre Postkartenidylle. Die Schweiz ist eines der schönsten Länder, die ich kenne.

Endlich wieder Sommer, stellte ich freudig fest, und grüßte durch das Zugfenster die endlose grüne Landschaft.

Neben mir saß eine Deutsche und daneben ein honigfarbener junger Hund, der sauber und frisch gebürstet war wie ein Baby. Das Tier war eine echte Augenweide. Eine Augenweide, die fast die ganze Zeit über kläffte. Bei jedem unruhigen Bellen warf die Besitzerin den anderen Reisenden peinlich berührt entschuldigende Blicke zu. Ich lächelte. Wir fuhren in einem dieser Schnellzüge, mit denen man weniger als vier Stunden von Mailand nach Zürich braucht.

An jenem Montag im Juli 1995 hatte mein Tag früh begonnen. Carol war um sieben weinend aufgewacht. Das war typisch für meine Tochter. Sie schlug immer schlecht gelaunt die Augen auf, und das blieb so, bis sie etwas gegessen hatte. Ihr Weinen hatte Cristofer aufgeweckt, der wie jeden Morgen sein Bett machte und mir einen Gutenmorgenkuss gab. Er war an die Launen seiner Schwester gewöhnt. Cristofer drückte auch Carol einen dicken Kuss auf die Wange, bevor er sich wusch und fertig machte, um das Haus zu verlassen.

Nach dem Frühstück gingen Carol und ich in den Supermarkt einkaufen. Ich wollte, dass Kühlschrank und Gefriertruhe voll waren, denn ich wusste nicht, wie lange ich weg sein würde. Außerdem gab ich Doña Rita, meiner Haushaltshilfe, ein wenig Geld für alle Fälle. Sie war pünktlich um neun gekommen. Nachdem ich mich verabschiedet und ihr die letzten Anweisungen erteilt hatte, ging ich zu Fuß zum Bahnhof, der nur dreihundert Meter von unserer Wohnung entfernt lag. Der Koffer und die Reisetasche waren nicht sonderlich schwer.

Bis nach Mailand musste ich zweimal umsteigen. Das war der Nachteil, wenn man in Cascata wohnte, einer Kleinstadt mit schlechter Verkehrsanbindung.

Ich war völlig in Gedanken versunken, daher überraschte mich die unpersönliche Stimme, die in Englisch, Italienisch und Deutsch ankündigte, dass wir in wenigen Minuten Zürich Hauptbahnhof erreichten. Der Sprecher dankte den Reisenden und wünschte ihnen einen angenehmen Aufenthalt in der Stadt. Die Deutsche neben mir suchte ihr Gepäck zusammen und nahm den Hund auf den Arm. Sie verabschiedete sich mit einem herzlichen Lächeln, bevor sie sich den anderen Reisenden anschloss, die bereits an der Tür standen, noch bevor der Zug angehalten hatte. Ich nahm meinen Koffer und meine Reisetasche und wartete nun ebenfalls darauf, aussteigen zu können.

Gott sei Dank war ich so vorausschauend, auf die Bahnhofstoilette zu gehen und mich frisch zu machen. Schließlich hatte ich keine Ahnung, was mich in Zürich erwartete. Ich war müde von der Fahrt. Trotzdem tauschte ich den bequemen Sportdress gegen ein dezentes und verführerisches türkisblaues Kostüm aus Seidencrêpe. Die Turnschuhe ersetzte ich durch elegante, zu meinem Outfit passende italienische Schuhe. Lippenstift, Make-up, Puder, Lidschatten, fertig: das perfekte Styling. Ich brachte Wimpern und Augenbrauen in Form und löste mein Haar. Als ich mich im Spiegel betrachtete, fühlte ich mich schön. Schön und fremd. Mir selbst fremd. So fing meine Veränderung immer an.

Ich deponierte den Koffer in einem Schließfach. Es funktionierte wie ein Automat: Man öffnete das Fach, schob das Gepäckstück hinein, warf eine Münze in den Schlitz und verschloss es wieder. Nun musste man nur noch aufpassen, dass man den Schlüssel nicht verlor. Auf einer riesigen Anzeigentafel standen die An- und Abfahrtszeiten der Züge. Das hier war mal ein Bahnhof, der den Reisenden das Leben erleichterte.

Ich befand mich im Herzen der deutschen Schweiz. Obwohl Wochenanfang war, herrschte reger Betrieb. Ich sah Touristengrüppchen aller möglicher Nationalitäten, die übervolle Gepäckwagen vor sich herschoben. Andere drängten sich in den Imbissen. Der Bratwurstgeruch war verlockend, und auf einmal bekam ich Hunger. Ich hatte den ganzen Tag über fast nichts gegessen. Es war herrlich, einen Pappteller mit einem Würstchen und einem halb verbrannten, mit Senf bestrichenen Brötchen in der Hand zu halten.

Nachdem ich an der Theke gegessen und eine Coca-Cola getrunken hatte, folgte ich den Hinweisschildern zum Taxistand. Ich musste zehn Minuten warten, bis ich an der Reihe war. Der Fahrer, ein Mann über sechzig, hielt mir die Wagentür auf. Er war einer von den Typen, die sich die Haarsträhnen von den Seiten über den Kopf kämmen, um ihre Glatze zu kaschieren. Der Anblick war lächerlich. Die paar Haare da auf dem Kopf. Die wenigen Strähnen waren sorgfältig nebeneinandergelegt wie bei einer alten Porzellanpuppe.

Da ich kein Deutsch sprach, bat ich ihn auf Italienisch, mich zur Mega Bar zu bringen. Als er die Adresse hörte, musterte er mich komisch und fragte mich in gebrochenem Italienisch, wo ich denn herkäme. Ich sagte, ich sei Brasilianerin, käme aber aus Italien.

Der Alte schaute irritiert und sagte, er habe gedacht, alle Brasilianer seien schwarz. Derartigen Blödsinn hatte ich schon oft gehört, also lachte ich nur.

Im Spiegel betrachtete ich meine offene, schwarze, dank einer Dauerwelle gelockte Mähne, die einen Kontrast zu meiner glatten, hellen Haut bildete. Der Taxifahrer war immer noch nicht überzeugt, dass ich Brasilianerin war.

»Ist es weit bis zur Mega Bar?«, fragte ich.

»Nein, das nicht, aber es ist eine verlassene Gegend. Halten Sie die Augen auf, junge Frau, und Vorsicht mit den Drogensüchtigen«, erwiderte er, und sein Gesichtsausdruck veränderte sich.

Seine Augen glänzten. Das war keine Neugier mehr, das war fast schon Belästigung. Er stellte mir Fragen über Fragen, und ich antwortete möglichst einsilbig, um das Gespräch auf weniger persönliche und indiskrete Bahnen zu lenken. Schließlich erreichten wir unser Ziel.

»Da wären wir, junge Frau. Die Mega Bar ist dort hinten …«

»Ich steige gleich hier aus. Sie können an der nächsten Ecke anhalten.« Ich zahlte, bedankte mich und verließ den Wagen.

Der kahlköpfige Fahrer taxierte meine Hüften und sagte: »Verzeihen Sie, aber Sie sind viel zu hübsch, um hier zu enden. Es gibt so viele alleinstehende Männer, die jemanden suchen … einsam wie ich«, sagte er mit einem Seufzen. »Ich hoffe, Sie bleiben hier nicht lange. Das ist kein Umfeld für eine Frau mit Ihrem Aussehen und Ihrer Klasse. Es sollte diesen Ort gar nicht geben. Wissen Sie was? Suchen Sie sich einen netten Kerl, und wer weiß? Versuchen Sie glücklich zu werden, weit weg von hier, jeder Ort ist besser als diese Straße«, fügte er noch hinzu, bevor er missbilligend den Motor anließ.

Ich sah das Taxi in der Ferne verschwinden, dachte daran, was in der letzten Zeit passiert war, und überlegte, wann es mir wohl endlich gelänge, all das hinter mir zu lassen. Der alte Fahrer wusste nicht, dass das, wovon er gesprochen hatte, mein großer Traum war: ein neues Leben zu beginnen an der Seite eines netten Mannes, den ich, so glaubte ich, bereits gefunden hatte. Ich dachte an Gianluca, eines der Gesichter der Liebe, die mir in meinem Leben begegnet sind. Ich hoffte, es wäre das endgültige.

Als ich mich umsah, stellte ich fest, dass die Umgebung sich komplett verändert hatte. Der Luxus lag ein paar Kilometer hinter mir.

Auf der anderen Straßenseite unterhielt sich ein Mädchen mit pinkfarbenen Haaren mit mehreren anderen. Ich dachte im ersten Moment, sie trüge eine Perücke, aber als sie auf mich zukam, merkte ich, dass ihr Haar gefärbt war. Eine seltsame Gestalt ging neben ihr, die Verkörperung der Morticia aus der Addams Family: schwarzes, eng anliegendes Kleid, extrem hohe Absätze – bestimmt zwanzig Zentimeter –, langes, glattes schwarzes Haar, glänzender roter Lippenstift.

Ich stand da und verfolgte das Treiben um mich herum. Die Straße war trotz der Bauarbeiten sehr belebt. Überall Arbeiter in orangefarbenen Overalls, Reinigungswagen kehrten den Bordstein. Fast nackte Transvestiten stellten sich zur Schau und boten sich den Autofahrern und Fußgängern an. Drogensüchtige vagabundierten mit schwankendem Schritt und glasigem Blick über den Gehweg. Aufmerksame Polizisten in blauen Uniformen patrouillierten die Straße entlang. Später erfuhr ich, dass es ihre Aufgabe war, die Dogensüchtigen des Stadtviertels zu überwachen.

Aber ich sah auch zahlreiche normal wirkende Leute: vorbeieilende Hausfrauen mit Einkaufstüten in der Hand und unscheinbare Männer, die ein wenig langsamer gingen und wie ich alles beobachteten.

Ich erstarrte vor Schreck, als die Polizisten direkt neben mir auf einen jungen Mann zugingen und ihn filzten.

Vielleicht ein Dealer. Nach einigem Gerangel fanden sie ein paar verdächtige Tütchen im Hosengürtel des Jungen. Unter großem Geschrei führten ihn die Beamten zu einem in der Nähe stehenden Transportwagen.

Ich überquerte die Straße und spazierte an Geschäften, Sexshops und türkischen Restaurants vorbei, eines neben dem anderen. Allein beim Anblick des dort feilgebotenen Essens wurde mir übel, außerdem zog es die Fliegen an, die über den Fettaugen summten.

Die reiche, imposante Stadt Zürich hatte offenbar auch ein heruntergekommenes Rotlichtviertel, wie die *boca-do-lixo* in São Paulo.

Ich war also an meinem Ziel angekommen. Ironischerweise bezeichneten die Mädchen diese lange Straße als »Straße der Liebe«.

An einem der Häuser stand auf einem längst vergilbten Schild in Leuchtbuchstaben »Mega Bar«. Ich betrat die dunkle Lasterhöhle, und sofort nahm mir der starke Tabak- und Schweißgeruch die Luft zum Atmen. Zu meiner Überraschung war die Bar voller Leute, darunter viele Mädchen: blonde, dunkelhaarige, einige hübsch, andere weniger.

Ich trat ein mit einem Lächeln, das mir aber sogleich auf den Lippen gefror, als ich die vielen feindseligen Blicke bemerkte. Rasch ging ich zur Theke, nahm mir einen Hocker und setzte mich.

Kurz darauf drang eine schrille Stimme an mein Ohr: »Der ist beseeheetzt, meine Liebe!«

Ich entschuldigte mich, nahm meine Tasche und blieb stehen. Dabei traute ich mich nicht, in die Richtung zu blicken, aus der die Furcht erregende Stimme gekommen war. Angestrengt hielt ich Ausschau nach Judite, doch ich konnte sie nirgends entdecken.

Die Bar war recht klein, aber sie war so eingerichtet, dass man die einzelnen Nischen nicht einsehen und sich deshalb kein richtiges Bild von dem gesamten Raum machen konnte. Draußen war ein schöner, sonniger Tag, die Mega Bar hingegen wirkte wie eine dunkle, kalte Höhle, in der die Menschen sich wie in Zeitlupe bewegten. Über die leise Musik hinweg vernahm ich Gesprächsfetzen, was seltsam war, denn ich sah niemanden, der sich unterhielt. Ein Schild an der Wand besagte, dass die Bar von zehn Uhr bis fünf Uhr früh geöffnet hatte. Ich versuchte mir vorzustellen, was für Leute wohl um fünf Uhr morgens dort verkehrten, wenn es schon um diese Tageszeit der reinste Horror war.

Zutiefst erleichtert entdeckte ich Judite, die gerade zur Tür hereinkam. Ich war schon fast in Panik geraten. Als sie mich bemerkte, kam sie freudestrahlend auf mich zu.

»Hallo, Liebes! Wie geht's? Hast den Hintern doch noch hochgekriegt, was? Als du angerufen hast, hab ich nicht im Traum daran gedacht, dass du wirklich kommst … Hast du dich schon umgesehen? Ganz anders als im grauen Haus, oder?« Judite redete wie ein Wasserfall, es war schwer, mit ihr mitzuhalten.

»Zum Glück bist du jetzt da. Ich hatte das Gefühl, jeden Moment in der Luft zerrissen zu werden. Ist das hier immer so, oder kann es noch schlimmer werden?«

»Viel schlimmer, Kleines. Morgens sind nur Durchgeknallte hier, ein echtes Drecksloch. Betrunkene und zugedröhnte Transvestiten, die meisten Transen arbeiten nämlich nachts. Ich rackere lieber tagsüber und nutze die Nacht zum Schlafen. Und ich rate dir, dasselbe zu tun.«

Während sie redete, hielt sie meine Hand, als wollte sie mich unterstützen. Judite war ein wunderbarer Mensch. Hinter ihrem vulgären Auftreten verbarg sich ein großes Herz.

»Du siehst toll aus! Wie lang deine Haare geworden sind! Steht dir gut ... Auch wenn du mir blond besser gefallen hast, wie damals, als wir uns kennen gelernt haben. Weißt du was? Ich glaube, das wird hier gut für dich laufen. Nutz die ersten Wochen. Die meisten Besucher in dem Laden sind Stammgäste. Sie vögeln jeden Tag. Aber sie probieren gerne was Neues aus. Mariana, Schatz, keine Angst, du wirst dich schnell daran gewöhnen. Nur am Anfang ist es schockierend«, berichtete Judite lachend.

Ehrlich gesagt, war ich tatsächlich entsetzt angesichts der Welt und der Wirklichkeit, die ich gewählt hatte und die so schwer zu verlassen sind, wenn man sie erst einmal betreten hat.

Während ich mit Judite sprach, bemerkte ich eine Frau, die ich aus der französischen Schweiz kannte. Sie hieß Katia, und sie trank gerne mal zu viel. Seit einer ganzen Weile musterte sie mich provozierend. Ich wusste von ihrem Ruf. Sie gehörte zu denjenigen, die in dieser Welt gealtert waren, und man durfte ihr nicht über den Weg trauen. Sie war eine falsche Schlange.

Als sie auf mich zukam, grüßte ich sie und zwang mich zu einem Lächeln.

»Hi, alles klar?«

»Wie soll bei mir alles klar sein, meine Liebe? Ich bin nur noch Haut und Knochen!«, erwiderte sie zornig. »Schon mal drüber nachgedacht? Jeden Tag kreuzt hier eine neue Hure auf, und wir, die wir dieses Loch aufgetan haben, sehen nicht einmal von weitem Kohle. Wenn jede Hure in diesem Laden anfängt, ihre Freundinnen anzuschleppen, dann wird hier bald keine mehr Arbeit haben. Die Kerle sind nur hinter allem Neuen her und so, kapierst du …«

»Jetzt pass mal auf, meine Liebe«, schnitt Judite ihr das Wort ab. »Ja, es ist eine neue Hure auf den Kiez gekommen, und sie wird auch hier bleiben. Denn wenn du mit ihr Zoff anfängst, kriegst du es mit mir zu tun. Wir sind alle hier, um anzuschaffen, und wenn es für sie nichts mehr anzuschaffen gibt, werden die Bullen Luftsprünge machen. Denn dann verschwindet sie, und viele andere Frauen mit ihr! Also, misch dich gefälligst nicht ein, das ist für uns alle am besten! Lass uns in Ruhe und Frieden unsere Freier suchen.«

Judite hatte den Streit für mich geschlichtet, ich war überrascht, wie gut sie das *pajuba* draufhatte, den brasilianischen Jargon des Nachtlebens. Ich hatte zwar schon viel über Zürich gehört, aber auf einen derartigen Empfang war ich nicht vorbereitet. Offenbar war es schwierig, hier einen Platz zu ergattern. Aber nachdem Judite die Message laut und deutlich verkündet hatte, glaubte und hoffte ich, keine weiteren Probleme mehr zu haben, zumindest nicht in der Bar. Jedenfalls war ich ihr sehr dankbar für die Hilfe. Und ich war ihr etwas schuldig. Schließlich hatte Judite mir eine Eintrittskarte in das horizontale Gewerbe Zürichs verschafft.

Schimpfend verließ Katia die Bar, aber die Botschaft war mit Sicherheit angekommen. Alle Anwesenden sahen zu uns herüber. Judite lud mich ein, sie in ihr Apartment zu begleiten. Auf dem Weg dorthin konnte ich mich nicht zurückhalten und fragte sie: »Mensch, wo hast du denn nur so zu reden gelernt?«

»Nachts, wie wir alle, Mariana, aber ich hasse diesen Wortschatz. Ich rede nur dann so, wenn es gar nicht anders geht, wie heute. In Brasilien war ich bei vielen Candomblé-Veranstaltungen, bei denen manche dieser Wörter auch verwendet werden. Meine Großmutter ist Candomblé-Priesterin. Wer das *pajuba* versteht, hat in einer anderen Dimension gelebt. Aber den Huren bleibt der tiefere Sinn der Sprache der Initiierten verschlossen. Und du? Wo hast du den Jargon gelernt?«

»In São Paulo, bevor ich nach Italien gegangen bin. Meine Freundin Clara war oft in Sex-Bars und hat mich manchmal mitgenommen. Dort, im Saudoso 69 Big, habe ich ein paar Wörter aufgeschnappt.«

Ich hatte mich getäuscht. Auf der Straße verkehrten doch keine normalen Leute. Judite sagte mir, die Frauen, die in meinen Augen wie Hausfrauen aussahen, seien in Wirklichkeit alteingesessene Huren. Dass sie sich so beeilten, lag daran, dass sie keine Zeit und damit kein Geld verlieren wollten.

Judites Apartment befand sich ganz in der Nähe der Bar, und unterwegs bemerkte ich, dass uns vier Männer folgten.

»Judite, da sind ein paar Kerle hinter uns«, flüsterte ich.

»Das sind Freier, Mariana. Alles, was hier rumläuft, gehört zum Milieu.«

Kurz darauf kamen wir vor dem Haus an. Ich ging hinein, aber Judite war stehen geblieben und redete mit einem der Männer. Als ich sie deutsch sprechen hörte, merkte ich, wie schwer es war, sich in dieser Sprache zu verständigen. Ich konnte einigermaßen gut Italienisch und ein wenig Französisch. So war ich in Europa bisher über die Runden gekommen.

Wenig später kam sie in Begleitung eines vollkommen nichts sagenden Mannes zu mir und sagte, er sei an mir interessiert. Sie zeigte mir, wo die Kondome lagen, und deutete danach auf eine Zimmertür. Sie meinte, ich solle von dem Kerl hundert Schweizer Franken verlangen, es sei eine schnelle Nummer. Sie stellte das Radio laut, ging in die Küche und ließ mich mit dem Unbekannten allein.

Es war tatsächlich eine schnelle Nummer. Sieben Minuten später war der Mann schon wieder weg. Sieben Minuten, in denen wir nicht ein Wort gewechselt hatten. Aber so war es nun mal. In der Regel waren Worte überflüssig.

Nachdem der Kerl gegangen war, beschlossen wir, zu Hause zu bleiben. Es wurde schon dunkel, und wir hatten uns viel zu erzählen. Ich nahm ein Bad, danach aßen wir Reis mit Hähnchen und Tomatensalat, zubereitet von Judite. Ich war müde und musste entspannen, um am nächsten Tag fit zu sein. Judite legte eine Kassette von Seicho-No-Ie ein, der Text des ersten Liedes handelte von Engeln, die Huren geschimpft wurden. Bei den Zeilen musste ich an einen Satz denken, den man dem heiligen

Augustinus zuschreibt und in dem es sinngemäß heißt: »Ohne Prostituierte gäbe es mit Sicherheit mehr Sexualstraftaten auf der Welt.«

In jener Nacht schlief ich weinend ein. Ich weinte meinetwegen, aber auch wegen Judite und all der anderen Frauen, die sich in derselben Situation befanden wie ich. Auf einmal empfand ich eine riesige, unbeschreibliche Leere. Nur weil ich die Erfahrung schon einmal gemacht hatte, konnte ich die Intensität dieses Ohnmachtgefühls verstehen. Und den fehlenden Mut, etwas in meinem Leben zu verändern.

Judite

Ich lernte Judite seinerzeit im grauen Haus in Lugano kennen, und wir freundeten uns sofort an. Von Anfang an bewunderte ich ihre Art. Für sie gab es keine schlechten Zeiten. Selbst in den traurigsten und schwierigsten Situationen fand Judite immer einen Weg, das Personal aufzumuntern.

Sie hatte in der Schweiz geheiratet. Eine Liebe, die so lange dauerte, bis sie feststellte, was ihr Ehemann, ein gewisser Rudolf, bekannt als »Kaugummi«, für einer war. Er betrog sie nach Strich und Faden und trieb sich in anderen Lokalen in Lugano zum Vögeln herum, während Judite im grauen Haus arbeitete.

Als ich eine Zeit lang in der Tanzgalerie in der italienischen Schweiz beschäftigt war, legte der dreiste Kerl, obwohl er wusste, dass ich mit Judite befreundet war, weder Scham noch Respekt an den Tag. Er verlangte, dass ich mit ihm schlief, mit der Begründung, sein Geld unterscheide sich nicht von dem der anderen Freier. Da er meine Weigerung nicht akzeptierte und mich weiter bedrängte, war ich gezwungen, mit Judite über die Angelegenheit zu sprechen. Doch sie wusste längst von den Schweinereien, die er sich ständig leistete, und blieb völlig ungerührt.

»Rudolf taugt nichts …«, bemerkte sie nur und fügte hinzu, wenn ich wollte, könnte ich ruhig mit ihm Sex haben.

»Was? Ich? Mit so einem Mistkerl, der angeblich auch noch auf Vibratoren steht …«

Judite wurde im Nordosten Brasiliens geboren. Als Tochter und Enkelin von Prostituierten hatte sie in ihrem Leben nie etwas anderes getan. Sie war an der Praça da Se in São Paulo aufgewachsen. Irgendwann erzählte sie mir, ihre Großmutter habe ihre Jungfräulichkeit ganze vier Mal verkauft, nachdem sie sie zuvor jedes Mal durch Alaunsteinbäder wiederhergestellt hatte. Judite versicherte mir glaubhaft, dass diese Bäder bestens funktionierten. Das Resultat sei unglaublich, behauptete sie. Das Mädchen werde tatsächlich wieder zur Jungfrau. Sie sagte auch, sie habe schon mehrfach versucht auszusteigen, aber immer sei etwas Unvorhergesehenes geschehen, das sie zwang weiterzumachen. Niemand hätte sie besser verstehen können als ich.

Im Jahr 1984, während ihrer ersten Europareise, bekam Judite mit neunzehn Jahren in Portugal eine Tochter. Der Vater des Mädchens, ein Freier, gewann den Prozess um das Sorgerecht, indem er sich falscher Zeugen bediente und behauptete, Judite arbeite nicht nur als Prostituierte, sondern sie nehme auch Drogen. So wurde das Kind von der Großmutter väterlicherseits erzogen, die aus ihrem Hass gegenüber meiner Freundin keinen Hehl machte. Unter dem Einfluss der Familie des Vaters distanzierte die Tochter sich schließlich von ihr.

Judite war halbe Analphabetin, hatte einen schlechten Kleidergeschmack, und weil sie furchtbare Angst vor dem Zahnarzt hatte, waren ihre Zähne in einem erbärmlichen Zustand. Aber ihr Geld für den Unterhalt ihrer Tochter war gut genug, und die portugiesische Familie nahm es gern.

Einmal sagte sie, sie glaube, ihre Tochter schäme sich, eine solche Mutter zu haben. Mit der Zeit gewann ich den Eindruck, dass Judite sich mit dieser Situation abfand, da sie der Ansicht war, sie sei für ihre Tochter kein gutes Vorbild. Offenbar hatte sie Angst, aus ihrem Kind könne ebenfalls eine Prostituierte werden.

An meinem ersten Abend in Zürich gestand sie mir aufgewühlt, sie habe große Sehnsucht nach ihrer Tochter. Ich wusste nicht recht, was ich dazu sagen sollte, denn ich fand, das Mädchen sollte bei ihr leben. Aber meine Freundin behauptete, sie habe nicht die Kraft, eine solche Situation zu meistern. Ich glaube, im Grunde hatte Judite Angst.

Vor dem Einschlafen dachte ich über ihre Worte nach und fragte mich, ob ein wenig mehr Geld im Leben ein so großes Opfer wert war. Ganz zu schweigen von dem Risiko, das eigene Kind für immer zu verlieren. Doch ich war selbst lange genug auf diesem Weg, und da es scheinbar kein Zurück gab, wollte ich mir, was Judites Entscheidungen anging, kein Urteil anmaßen.

Als ich am nächsten Morgen in Judites Apartment aufwachte, erschrak ich. Einige Augenblicke lang wusste ich nicht, wo ich war. Dann atmete ich tief ein und fühlte mich trotz allem ausgeruht.

»Guten Morgen. Ah! Wunderbar! Ich habe wie ein Stein geschlafen ... Und du, Judite? Wie spät ist es eigentlich?«, fragte ich, noch im Bett, und rekelte mich.

»Ich bin schon eine Weile wach, aber ich habe auch gut geschlafen. Es ist zehn, was denkst du? Wie geht es deinem Kopf? Bist du bereit anzufangen?«, fragte Judite lachend.

Die Stereoanlage war an, und es lief ein Lied von Sérgio Reis, in dem es heißt: »Der alte Topf macht gutes Essen.« Die Hochstimmung meiner Freundin war ansteckend. Sie schaffte es, dass auch ich mich gut und tatkräftig fühlte.

»Klar, Judite. Ich bin mehr als bereit. Allerdings hätte ich gerne ein eigenes Apartment zum Arbeiten. Das ist bequemer, außerdem komme ich dir dann nicht in die Quere. Was meinst du, ob wohl noch eins frei ist?«

»Mach dich hübsch. Wir gehen in die Mega Bar«, sagte sie daraufhin nur. »Um diese Zeit müsste der Besitzer da sein.«

Genau so war es. Zum Glück hatte Herr Gerhard für mich noch ein freies Apartment im fünften Stock eines Hauses, das im selben Viertel wie die Bar lag. Ich zögerte nicht lange und griff sofort zu, fest entschlossen, noch am selben Tag dort einzuziehen.

Wenig später holte ich meine Sachen aus Judites Apartment und nahm vor ihrer Haustür erst mal einen Freier mit. Danach schaute ich noch kurz in der Mega Bar vorbei.

Als ich die Bar betrat, zischte mir jemand hinterher. Ich schenkte dem »Psst« keine Beachtung und wollte schon weitergehen, als eine Stimme mich warnte: »Kollegin, wenn ich dich noch einmal auf dieser Straße beim Räubern erwische, dann setzt es was. Respekt ist eine gute Sache, und ich lege großen Wert darauf. Du kannst arbeiten, wo du willst, aber in dieser Gegend habe ich das Sagen, kapiert?«

Die raue, aggressive, zornige Stimme passte gar nicht zu dem schlanken Körper und dem hübschen Gesicht, in das ich nun blickte.

Ich atmete tief ein und sagte betont langsam: »Du brauchst dir keine Sorgen zu machen. Ich bin hier nur zu Gast. Ich besuche meine Freundin, sie wohnt in dieser Straße.«

»Ich mache mir nicht im Geringsten Sorgen«, erwiderte die Gestalt und drohte mir weiter: »Aber du solltest ein bisschen besser aufpassen, Kollegin ... Wenn du deiner kleinen Freundin wieder mal guten Tag sagen willst, nimmst du gefälligst einen anderen Weg, kapiert?

Unverschämtheit! Armes Geschöpf! Ich und Sorgen? Pah!«, sagte mein Gegenüber, drehte sich auf dem Absatz um und rauschte davon, ohne sich noch einmal umzublicken.

Auf einmal doch nervös, fing ich an zu zittern. Der Typ war ein Transvestit, einer von diesen Riesenkerlen. Ich fürchtete mich vor den Transvestiten. Wenn man sie reizt, werden sie nicht selten gewalttätig, und wenn sie erst in Rage sind, kennen sie keine Angst. Ich will das jetzt nicht verallgemeinern, und natürlich habe ich auch welche kennen gelernt, die unglaublich feinfühlig waren, alles liebenswerte und sensible Menschen. Selbst der hier war noch nett. Anstatt mich zu verprügeln, warnte er mich erst einmal. Schließlich hätte er auch, wie so manch anderer, gleich drauflosschlagen können.

Nachdem ich einige Zeit in Zürich verbracht hatte, konnte ich sein Verhalten im Nachhinein gut verstehen. Ich erfuhr, dass sich in dieser Straße die so genannten »Studios« befanden. Das waren die Arbeitsplätze der registrierten Prostituierten und der verheirateten, legal arbeitenden Transvestiten. Alle hatten einen Schweizer Pass und bezahlten hohe Steuern dafür, dass sie ganz offiziell der Prostitution nachgingen.

Sie mussten sich Respekt verschaffen, denn jeden Tag kamen neue Frauen hinzu, und es war klar, dass die Neuen bessere Chancen hatten. »Frischfleisch« nannten die Männer sie. Wenn die Alteingesessenen sich nicht verteidigten, verloren sie schnell ihre Kunden. Darüber hinaus konnten sie jederzeit Anzeige gegen die Scheintouristinnen erstatten, denn nach den Gesetzen in der Schweiz war die Lage so: Prostitution war zwar kein

Delikt, aber die Tätigkeit musste angemeldet und versteuert werden und durfte nur von Menschen ausgeübt werden, die gültige Papiere vorweisen konnten. Demnach war es besser, die Regeln der Szene zu akzeptieren und Streitigkeiten mit den Kolleginnen zu vermeiden, deren Papiere in Ordnung waren.

Nach diesem Zwischenfall machte ich mich auf den Weg in mein Apartment. Judite hatte gesagt, ich solle ruhig von ihr eine Garnitur Bettwäsche mitnehmen, denn ich hatte weder in der Reisetasche noch in dem Koffer welche, der immer noch in dem Schließfach am Bahnhof stand. Von Apartment zu sprechen war übrigens ein Witz. Es war ein Zimmer wie zig andere auf der Etage mit einem Gemeinschaftsbad und einer Küche für alle am Ende des Flurs. Doch das Schlimmste war für mich, dass man die fünf Stockwerke zu Fuß gehen musste, da es keinen Aufzug gab.

Gleich als ich ankam, traf ich auf zwei junge Frauen. Die eine lächelte mich an, die andere musterte mich finster. Aber ihr abweisendes Verhalten ging mir nicht weiter nahe. Ich habe gelernt, Dinge oder Erlebnisse, die mir nicht wirklich schaden können, weitestgehend auszublenden. Die junge Frau, die mich so missmutig anstarrte, fragte nach meinem Namen, um ihn auf dem wöchentlichen Putzplan für das Bad einzutragen. In gewisser Weise verstand ich ihre aggressive Haltung, schließlich war ich eine Konkurrentin mehr im Bezirk.

In meinem Zimmer stellte ich nur schnell meine Sachen ab und machte mich sofort wieder auf den Weg in die Bar. Meine finanzielle Situation erlaubte es mir nicht, noch mehr Zeit zu verlieren. Während ich die unzähligen Stufen ins Erdgeschoss hinunterging, dachte ich über mein Leben nach.

Allein bei dem Gedanken, gleich wieder diese Bar betreten zu müssen, fühlte ich mich schlecht. Diese bedrückende Stimmung dort war einfach nur deprimierend. Weil mir jedoch nichts anderes übrig blieb, ging ich hinein und bestellte erst mal einen Kaffee. Von meinem Platz in einer Ecke aus begann ich, den Ort und die Menschen zu analysieren, mit denen ich in den nächsten Monaten zusammenarbeiten würde. Mir war klar, dass auch sie mich beobachteten.

Judite war ganz in der Nähe und trank in Begleitung eines Kunden ein Bier. Ich wollte ihr unbedingt von der Episode mit dem Transvestiten berichten, doch meine Freundin schien brennend an dem interessiert zu sein, was der grauhaarige, rotgesichtige Schweizer ihr gerade erzählte.

Das Lokal war gut besucht, es war laut, und während ich mich umsah, fiel mir auf, dass die anwesenden Frauen schon fast alle in reiferem Alter waren. Die meisten waren um die dreißig, einige sogar deutlich darüber. Ich stellte mir vor, wie traurig es sein musste, in dieser Umgebung alt zu werden.

Oft heißt es, dieses Leben sei leicht, aber das stimmt nicht. Es ist vielleicht der kürzeste und schnellste Weg, zu etwas zu kommen, wenn man keine andere Möglichkeit hat. Das Geld ist in der Regel schnell verdient, doch es ist auch oft genauso schnell wieder weg. Die persönlichen Ansprüche wachsen, und irgendwann pflegt man einen

Lebensstil, von dem man vorher nicht einmal zu träumen gewagt hätte.

Wirtschaftskrisen, von denen in der Regel alle betroffen sind, wirken sich im Bereich der Prostitution allerdings kaum aus. Die Männer verlangen immer nach bezahltem Sex, und deshalb steigen jeden Tag mehr und mehr Mädchen in das Geschäft ein.

In der Bar waren auch ein paar Brasilianerinnen, die gut Deutsch sprachen. Sie waren bestimmt während der »fetten Jahre« nach Europa gekommen. Es wurde gemunkelt, dass die Frauen, die vor mehr als zehn Jahren übergesiedelt waren, sehr viel Geld verdient hatten, weil es zu jener Zeit nur wenige Südamerikanerinnen gab. Die Erfahrensten machten schnell ein Vermögen und verschwanden dann mit ihrem Geld. Die Schwächeren blieben, und einige arbeiteten immer weiter, ohne zu merken, wie sie älter wurden und dass die Zeit für alle vergeht.

Ein paar Jahre lang lebten sie mit einem gewissen Komfort, aber sie gaben bald alles für Schönheitsoperationen, Alkohol oder Drogen aus. Einige von ihnen wurden später zu erfolgreichen Puffmüttern. In diesem zwielichtigen Milieu mit all seinen Höhen und Tiefen war das eigene Schicksal nun mal Tag für Tag ungewiss. Waren diese Frauen allesamt verrückt? Bedauernswert? Mutig? Ich machte mir so meine Gedanken, gerade auch im Hinblick auf mein eigenes Schicksal.

Ich wusste es nicht. Die Mehrzahl der Mädchen stammte aus den Unterschichten Brasiliens und anderer Länder der Dritten Welt. Schlecht in ihrer eigenen Sprache alphabetisiert, in fremden Ländern untergetaucht, Not leidend, ohne Mittel und Orientierung, waren diese Frauen leichte Beute für jede Art von Ausbeutern. Ein Großteil, einige von ihnen noch sehr jung, hatte in der Heimat kleine Kinder zurückgelassen. In der Hoffnung, ihre Abwesenheit dadurch rechtfertigen zu können, schickten sie regelmäßig Geld nach Hause und verteilten übertriebene Geschenke an alle, die ihnen ein wenig Zuneigung entgegenbrachten. Die Mehrzahl jedoch ließ sich von ihren Familien ausbeuten, die fast immer glaubten, in Europa sei man auf Rosen gebettet.

Wer die Welt der Prostitution kennt, der weiß, dass dies eine große Lüge ist. In unserem Arbeitsumfeld werden wir auf vielfältige Weise ausgebeutet. Das fängt schon bei den Besitzern der so genannten Apartments und Bars an. Die Mieten sind horrend, der Zustand der Zimmer ist mehr als schlecht. Respekt gibt es nicht. Auch Würde ist ein Fremdwort. Das sind die modernen Zuhälter.

Und was ist mit den Nachtclubs oder Kabaretts? Man arbeitet die Nacht über, und alles reduziert sich aufs Trinken. Das Ziel lautet: Möglichst viel trinken in Gesellschaft der Freier. Die Männer zahlen den Champagner und bekommen dafür die Gesellschaft. Die Mädchen erhalten eine kleine Provision auf die konsumierten Getränke. Die ist in der Regel so gering, dass man sich, wenn man etwas verdienen will, im Grunde jeden Tag betrinken muss.

Sex ist eine Alternative, um ein wenig mehr zu verdienen. Machen wir uns nichts vor. Der Kunde kommt in der Absicht, Sex zu haben. Wenn eine Frau im Nachtclub in vierzehn Tagen nicht einen bestimmten Umsatz erreicht, ist es so gut wie sicher, dass sie entlassen wird. Wenn sie sich weigert, Sex zu haben, konsumieren die Freier nichts und spendieren ihr auch keine Getränke ... So entsteht ein schrecklicher Teufelskreis ...

Ich habe davon gehört, dass in Brasilien und anderen Ländern Organisationen existieren, die junge Frauen nach Europa schleusen, damit sie dort als Prostituierte arbeiten. Beim ersten Kontakt legen sie Karteikarten mit den persönlichen Daten und Fotos von den spärlich bekleideten Kandidatinnen an. Die Ausgewählten werden dann für Striptease-Auftritte an irgendwelche Nachtclubs vermittelt. Einige tanzen auch, aber Talent ist eher zweitrangig. Entscheidend ist, dass die Frauen anziehend oder exotisch sind.

Einige behaupten, die Rekrutierung finde bereits in den Nachtclubs ihrer Heimatländer statt. In den Fällen haben sich die Mädchen bereits prostituiert, bevor sie nach Europa kamen. Die Mehrzahl der Frauen, die aus unterentwickelten Ländern, aus patriarchalischen und Machogesellschaften kommen, ist beseelt von der Illusion, einer regulären und gut bezahlten Arbeit nachgehen zu können. In Europa sehen sie sich dann gezwungen, sich zu prostituieren, um zu überleben.

Bezahlung nur im Voraus

Während ich darauf wartete, dass Judite sich von dem grauhaarigen Schweizer losriss, musste ich an meine Zeit in dem zweiten Nachtclub denken, in dem ich gearbeitet habe. Es war ein schönes, elegantes Lokal in Genf, der schickste Ort der Stadt. Weinrote Samtsessel, Bilder, Spiegel, Kerzen auf den Tischen, erstklassiger Service. Ein sinnliches, exquisites Ambiente. In der ersten Etage befanden sich die Zimmer, auf die wir die Freier mitnehmen konnten.

Damals hatte ich noch kaum Erfahrung in dem Metier. Gleich am ersten Tag bemerkten mich einige Stammkunden, die an einem Tisch Champagner tranken, und luden mich ein, ihnen Gesellschaft zu leisten. Es ging ganz schön hoch her, und ich war bald betrunken. Irgendwann landete ich in einem Separee mit einem lächerlichen Alten am Hals. Er hatte ebenfalls zu viel getrunken, und es war keine leichte Aufgabe, ihm das Kondom überzustreifen – und eine sinnlose obendrein. Nicht einmal Sofia Loren hätte diesem Kerl Lust bereiten können. Das Schlimmste an der ganzen Sache: Ich vergaß, ihn für meine Dienste zahlen zu lassen, bevor wir uns auszogen.

Am nächsten Morgen lag der Fiesling schnarchend neben mir. Ich weckte ihn vorsichtig und liebevoll und verlangte das Geld für meine Arbeit und meine Zeit. Schließlich hatte der Alte die ganze Nacht mit mir verbracht. Zu meiner Überraschung wollte er gehen, ohne zu zahlen. Ich beschwerte mich, aber er tat so, als könne er mich nicht verstehen. In meiner Wut machte ich ihm eine Riesenszene. Ich schimpfte den unverschämten Kerl einen Dieb, ich verfluchte ihn und sagte, das Scheißgeld, das er mir schuldete, sei für Medikamente und einen Krankenhausaufenthalt. Im Nachhinein glaube ich, der Mistkerl wusste ganz genau, worum es ging.

Noch am selben Morgen teilte der Chef des Lokals mir mit, dass ich nur noch bis zum Wochenende bleiben dürfe. Ich fühlte mich schrecklich: bestohlen und, um die Demütigung noch zu steigern, entlassen. Aber zum Glück wusste ich, wo ich hingehen konnte. Meine Freundin Clara wartete nämlich schon auf mich.

Das war die grundlegende Lektion, die ich in der Welt der Prostitution gelernt habe: Bezahlung nur im Voraus. Intimitäten erst dann zulassen, wenn man die vereinbarte Summe erhalten hat. Vor dem Sex ist der Freier bereit, einem alles zu geben: Edelsteine, Geld, er legt einem die Welt zu Füßen. Genau in dem Moment setzt man den Preis fest und nimmt das Geld. Später, zwischen den Laken, löst sich alles in Luft auf, sind die Versprechungen schnell vergessen.

Unser Leben birgt viele Risiken. Die Gefürchtetsten sind Aids und andere gefährliche ansteckende Krankheiten. Daher ärgerte ich mich oft angesichts der Leichtfertigkeit einiger Freier, die auf Sex ohne Kondom bestanden. Die meisten von ihnen waren verheiratete Männer, die gewissenlos sowohl uns als auch die eigene Familie einer hohen Gefahr aussetzten.

Immer wieder gab es auch Freier, allem Anschein nach ehrenwerte Männer von hohem intellektuellen und kulturellen Niveau, mit versteckten Neigungen, Freveln und Lastern, die ich deprimierend fand. Vor solchen Menschen hatte ich oft Angst. Ich hielt sie für schlecht gezähmte Tiere, die in ihrem Wahn fähig waren, zu schlagen, zu verletzen, zu verbrennen und sogar zu töten. Während all meiner Jahre in Europa erzählten meine

Freundinnen mir immer wieder von ihren schrecklichen Erfahrungen. Eine von ihnen, die ich sehr gern mochte, wurde von einem solchen Mann schließlich umgebracht.

Unter all dem Druck und den Risiken, denen wir ausgesetzt sind, werden Drogen leicht zu falschen Verbündeten. Sie mildern die emotionale Belastung und sind gerade in unserem Milieu leicht zu bekommen. Viele Frauen werden abhängig und bemerken zu spät, wie schwer es ist, von der Sucht wieder loszukommen.

Der Mangel an Zuneigung ist eine andere ernste Bedrohung. Dazu gezwungen, immerzu mit allen Risiken und Schwierigkeiten selbst fertig zu werden, fühlen sich die Frauen meist schwach und werden am Ende zu Opfern von Männern, die nichts als Geld wollen. Diese Männer locken die Mädchen anfangs mit Geschenken und romantischen Abendessen. Sie sind zärtlich zu ihnen im Bett und behandeln sie wie Prinzessinnen. In schwierigen Momenten sind sie immer für die Frauen da, und so wickeln die Kerle sie allmählich ein. Eines Tages freut sich die entflammte Frau sogar, wenn sie ein kleines finanzielles Problem ihres Traumprinzen lösen kann, der ihrem Leben einen Sinn gibt. Klar, bald werden seine finanziellen Probleme immer größer, und er will immer mehr. Und noch mehr. Irgendwann ist das Geld dann nicht mehr geliehen. Es ist geschenkt.

Mit ein bisschen gesundem Menschenverstand könnte eine Frau einer solchen Falle vielleicht sogar entkommen, aber unglücklicherweise überwiegen meist die Argumente des Herzens. Mit der Zeit kontrolliert der Zuhälter das Leben der Frau, er fühlt sich im Recht, sie zu schlagen und ihr zuzusetzen, wenn er das Geld nicht pünktlich und in der erwarteten Höhe bekommt. Im Grunde ist es eine altbekannte Geschichte für die Mädchen der Nacht.

Im Milieu blühen alle möglichen Todsünden. Es ist, als befänden wir uns in einem riesigen Ozean und versuchten verzweifelt, ans Ufer zu schwimmen, doch die Strömung zieht uns immer mehr in die Tiefe.

Ich vermied es stets, über derartige Dinge nachzudenken, denn ich hielt mich für eine rationale Frau. Oder vielleicht doch nicht? Wenn ich anfing, mir Fragen zu stellen, war die Depression nicht mehr weit. Es war schon fast eine Art Paranoia, und das behinderte mein Engagement bei der Arbeit. Ja, ich war mit Sicherheit eine rationale Frau. Ich wusste genau: Wenn ich in dem Metier arbeiten wollte, musste ich eine andere Persönlichkeit annehmen. Wenn Mariana sich anzog, sich schminkte und eine von ihr gewählte Bühne betrat, wurde sie zu einer Person, die nur von einem einzigen Ziel geleitet war: Geld. Allerdings nur im Voraus. Eine kühle, berechnende Professionelle, die sich nicht von Gefühlen leiten lassen durfte.

In Brasilien hatte ich als Sekretärin gearbeitet, mein damaliger Chef war ein Mann mit einer starken Persönlichkeit. Einmal sagte er, das Leben sei eine Bühne, und er betrete diese Bühne im vollen Bewusstsein der Rolle, die zu spielen er sich vorgenommen habe. Er tue es mit der völligen Überzeugung und Gewissheit, sein wahres Ich nie zu zeigen.

Ich habe seine Worte nie vergessen, und ich war überzeugt, dass ich so in jedem Beruf Erfolg haben konnte.

Ich habe nie daran gedacht, dass ich eines Tages einmal als Prostituierte arbeiten würde, aber als es dann so weit war, beschloss ich, dass ich mein seelisches Gleichgewicht nur bewahren konnte, wenn ich wie auf einer Bühne agierte.

Sich nie ganz hingeben ... immer einen klaren Kopf bewahren ... das Intime ... das Privatleben ... den heiligen Raum, den jeder Mensch in sich birgt. Diesen kleinen Bereich stets aufrechterhalten, selbst wenn man den Körper hingibt oder verkauft und die Seele vergewaltigt.

»Das Leben ist eine Bühne! Achtung, Mariana: Zeit, auf die Bretter zu gehen ...«, sagte eine Stimme in mir. Sie sorgte dafür, dass ich in meine Wirklichkeit zurückkehrte und keine Zeit mit Fragen verschwendete, die mir schlecht bekamen.

Ich musste dringend mit Judite sprechen, aber sie trank gerade ihr drittes Bier, unterhielt sich immer noch mit ihrem Freier und hatte keine Ahnung, was mir zugestoßen war. Da wir ganz nah beieinandersaßen, klopfte ich ihr kurz auf den Oberschenkel. Sie hörte mir zu und sagte, der Transvestit, der mir gedroht habe, nenne sich Rebecca und zähle zu den besten des Viertels. Gefährlich seien die Brüder Mila und Marita, die beiden seien falsch und intrigant. Sie redete mir noch einmal gut zu, vor allem in der Bar zu arbeiten, wo es sicherer war.

Sie hatte bestimmt Recht, doch abgesehen von meinen Verständigungsschwierigkeiten, war ich dort gezwungen, die ganze Zeit über etwas zu konsumieren. Ich hatte bereits ein Mineralwasser getrunken, das fünf Franken kostete. Das war ganz schön teuer, und ich wollte nicht gleich noch eins bestellen. Aber irgendwann blieb mir nichts anderes übrig. Sobald die thailändischen Kellnerinnen uns vor leeren Gläsern sitzen sahen, riefen sie lauthals: »Eviannnn …«

So hieß das sündhaft teure Mineralwasser, das sie in der Bar verkauften. Auf der Straße war es möglich, ohne überteuertes Wasser oder von den Freiern spendierte alkoholische Getränke zu arbeiten.

Die Straße bedeutete Freiheit, mit all ihren Vorteilen und Risiken. Bei diesem Gedanken verspürte ich auf einmal ein beklemmendes Gefühl in der Brust. Wo war ich da nur hingekommen! Ausgerechnet ich auf dem Straßenstrich! Ich wusste nicht, warum dieser Ausdruck mir so unangenehm war. Aber die vulgäre Bezeichnung änderte nichts an dem Ort, an dem ich meinen Beruf ausübte.

Ich atmete tief durch und dachte: Vergiss es, Mariana. Es ist nur eine Figur. Sie ist Teil des Theaterstücks. Das wahre Ich ist unversehrt. Ich versuchte das Gefühl aufrechtzuerhalten, dass ich tief in meinem Innern immer noch das fröhliche Mädchen war, das gern auf der Straße spielte. Die Straße war ein Synonym für Unabhängigkeit. Wenn ich hier für mein Überleben kämpfen musste, dann war es eben so!

Ich habe das Wort »Prostituierte« immer gehasst. Denn ich habe diesen Beruf stets aus einem anderen Blickwinkel betrachtet.

In meinen Augen sollte eine Bezeichnung wie »Prostituierte« – mit allem, was darin mitschwingt – für eine andere Art von Frauen gelten: solche, die alles haben, von tollen Kindern bis hin zu großzügigen, treuen Ehemännern, und die in der Gesellschaft bestens angesehen sind. Elegante, gelangweilte Damen, die an ihren freien Nachmittagen oder in den Ferien ihre Männer betrügen, weil sie einfach mal wieder mit einem anderen schlafen wollen. Prostituierte sind für mich all jene, die aus Eigennutz heiraten, die es lieben, die Männer zu provozieren, und die mit verheirateten oder verlobten Männern das Spiel der Verführung treiben, bloß weil sie unglücklich sind und sich minderwertig fühlen.

Ein gut aussehender Mann musterte mich vom anderen Ende des Raumes. Ich lächelte ihm zu und nickte kurz. Er nickte zurück und verließ die Bar. Also ging ich ihm nach und begann meinen Arbeitstag. Und was für ein Arbeitstag!

Der Sommer hatte Einzug gehalten und mit ihm eine unerträgliche Hitze. Unzählige Male stieg ich die Stufen bis zu meinem Zimmer hinauf, begleitet von den unterschiedlichsten Männern. Einige waren schmutzig und verschwitzt, sie kamen offenbar direkt von der Arbeit zu uns. Andere waren elegant und parfümiert, Geschäftsleute, die nach einem anstrengenden Bürotag ein bisschen Entspannung suchten.

Was die Situation noch verschlimmerte, war die Tatsache, dass in meinem Apartment regelmäßig das Wasser abgestellt war. Daher war ich gezwungen, mich mit Wasser aus der Flasche zu waschen. Als ich endlich die Stufen in dem Wissen hinunterging, dass der Arbeitstag vorbei war, fühlte ich mich unendlich erleichtert, fast glücklich.

Ich nutzte den restlichen Nachmittag für mich und nahm den Bus zum Bahnhof, um meinen Koffer zu holen. Unterwegs sah ich mir voller Neugier die Menschen, Straßen und Geschäfte an. Um die Fahrt zu bezahlen, musste man nur, je nach Strecke, einen bestimmten Betrag in einen Automaten werfen, der sogar Wechselgeld herausgab. Manchmal überprüfte ein Kontrolleur, ob auch alle Passagiere einen Fahrschein gelöst hatten.

Ich fand es gut, normale Menschen in ganz gewöhnlicher Kleidung zu sehen, die sich unterhielten, Kaffee tranken oder Zeitung lasen. Immer wenn ich später mal niedergeschlagen oder unruhig war, schlenderte ich durch die Stadt.

Fünf Blocks hinter der »Straße der Liebe« begann eine völlig andere Welt. Ich betrachtete für mein Leben gern die Schaufenster, vor allem die der Pelzgeschäfte mit ihren wunderschönen Auslagen und die teuersten Boutiquen: Cacharel, Versace, Chanel und viele andere. Die besten Marken waren dort versammelt. Ich bog zum ersten Mal in die Bahnhofsstraße ein, die Straße des Goldes. Was für ein schöner Ort!

Als ich so durch Zürich fuhr, fühlte ich mich anonym, deprimiert, dumpf. Gleichzeitig dachte ich darüber nach, wie es möglich war, innerhalb von zehn Minuten aus der Hölle ins Paradies zu gelangen. So lange hatte ich in etwa gerade gebraucht …

Der Schaufensterbummel entwickelte sich bald zu einer Art Therapie für mich. Wann immer ich traurig oder deprimiert war, war er das beste Gegenmittel, mich zu belohnen. Zum Glück gestattete mir meine Arbeit gewisse Extravaganzen …

In der Nähe des Bahnhofs stieg ich aus dem Bus. In einem Schaufenster entdeckte ich ein gelbes Kleid im Carmen-Stil: niedrige Taille und ein breiter Ausschnitt mit weiten Ärmeln, die sinnlich über die Schulter fielen. Ich beschloss, mich für meinen anstrengenden Tag zu belohnen. Das hatte ich mir verdient. Ich wusste, dass ich später ein schlechtes Gewissen haben würde, mein sauer verdientes Geld dafür ausgegeben zu haben. Aber ich war glücklich, als ich das Kleid kaufte, und das war das Entscheidende.

Der Bahnhof von Zürich ist ein richtiges Einkaufszentrum. Ich fuhr mit der Rolltreppe in das Untergeschoss, wo sich zahlreiche Geschäfte, Reisebüros, Supermärkte und Juweliere befanden. Im zweiten Stock waren Cafés, Restaurants und die Schließfächer. Mehrmals verlief ich mich in den vielen Gängen. Ich irrte herum, fuhr hinauf und hinunter, bis ich auf eine riesige Statue von Michael Jackson stieß. Ich war gerührt. In mir tobten widersprüchliche Gefühle, wie das nun mal so ist bei jemandem, der gerade recht dünnhäutig ist.

Traurig und zugleich fröhlich betrachtete ich all die schönen und interessanten Dinge und stellte mir vor, wie wunderbar es wäre, wenn alle Menschen in andere Länder reisen und mit eigenen Augen sehen könnten, was es an Schönem auf der Welt gibt.

Ich holte meinen Koffer aus dem Schließfach und gönnte mir auf dem Rückweg ein Taxi. Um kurz vor sechs setzte der Fahrer mich vor dem Haus ab. Weil es noch früh am Abend war, ging ich noch mal arbeiten, um wieder hereinzuholen, was ich für mein Kleid ausgegeben hatte.

Das war mein erster Arbeitstag in Zürich.

Ich hatte mit vierzehn Männern Sex gehabt, mir ein wunderschönes Kleid gekauft und eine Statue von Michael Jackson am Bahnhof gesehen. Außerdem hatte ich mir tief schürfende Gedanken über mein Leben gemacht.

Um acht war ich völlig erschöpft, und zwar so sehr, dass ich mich im Nachhinein nicht einmal mehr erinnern kann, wie die meisten Männer aussahen. Zu allem Übel musste ich erst noch die Treppen zu meinem Apartment hinaufsteigen, bevor ich mich hinlegen und im Schlaf alles vergessen konnte. Mit einem tiefen Seufzen nahm ich die ersten Stufen. Ich habe irgendwo mal gehört, dass Treppensteigen schöne Beine machen soll. Ob das wohl stimmt?

Heimweh

Die Zeit verging wie im Flug. Ohne es richtig zu merken, war ich nun schon fast zwei Wochen von zu Hause fort. Ich hatte in diesen Tagen hart gearbeitet. Es war an der Zeit, zurück nach Italien zu fahren und ein paar Tage bei meiner Familie zu verbringen.

Wenn ich nach Hause zurückkehrte, war das nicht nur für Cristofer und Carol ein Freudenfest, sondern auch für Doña Rita, die gute Seele, die das Schicksal mir gesandt hatte. Sie kümmerte sich Tag und Nacht um den Haushalt und die beiden Kinder.

Ich war jedes Mal höchstens für eine Woche von zu

Hause weg. Mein erster Aufenthalt in Zürich zählte zu den wenigen Ausnahmen, die ich länger blieb. Doña Rita liebte meine Kinder abgöttisch und kümmerte sich liebevoll um sie. Außerdem half mein Freund Gianluca mir mit den beiden.

Ich glaube, manche Frauen erleben das Muttersein intensiver als andere. Ich habe Mädchen kennen gelernt, die ihre Kinder über mehrere Jahre hinweg nicht gesehen haben. Überzeugt davon, das Richtige zu tun, ließen sie die Kleinen bei Verwandten, um über einen längeren Zeitraum am Stück zu arbeiten. Sie alle hatten vor, eines Tages mit viel Geld in der Tasche in ihre Heimat zurückzukehren und das, was war, zu vergessen.

Manche Frauen haben es auch tatsächlich geschafft, nach ihrer Rückkehr wieder ein normales Leben zu führen. Aber die meisten gewöhnten sich an die Freiheiten, die man ohne Kinder hat, und zogen es vor, die Erziehung ihrer Töchter und Söhne anderen zu überlassen.

Ich vermisste Cristofer und Carol sehr, und ich fand es nicht fair, die beiden durch meine Abwesenheit zu bestrafen. Ich war immer schon der Ansicht, dass gewisse Grundbedürfnisse wie gute Ernährung, eine ordentliche Schulausbildung und eine glückliche Familienatmosphäre sehr wichtig sind. Um einen ausgeglichenen, glücklichen Menschen ohne Traumata heranzuziehen, sollte man seinen Kindern aber auch als gutes Beispiel vorangehen und ihnen Zuwendung, Liebe und dauerhaft Nähe schenken. Und damit die Gewissheit, dass ständig jemand an ihrer Seite ist, ganz gleich, was geschieht. Ich habe eine solche Unterstützung zwar nie bekommen, dennoch habe ich stets versucht, eine anwesende und engagierte Mutter zu sein.

Ein Teil dessen, was wir sind, ist das Ergebnis unserer Erziehung und unserer Kindheit. Bei Cristofer und Carol war ich daher immer nur dann streng, wenn es wirklich geboten war, und ansonsten eher nachgiebig. In der Regel folgte ich dabei nur meinem Instinkt. Wenn ich zu Hause war, widmete ich den beiden meine gesamte Zeit. War ich dagegen unterwegs, so rief ich sie jeden Tag an und nahm Anteil an dem, was in ihrem Leben geschah. Doña Rita hielt außerdem noch alles Wichtige in einem Tagebuch fest: was sie aßen, ob sie gut schliefen und all das.

Mutter sein ist das Beste, was mir im Leben je widerfahren ist, die einzige rundherum schöne Erfahrung. Mit den Kindern lernte ich die Freuden der selbstlosen Liebe kennen und schöpfte wieder Hoffnung. Das Mutterdasein hat mich reifen und wachsen lassen, wie es sonst kein anderes Ereignis vermocht hätte. Ich verwandelte mich in einen optimistischen Menschen und spürte, wie mein Glaube an Gott sich verstärkte. Während ich die Entwicklung meiner Kinder begleitete, stellte ich jeden Tag aufs Neue fest, dass das Leben ein Wunder war und die Tatsache, dass wir lebten, ein Geschenk Gottes.

Von einer Telefonzelle fernab von der Mega Bar rief ich zu Hause an, um Bescheid zu sagen, dass ich bald zurückkam. Cristofer ging ans Telefon und war über die Nachricht überglücklich. Aber dann wurde unser Gespräch jäh unterbrochen. Ich bekam einen gehörigen Schreck, als ich die völlig verängstigte junge Frau in der Kabine neben mir bemerkte. Sie krümmte sich vor Schmerzen und stützte sich an der Wand der Telefonzelle ab. Aus ihrem Mund kam weißlicher Schaum. Ihre Augen sahen aus wie die eines verzweifelten Kindes. Zwar verstand ich nicht genau, was da gerade vor sich ging, aber es sah verdächtig nach einer Überdosis aus. Dann kam auch schon die Polizei und begleitete die junge Frau zu einem Streifenwagen.

Plötzlich war ich furchtbar niedergeschlagen, ein Gefühl von Angst und Ohnmacht erfasste mich angesichts dieser Welt, die mir grausam und ungerecht erschien. Es fiel mir schwer, das Gespräch mit Cristofer fortzusetzen, der irritiert darüber war, dass ich so unvermittelt verstummt war. Ich sagte ihm, ich hätte gerade einen Unfall beobachtet.

»Mama, wann kommst du nach Hause?«, fragte er ängstlich.

»Bald, mein Schatz, schneller, als du denkst«, erwiderte ich und versuchte möglichst normal zu klingen. Doch meine Beine zitterten.

»Du fehlst mir so«, drängte er. »Wann kommst du? Carol hat gestern lange geweint, bevor sie eingeschlafen ist.«

»Mein Schatz, die Mama kommt am Samstagmorgen, ja? Übermorgen, okay? Sei nicht traurig, mein Junge. Ihr fehlt mir auch. Bald bleiben wir für immer zusammen. Wir bringen dieses Opfer, damit wir ein besseres Leben haben. Dann wird alles ganz toll. Du wirst sehen. Wir werden alle für immer zusammen sein. Und zum Glück hat die Mama dich. Du kümmerst dich großartig um alles, wenn ich nicht da bin. Ich weiß nicht, was ich ohne deine Hilfe machen würde, Cristofer. Danke, dass du so ein tapferer Junge bist. Jetzt gib mir bitte Carol ... Ich hab dich lieb ... Gute Nacht, mein Schatz.«

»Mami, Mami, *ti voglio bene,* komm nach Hause. Ich hab dich lieb, ich hab dich so lieb«, flüsterte Carol. Ihr zartes, zerbrechliches Stimmchen versetzte mir einen Stich mitten ins Herz.

»Carol, die Mami kommt bald ... ich hab dich auch lieb, mein Püppchen, mein Goldstück. Gute Nacht, gute Nacht.«

Ich versuchte mit Carol portugiesisch zu sprechen, aber sie antwortete mir auf Italienisch. Die Kinderärztin meinte, ich solle mit ihr möglichst immer portugiesisch sprechen, damit sie beide Sprachen lernte.

Dann redete ich noch kurz mit Doña Rita, die sich wie immer über irgendetwas beklagte. Das Geld ging gewöhnlich schneller aus, wenn ich nicht da war, und es war nicht gerade leicht, zu haushalten. Die Kosten für Miete, die Hausangestellte, Strom, Telefon, Heizung im Winter, ganz zu schweigen von der Kleidung und den erstklassigen Lebensmitteln für meine Kinder.

Ich konnte nur etwas zurücklegen, weil ich so gut verdiente. Allerdings wusste ich nicht, wie lange ich dieses Leben noch durchhalten würde. Ich war völlig erschöpft. Mehrere Ereignisse hatten dafür gesorgt, dass ich die Hoffnung fast aufgegeben hatte, je aufhören zu können. Jedes Mal, wenn ich beschloss, mit dem Leben als Prostituierte aufzuhören, passierte wieder etwas Unvorhergesehenes. Immer wieder rief ich mir in Erinnerung, dass ich ein Mensch war und keine Maschine zum Geldverdienen. Ich versuchte, nicht noch mehr abzustumpfen.

Die Kinder waren laut Doña Rita derzeit unerträglich. Cristofer argumentierte wie ein richtiger Anwalt. Carol aß fast nichts und wollte den Schnuller partout nicht aus dem Mund nehmen. Doña Rita war fest davon überzeugt, dass die Zähne der Kleinen schief würden. Außerdem hatte sie Streit mit Gianluca, denn anstatt ihr mit den Kindern zu helfen, machte er in ihren Augen alles nur noch schlimmer, indem er den beiden ständig ihren Willen ließ.

Gianluca liebte meine Kinder sehr und hatte eine ganz besondere Art, mit ihnen umzugehen.

Carol war fast vier und leicht wie eine Feder. Mit ihren rotblonden Haaren und den blauen Augen sah sie aus wie eine Porzellanpuppe. Sie hatte immer ein Lächeln auf den Lippen und nahm sofort jeden für sich ein. Cristofer dagegen war ganz anders: schwarzes Haar, graue Augen, die Haut fast so dunkel wie die seines Vaters. Hinter seiner Brille konnte man den tiefen, beobachtenden Blick erkennen. Er war ein sensibler, charakterstarker Junge. Er war mein treuer Begleiter im Leben, die Frucht meiner ersten, viele Jahre zurückliegenden Liebe.

Manchmal frage ich mich, warum gewisse Beziehungen auseinandergehen. Ich habe Cristofers Vater sehr geliebt, und von jetzt auf gleich war er ein Teil meiner Vergangenheit. Bestimmte Gesichtszüge meines Sohnes erinnern mich sehr an Cláudio. Ich muss an die Armut denken, in der wir damals lebten, an die monotonen Tage, die immer gleich verstrichen. Bis heute kann ich die wahren Gründe für unsere Trennung nicht nachvollziehen. Vielleicht lag es an unserer mangelnden Reife, noch erschwert durch die Armut und den fehlenden Dialog zwischen uns. Ich trennte mich von Cláudio, weil sich eine enorme Unzufriedenheit angestaut, weil sich ein Abgrund aufgetan hatte, den ich nicht zu überwinden vermochte.

Ich konnte nicht sagen, wie mein Schicksal verlaufen wäre, wenn ich diesen Weg nicht eingeschlagen hätte. Ich trug viele traurige Bilder aus meiner Kindheit in mir, deshalb kämpfte ich auch so sehr für die Zukunft von Cristofer und Carol. Der Gedanke, sie könnten eine arme, elende Kindheit haben, war mir unerträglich.

Nachdem ich den Hörer aufgelegt hatte, erinnerte ich mich daran, wie meine vier Geschwister und ich meine Mutter umringt hatten, wenn sie vom Markt kam, und dass sie einen einzigen Apfel in sechs Teile schneiden musste. Ein Schnitz für jeden. Den sechsten legte sie auf eine Untertasse oben auf das Fenster für ihren Engel, für den Sohn, den sie verloren hatte.

Als ich klein war, hatten wir nie Geld übrig für Obst, Schokolade und all die Dinge, die Kinder so sehr mögen und die sie ständig im Fernsehen sehen. Es reichte gerade zum Überleben. Für mehr nicht. Wenn ich auf dem Boden ein Schokoladenpapier fand, hob ich es auf, hielt es an die Nase und schloss die Augen, um den wunderbaren Geruch in mich aufzusaugen.

Meinen Kindern hat es nie an etwas gefehlt. Zu Hause stand immer ein großer Korb mit Obst herum, das manchmal sogar verdarb. Ich war glücklich, ihnen jederzeit alles kaufen zu können, was sie brauchten. Aber tief in meinem Inneren stellte ich mir viele Fragen. Und einige davon konnte nur Gott beantworten.

Ich hatte Angst, dass es für mich zu spät war.

Raquel

Am Freitagnachmittag rief mich Raquel zu sich, eine junge Frau, die ich in Italien kennen gelernt hatte. Sie wollte, dass ich sie in eine der umliegenden Bars begleitete. Offenbar musste sie jemandem ihr Herz ausschütten, denn es ging ihr sehr schlecht. In dem Moment war ich vielleicht nicht unbedingt die geeignete Person, um ihr Ratschläge zu erteilen. Doch bald war mir klar, dass Raquel gar keinen Rat suchte. Sie brauchte vielmehr jemanden, der ihr einfach nur zuhörte. Sie erzählte mir eine der traurigsten Geschichten, die ich je erfahren habe.

Raquel stammte aus Bahia, hatte dunkle Haut und langes, lockiges blondes Haar. Eine Mischung aus einer Schwarzen und einer Blondine, wie sie selbst sagte. Sie war ziemlich klein, und ihr Körper wirkte wie eine Skulptur. Ihre Haut war weich und glänzte wie Samt. Kaum vorstellbar, wie diese schöne Frau aus einem kleinen Dorf in Bahia, elend, arm und so gut wie ohne Bildung, etwas Derartiges erleben konnte.

Als ihr Stiefvater sie mit sechzehn missbrauchte, lief sie von zu Hause weg. Weil sie so klein und schwach war, konnte sie sich gegen seine ständigen Annäherungsversuche nicht wehren. In ihrer Verzweiflung wandte sie sich an ihre Mutter. Überrascht und bekümmert musste sie jedoch feststellen, dass ihre Mutter sie heftig attackierte und sie als verlogenes, schamloses Geschöpf bezeichnete.

Da flüchtete sie in den Süden Brasiliens und ließ drei jüngere Schwestern zurück, mit Sicherheit die nächsten Opfer des Mistkerls. Sie ging zu Fuß, fuhr per Anhalter, auf der Ladefläche von Lkws, schlief da und dort, mit dem einen und dem anderen, oft nur für eine warme Mahlzeit. In Rio de Janeiro besorgte eine Kirchengemeinde ihr eine Stelle als Kindermädchen in einer Familie. Aber attraktiv und naiv, wie sie war, gab es bald Probleme. Am Ende war es immer das gleiche Lied: Raquel sah sich gezwungen, ihren Körper hinzugeben, weil sie Angst hatte, den kleinen Freiraum zu verlieren, den sie gerade erst errungen hatte.

Raquel lernte ihre erste Kupplerin durch eine junge Frau kennen, die ebenfalls als Kindermädchen im Lebelon-Viertel arbeitete. Sie war sehr erfahren, und unter ihren Fittichen entwickelte sich Raquel zu einer noch attraktiveren, gut gekleideten Frau mit gepflegten Umgangsformen.

Eines Abends, während eines von der Kupplerin organisierten Abendessens, lernte die Brasilianerin Gustavo kennen, den Sohn eines Unternehmers aus einer alteingesessenen Familie Rio de Janeiros. Das Treffen, das der Kupplerin viel Geld einbrachte, war für Raquel der Beginn ihres Aufstiegs, oder besser gesagt, es war eine schicksalhafte Begegnung. Gustavo und sie wurden erst gute Freunde und bald ein Liebespaar.

Eines Tages gestand er ihr, er habe zwar auch schon

Sex mit Frauen gehabt, aber wahre Erfüllung finde er nur bei Männern. Allerdings durfte das unter keinen Umständen bekannt werden.

Kurz darauf zog Raquel bei Gustavo ein. Seine Familie empfing das Mädchen mit offenen Armen, denn für sie war »Gugus« Glück das Wichtigste. So verkehrte Raquel mit nur achtzehn Jahren bereits in den höchsten Kreisen von Rio de Janeiro. Gustavo kümmerte sich um ihre Ausbildung, er meldete sie in Kunstkursen an und ließ sie Unterricht in korrekten Umgangsformen nehmen.

So bekam das hübsche, einfache Mädchen bald einen völlig anderen Blick auf die Welt. Sie akzeptierte Gustavos Bisexualität und war überrascht, dass es Phasen gab, in denen sie sogar richtig guten Sex hatten. Aber obwohl Raquel in einem schönen Haus lebte und in den besten Restaurants und Boutiquen verkehrte, war sie nicht glücklich. Sie wollte heiraten und Kinder haben. Eine richtige Familie. Doch mit Gustavo war dieser Traum unmöglich.

Sie fing an, unbemerkt Geld auf die Seite zu legen, und eines schönen Tages buchte sie einen Flug nach Italien. Denn sie hatte gehört, dort könne man gut leben, außerdem schätzten die Italiener das Familienleben sehr. Genau das suchte sie. Bevor sie die Maschine bestieg, reiste sie nach Bahia und heuerte einen Profikiller an, der ihren Stiefvater in ihrem Auftrag töten sollte. Sie nahm eine gewisse Summe an Bargeld mit und ließ die fünfjährige Beziehung mit Gustavo hinter sich.

In Italien arbeitete sie zunächst als Kellnerin, aber von dem geringen Verdienst konnte sie unmöglich leben. Allmählich gingen ihre Ersparnisse zur Neige, doch es sollte sich bald eine Lösung finden. Eine versierte und kluge Kupplerin vermittelte sie an einige Nachtclubs. Kurz darauf fing Raquel in einem Eros-Center in der Nähe von Venedig an. Ein diskreter Club mit mehreren Saunalandschaften und Pools. Jedes Mädchen hatte ein eigenes Zimmer, und am Abend verlangte die Besitzerin die Hälfte der Einnahmen.

Dort lernte Raquel schließlich Franco kennen, einen fünfundvierzigjährigen, gut aussehenden geschiedenen Italiener. Sie verliebte sich in ihn. Die beiden trafen sich regelmäßig, bis Franco ihr vorschlug, zu ihm nach Mailand zu ziehen. Das klang nach einem guten Auskommen und einem ruhigen Leben. Wenn sie sich erst einmal besser kennen gelernt hätten, so versprach er, könnten sie auch heiraten und eine Familie gründen. Begeistert nahm Raquel sein Angebot an. Aber dann kam alles ganz anders.

Anfangs hing der Himmel voller Geigen: Geschenke, Abendessen, Reisen. Sie flog mit Franco fast um die ganze Welt, er kaufte ihr wunderschöne Kleider und sündhaft teuren Schmuck. Der Mann legte ihr förmlich die ganze Welt zu Füßen. Aber sie träumte nach wie vor davon, eine Familie und Kinder zu haben, glücklich zu sein. Nur deshalb ertrug die Brasilianerin Francos Launen. Um seine krankhaften Fantasien zu befriedigen, schlief sie in seiner Gegenwart mit anderen Männern, und irgendwann hatten sie regelmäßig Gruppensex mit mehreren Männern und Frauen. Manchmal befriedigte er sich selbst, während sie mit Schwarzen vögelte und dabei so tat, als würde sie vergewaltigt.

In diesem gestörten Umfeld wurde sie schließlich medikamentensüchtig. Anfangs nahm sie nur Tranquilizer, aber schon bald kamen Schlaftabletten, Aufputschmittel und einiges mehr hinzu.

Kurze Zeit später zwang Franco sie, eine von ihm ungewollte Schwangerschaft abzubrechen. Kaltschnäuzig nannte er als Grund, Drogensüchtige sollten keine Kinder bekommen. Nach der Abtreibung machte Raquel eine Entziehungskur, doch an ihrem Leben änderte das nichts. Sie bekam schwere Depressionen und versuchte sich die Pulsadern aufzuschneiden. Leider behielt sie davon hässliche Narben zurück, die sie zwangen, nur noch Oberteile mit langen Ärmeln oder breite Armbänder zu tragen, um sie zu verbergen.

Nach ihrem Selbstmordversuch unterstützte Franco sie. Er überraschte sie mit neuen Liebesschwüren und versprach, sie würden bald ein Kind haben. Aber Raquel war bereits im Abgrund gelandet. Die Jahre vergingen, und er sprach nie wieder von Hochzeit, auch hatte er offensichtlich nicht das geringste Interesse daran, eine Familie zu gründen und Kinder zu haben.

Mit achtundzwanzig Jahren hatte Raquel bereits ein schönes, wenn auch unwirkliches Leben gehabt. Sie besaß ein Haus in Bahia – ein Geschenk von Franco zu Beginn ihrer Beziehung –, in dem ihre Mutter und ihre Schwestern lebten. Aber sie flog nur selten nach Brasilien. Sie zog es vor, ihrer Familie aus der Ferne beizustehen, um sich nicht mit ihren schrecklichen Kindheitserinnerungen auseinandersetzen zu müssen.

Ihres Lebens überdrüssig, fing sie wieder an zu arbeiten, da Franco häufig für längere Zeit verreist war. Sie musste feststellen, dass es schwieriger geworden war, als Prostituierte Geld zu verdienen. Aber dank ihrer gereiften, sinnlichen Schönheit gelang es ihr bald, die anfänglichen Probleme zu überwinden. Zwei Jahre später folgte die nächste ungewollte Schwangerschaft. Sie beschloss, das Kind abzutreiben, nachdem sie Francos Kommentar gehört hatte: »Wenn es meins ist, dann bekomm es. Wenn nicht, dann mach, was du willst. Mir ist es gleich.«

Raquel fasste sich ein Herz und blickte den Tatsachen ins Auge: Für Franco war sie nicht mehr als ein Sexobjekt. Sie beschloss, ihn zu verlassen. Die Abtreibung blieb leider nicht ohne Folgen, und sie musste monatelang behandelt werden. Sobald es ihr besser ging, arbeitete sie wieder als Prostituierte, in dem Wissen, dass sie keine Kinder mehr bekommen konnte. Abgemagert und ohne jede Hoffnung, schuftete sie hart und versuchte jegliche emotionalen Bindungen zu vermeiden. Sie verdiente damals viel Geld, war unabhängig und hatte keinerlei finanzielle Probleme. Zumindest dachte sie das.

Einen Großteil von Raquels Vermögen verwaltete eine ihrer Schwestern, der sie blind vertraute. Aber als sie zur Beerdigung ihrer Mutter nach Brasilien flog, erwartete sie eine weitere traurige Überraschung: Sie war betrogen und bestohlen worden. Von all dem geschickten Geld waren nur zwei Eigentumswohnungen in Salvador und das Haus übrig, in dem ihre Familie lebte.

Eine ihrer Schwestern war allein erziehend und hatte drei Kinder von verschiedenen Männern. Die für das Geld verantwortliche Schwester lebte in einer schönen großen Wohnung, von der sie behauptete, sie gehöre ihr.

Raquel wusste, dass dies eine Lüge war. Der Verrat stürzte sie noch tiefer in die Depression. Sie war erschüttert vom Tod der Mutter und bedauerte sehr, dass sie die alten Missverständnisse und Ressentiments nicht hatte klären können. Ohne jede Perspektive kehrte sie schließlich nach Italien zurück.

Im Jahr 1991 hieß es, in der Schweiz könne man als Prostituierte viel Geld verdienen, deutlich mehr als in Italien. So landete Raquel schließlich in Zürich, in einem der schönsten Nachtclubs der Stadt. Sie arbeitete als Striptease-Tänzerin, und nach der Show warteten oft mehrere Flaschen Champagner auf sie. Die Männer waren völlig aus dem Häuschen, wenn sie die Brasilianerin sahen.

Einige Zeit später ging Raquel eine Beziehung mit Germano ein, dem Besitzer des Lokals. Er war liebenswürdig, ein paar Jahre jünger als sie und verstand es, die schönen Seiten des Lebens zu genießen. Aber auch er hatte eine traurige Geschichte. Er war mit einer Zwanzigjährigen verheiratet gewesen, die er sehr liebte, doch er war auch ein echter Frauenschwarm. Germano hatte von seinem Vater das Nachtlokal geerbt, eine echte Goldgrube, wo sich angeblich die Reichen und Schönen aus der gesamten Schweiz trafen. Immer mal wieder ließ er sich mit seinen weiblichen Gästen ein.

»Ich bin auch nur ein Mensch …«, pflegte er dann zu sagen, ohne die Beziehungen allzu ernst zu nehmen.

Als seine Frau von seinen unzähligen Abenteuern erfuhr, nahm sie sich das Leben. Der Schock war umso größer, da sie schwanger in den Tod gegangen war. Außerdem hatte sie einen Abschiedsbrief hinterlassen, in dem sie ihrem Mann die Schuld an dem Selbstmord gab.

Germano, dessen Gemütszustand ohnehin schon durch den frühen Tod seines Vaters angegriffen war, betrachtete sich als Mörder und fühlte sich für den Tod seiner Frau verantwortlich. Schwere Schuldgefühle plagten ihn, und er litt sehr darunter. Dank der Unterstützung seiner Familie, dem Zuspruch von Freunden und nach mehreren Therapien führte er nach außen hin wieder ein normales Leben. Aber im Verborgenen kämpfte er gegen eine chronische Impotenz, die er einfach nicht überwinden konnte.

Als er Raquel kennen lernte, war er völlig verzaubert von ihrer golden schimmernden Haut. Er sagte, sie sei eine wunderbare Frau, dennoch schliefen sie nur selten miteinander. Sex zwischen ihnen war immer ein Problem. Sie akzeptierte das, aber es machte ihr zu schaffen, dass er danach jedes Mal weinte wie ein trauriges Kind.

Mit Germanos Hilfe und der einiger anständiger Freier schaffte sie es schließlich, erneut eine Menge Geld zu verdienen. Aus Erfahrung klug, legte sie diesmal alles bei einer Schweizer Bank an.

Aber das Schicksal bescherte ihr noch einmal eine unerwartete Wendung.

Eines Nachts ertappte sie Germano beim Sex mit einem vietnamesischen Transsexuellen, der im selben Nachtclub verkehrte. Wie sie mir erzählte, war er bildschön und nach mehreren Schönheitsoperationen sah er vollkommener aus als eine Frau.

Ich wusste, was sie mit »vollkommen« meinte. Als ich zum ersten Mal mit Transvestiten in der italienischen

Schweiz arbeitete, bekam ich zunächst einen Schock. Damals wollte ich kaum glauben, dass diese Menschen einmal Männer gewesen sein sollten. Sie hatten sich am Körper und im Gesicht operieren lassen, trugen Silikonimplantate in den Wangen, im Kinn, in der Stirn und nahmen Hormone, um den Haarwuchs zu unterbinden. Für eine schmalere Taille gingen sie sogar so weit, die unterste Rippe zu opfern. Sie waren allesamt sehr gepflegt und anmutig, außerdem studierten sie jede Geste vor dem Spiegel ein. So waren sie äußerlich tatsächlich weiblicher als die meisten Frauen. In ihrem Innern fühlte sich ein jeder von ihnen als Frau, die als Mann auf die Welt gekommen war. Deshalb wussten sie auch so gut, was Männern gefällt.

Dass ein Transsexueller ihr den Mann wegnahm, war der Gipfel von Raquels Pech in der Liebe. Schwach, wie sie war, suchte sie bei Drogen und Medikamenten Zuflucht. Bald verfiel sie wieder in eine tiefe Depression. Als sie fast ganz unten angekommen war, brachten Germano und ein paar Freunde sie in eine Klinik in der französischen Schweiz. Zu der Zeit war ihr schon alles egal. Sie versuchte einfach nur, wieder auf die Beine zu kommen, ohne Wünsche, ohne Träume. Damals war sie dreiunddreißig.

Raquel arbeitete inzwischen seit zwei Monaten in der »Straße der Liebe« in Zürich. Die Episode mit Germano hatte sich im Jahr davor ereignet. So unglaublich das klingen mag, aber an diesem fürchterlichen Ort hatte sie nun wieder einen Mann kennen gelernt, und sofort war der alte Traum wieder da. Derselbe Traum, der von

Anfang an ihr Leben beflügelt hatte: einen liebenswerten, guten Mann heiraten, Kinder bekommen und ein normales und glückliches Leben führen.

Hans war ein fünfzigjähriger, gut situierter Unternehmer, der genug Geld hatte, um noch hundert Jahre zu leben, was unter anderem schon deshalb unmöglich war, weil er den ganzen Tag rauchte und trank. Zwei Scheidungen, kinderlos. Er nannte Raquel seine Fee und sagte, er sei auf immer und ewig der Sklave ihrer Wünsche. Romantisch und ganz Galan wollte er, dass sie zu ihm zog und gemeinsam mit ihm seine Ersparnisse verjubelte. Er träumte davon, endlich um die Welt reisen zu können, Entwicklungsländer kennen zu lernen und armen Kindern zu helfen, solche Sachen.

Raquel hatte Angst und wusste nicht so recht, was sie tun sollte. Eine weitere Enttäuschung würde sie nicht verkraften. Sie wollte nicht noch einen Fehler machen, wollte unter keinen Umständen wieder verletzt werden und Kummer haben.

Nach unserem langen Gespräch über Raquels Sorgen kehrten wir in die Bar zurück. Sie dankte mir, dass ich ihr zugehört hatte, und sagte, sie sei sehr froh, mich wiedergetroffen zu haben. Ich war beeindruckt von ihrer Geschichte und wünschte ihr von Herzen, dass sie mit Hans ihren Traumprinzen gefunden hatte. Eine Zukunft an der Seite eines guten und großzügigen Mannes würde Raquel vielleicht die Ruhe schenken, nach der sie immer gesucht hatte.

Es war spät am Nachmittag, und ich hatte Lust, ein bisschen bummeln zu gehen. Auf der Straße war so gut wie nichts los. Heißt es nicht immer, Menschen gewöhnen sich an alles? Offenbar ist dem tatsächlich so. Ich war kaum zwei Wochen in Zürich, und schon schockierten mich all die schrägen Vögel nicht mehr, die ich hier tagtäglich traf. Selbst die Mega Bar kam mir nicht mehr ganz so schrecklich vor.

Nur vor der Polizei hatte ich nach wie vor einen Heidenrespekt. Nachdem ich lange Zeit illegal in Italien gelebt hatte, hatte ich Angst, festgenommen zu werden, ein echtes Trauma. Selbst mit ordnungsgemäßen europäischen Papieren befürchtete ich, dass dies geschehen könnte. Ich wusste, sie würden mich nicht schlagen. Vielleicht würden sie mich ein paar Tage festhalten. Höchstens. Wenn sie etwas gegen mich in die Hand bekämen und ich zugäbe, dass ich mich prostituierte, würde ich sofort ausgewiesen und bekäme ein fünfjähriges Einreiseverbot in die Schweiz. Das wäre natürlich schrecklich, denn in den Straßen und Bars von Zürich wurde in jener Zeit am meisten verdient und ausgegeben.

Ich musste also vorsichtig sein, wenn ich mich auf der »Straße der Liebe« bewegte. Außer der Polizei gab es da noch die Transvestiten und die Junkies. Und unsere Mission war es, möglichst viele Freier mit nach oben aufs Zimmer zu nehmen.

Ich war wieder mal todmüde. Die Nacht reichte meist nicht aus, um meine Batterien aufzuladen. Langsam trottete ich vor mich hin, als ich Marita entdeckte, einen der Transvestitenbrüder. Sie hatte mich auch gesehen. Wenn ich jetzt zurückwich, machte ich alles nur noch schlimmer. Also ging ich einfach weiter, denn wenn sie mitbekam, dass ich Angst vor ihr hatte, würde sie Geld von mir verlangen, damit sie mich in Ruhe ließ. Mit ein paar Kolumbianerinnen hatte sie es nämlich vor kurzem auch so gemacht.

Sie kam auf mich zu, ihre Tasche fest in der Hand. Ein paar Meter vor mir grinste sie breit und fragte: »Hallo, meine Liebe, *tutto bene?*« Ihr Blick war starr, sie stand also offensichtlich unter Drogen.

»Ja, alles bestens. Und bei dir?«, erwiderte ich gelassen.

Ehe ich michs versah, spürte ich ein Brennen im Gesicht. Eine eisige Flüssigkeit rann mir in den Nacken. *Das Miststück hat mich entstellt! Das ist Säure!*, dachte ich im ersten Moment panisch.

Im Nu hatte Marita mich an den Haaren gepackt und niedergerissen. Wir rollten über den Boden, schlugen und kratzten uns gegenseitig.

Im Drogenrausch bellte die Verrückte: »Kehr gefälligst in dein Land zurück, du blöde Kuh! Fotze! Missgeburt! Ich bin Schweizerin. Ich werde dich anzeigen, du Miststück!«

Marita schrie mir immer weiter schreckliche Sachen ins Gesicht, während wir miteinander rauften und sich mehrere Schaulustige um uns herum versammelten. Sie lachten, johlten, klatschten und feuerten uns an. Die Polizei tauchte nicht auf. Plötzlich spürte ich eine helfende Hand, eine Drogensüchtige mischte sich in den Streit ein und befreite mich aus Maritas Klauen.

Ich rannte sofort zurück zur Mega Bar, direkt auf die Toilette. Zum Glück hatte ich instinktiv die Augen geschlossen, als der Transvestit mir die Flüssigkeit ins

Gesicht sprühte. Mein ganzes Gesicht war gelb. Zwar brannte es noch ein wenig, aber es sah zum Glück normal aus. Die thailändischen Kellnerinnen beachteten mich nicht weiter, sondern lachten und unterhielten sich in ihrer Sprache. Ohne eine Freundin oder Bekannte fühlte ich mich auf einmal hundeelend. Ich ging nach Hause, stieg die Treppen zu meinem Apartment hinauf und fühlte mich wie der letzte Dreck.

Später erfuhr ich, dass Marita mich mit einem betäubenden Spray angegriffen hatte, das man in bestimmten Geschäften in Zürich kaufen konnte. Ich beschloss, mir für den Notfall auch so eines zu besorgen und in die Handtasche zu stecken.

Die grundlose Aggression Maritas traf mich sehr. Ich war müde, erschöpft und halb verrückt vor Sehnsucht nach meinen Kindern. Seit Tagen ernährte ich mich schlecht, schlief noch schlechter und ging mit jedem ins Bett, ganz gleich wie furchtbar er war. Sogar für hundert Schweizer Franken, dem Preis, der eigentlich nur auf der Straße galt.

Marita raubte mir mit ihrer brutalen Attacke kurzzeitig den Glauben an das Gute im Menschen. Wie konnte jemand nur so tief sinken? Sie war nichts als ein frustriertes, neidisches, zugedröhntes, lautstarkes, angriffslustiges altes Wesen ohne sexuelle Identität. Wie war das möglich? Genügte nicht das normale menschliche Elend?

Dann dachte ich nach und wurde traurig: Eigentlich war Marita wie ich eine arme Seele, die noch auf Erden wandelte, über die Bürgersteige der »Straße der Liebe«, dem am meisten der Hölle ähnelnden Ort, den ich kenne.

An jenem Tag war ich nicht mehr in der Lage zu arbeiten. Am darauf folgenden Morgen machte ich mich in aller Früh auf den Weg nach Italien, in die Arme meiner Kinder.

2

1990
Brasilien – Italien

Mein erster Flug

Aufgewühlt und nervös schritt ich durch das Flughafengebäude von São Paulo und beobachtete die Leute mit ihren Gepäckwagen und Koffern, ein jeder auf der Suche nach seinem Bestimmungsort. Ich atmete tief ein und fragte mich, wohin es mich wohl verschlagen würde.

Maurem, der mich zu Hause abgeholt hatte, versuchte mich zu beruhigen. Weil es zum Einchecken noch zu früh war, setzten wir uns in die Flughafenbar. Er bestellte ein Bier. Ich nahm lieber einen Martini auf Eis. Maurem wirkte völlig gelassen, obwohl auch er wusste, dass unser Leben von nun an einen unvorhersehbaren Verlauf nehmen würde. Ich stellte mir lieber vor, seine Ruhe basierte auf der Hoffnung oder der Gewissheit, dass ich eines Tages nach Brasilien zurückkehrte. Wenn nicht, wäre unsere Beziehung zu Ende.

Es war noch eine gute Stunde hin, bis es losging. Die Worte blieben mir in der Kehle stecken. Es gab nichts mehr zu sagen. Beim Abschied drückte Maurem mir eine kleine Schachtel in die Hand, ein vorgezogenes Weihnachtsgeschenk, denn es war erst Anfang November. Er umarmte mich und sagte, ich solle immer an ihn denken, wenn ich das Geschenk ansehe. Als er davonging, erinnerte mich die große Traurigkeit in meinem Herzen daran, dass alles hätte anders sein können, wenn er nur gewollt hätte.

Ich reihte mich in die Schlange vor den Sicherheitskontrollen ein. Nachdem meine Tasche das Durchleuchtungsgerät passiert hatte, wünschte mir der Polizeibeamte eine gute Reise und stempelte meinen Pass ab, ohne mich auch nur anzusehen. Ausgang Nummer dreizehn. Das war meine Losnummer.

Die Sitzgelegenheiten in der Wartehalle waren alle belegt. Ich ließ den Blick durch den mit Teppich ausgelegten, mit echten Pflanzen dekorierten Raum schweifen. Alles war schön und geschmackvoll eingerichtet. Die Reisenden schienen sich wohl zu fühlen, einige waren sehr gut gekleidet, fast alle hatten Taschen und Geschenke dabei. Andere wirkten schlecht gelaunt und überhaupt nicht auf eine internationale Reise eingestellt. Das einzige Geschenk, das ich für die Italiener dabeihatte, war ich selbst.

Als die Angestellte von Alitalia zum Boarding aufrief, standen fast alle Passagiere zur gleichen Zeit auf, und es bildete sich eine Schlange vor dem Gang zur Maschine. Dort wartete eine lächelnde Stewardess, die jedem Fluggast seine Sitzreihe zeigte.

Es war sechs Uhr abends, und die Sonne stand hoch am Himmel. Ich verspürte eine Euphorie in der Brust, die sich bis in die Magengrube ausdehnte und schließlich meinen ganzen Körper erfasste. Es war nicht nur Nervosität, es war auch Rührung.

Ich wollte in Italien arbeiten, und ich war felsenfest davon überzeugt, die richtige Entscheidung getroffen zu haben. Mein Leben würde sich komplett ändern. Mein großer Traum war es, mir eine Wohnung zu kaufen und nie mehr Miete zahlen zu müssen. Ich glaube, alle Menschen wünschen sich die Sicherheit eines Eigenheims. Das ist durchaus ein berechtigter Traum, aber ich habe nicht damit gerechnet, dass danach weitere und immer mehr Träume entstehen. Offenbar nimmt das Ganze kein Ende.

Als ich die Reihe erreichte, die mir die freundliche Stewardess zugewiesen hatte, setzte ich mich völlig in Gedanken versunken auf den Fensterplatz. Kurz darauf stand ein mürrischer Herr vor mir, der wild gestikulierte und auf Italienisch auf mich einredete. Ich verstand kein Wort. Ein junger Mann eine Reihe hinter mir erklärte mir daraufhin auf Portugiesisch, die Sitze seien mit einer Zahl und einem Buchstaben versehen, woran man erkennen könne, ob man den Platz am Fenster, in der Mitte oder am Gang habe. Er warf einen Blick auf meine Boardingkarte.

»Sie sitzen am Gang. Der Herr beschwert sich, dass Sie seinen Platz belegen«, murmelte er.

»Ach so! Entschuldigung!«, sagte ich, an den schlecht gelaunten, auf sein Recht pochenden Italiener gewandt.

Nur Geduld. Seemann auf der ersten Reise. Beschämt, weil ich glaubte, dass mich alle anstarrten, ließ ich mich auf meinen Sitz am Gang fallen.

Als die Maschine über die Startbahn rollte, drückte ich meine Tasche fest gegen die Brust und dachte an den Pass und das Geld darin. Die dreihundert Dollar in kleinen Scheinen – damit es nach mehr aussah – waren für mich ein echtes Vermögen. Dennoch würden die Einwanderungsbehörden in Europa niemals eine Touristin mit einem derart lächerlichen Betrag einreisen lassen. Ich hatte das Flugzeug in der Hoffnung bestiegen, dass ich Glück hatte und mich am Zoll niemand nach der Summe an Bargeld fragte, die ich dabeihatte.

Nachdem die Maschine mit dröhnenden Turbinen über die Startbahn gerast war, stieg sie in den Himmel auf. Mein Magen verkrampfte sich, und meine Augen füllten sich mit Tränen, als ich spürte, wie wir an Höhe gewannen. Angeschnallt saß ich in dem motorisierten Metallvogel und dachte darüber nach, wie der Mensch, zerbrechlich und klein, nur so wunderbare Dinge konstruieren konnte. Ich schloss die Augen und gab mich mit allen Sinnen dem Erleben hin, damit ich nichts von diesem unglaublichen Moment versäumte.

Es war das erste Mal, dass ich flog. Eine Episode aus meiner Kindheit kam mir in Erinnerung. Ich war ein leichtsinniges, fantasievolles Kind und schaute mir damals gerne meine Lieblingsfernsehserie an: *Wonder Woman.* Sie war wunderschön und konnte außerdem fliegen. Ich wollte es ihr damals immer gleichtun. Also versuchte ich zu fliegen, indem ich von Abhängen und Mauern sprang. Doch leider gelang es mir nicht. Irgendwann kam ich zu dem Schluss, dass ich von einem noch höheren Platz abspringen musste, um mehr Schwung zu bekommen. Als Wonder Woman verkleidet, kletterte ich auf einen Baum. Mit wehendem rotem Umgang sprang ich von ganz oben herunter. Ich fiel herab wie ein Stein. Es war schrecklich. Ich brach mir den Fuß und biss mir fast die Zunge durch. Wochenlang fehlte ich danach in der Schule. Ich hatte höllische Schmerzen, konnte nichts essen und bekam obendrein eine ordentliche Abreibung von meiner Mutter. Aber das Traurigste war, dass ich einsehen musste, nicht fliegen zu können. Jetzt war mein großer Tag gekommen. Ich schwebte hoch über den Wolken und überquerte sogar den Ozean.

Plötzlich fing das Flugzeug an zu schwanken. Mir wurde übel, und ich stürzte auf die Toilette, um mich zu übergeben. Leider schaffte ich es nicht mehr, abzuziehen. Denn ich musste sofort auf meinen Platz zurück, weil die Anschnallzeichen aufleuchteten und der Pilot über Lautsprecher mitteilte, wir befänden uns in einer Turbulenz. Ich hatte schreckliche Angst, aber nach ein paar Minuten war zum Glück alles wieder vorbei. Solche Ereignisse, die bei internationalen Flügen ständig vorkommen, jagen schlichten Gemütern, die noch nie ein Flugzeug betreten haben, einen gehörigen Schrecken ein.

Als die Stewardessen das Essen servierten, bemerkte ich die Gelassenheit der Passagiere um mich herum. Schon deutlich ruhiger dachte ich, fliegen sei im Grunde nichts anderes als Auto fahren, nur im Himmel. Dennoch tat ich die ganze Nacht kein Auge zu, ich musste ständig an die Zukunft meines kleinen Sohnes Cristofer denken. Es war das erste Mal, dass wir getrennt waren.

Er war in der Obhut meiner Tante Francisca geblieben, der ich blind vertrauen konnte. Ich wusste, dass es Cristofer gut ging, aber das Bild, wie er in der Haustür stand und mir lachend hinterherwinkte, wollte mir einfach nicht aus dem Kopf gehen.

Kurz vor Rom kündigte der Pilot an, wir müssten zwischenlanden und in eine andere Maschine umsteigen. Ich verstand kaum Italienisch, aber aus der hektischen Betriebsamkeit der anderen Passagiere und den Kommentaren auf Portugiesisch, dass wir mit Verspätung in Mailand eintreffen würden, schloss ich, dass auf dem Flug etwas Unvorhergesehenes geschehen war.

Als die Räder der Maschine den Boden berührten, stieß ich einen tiefen Seufzer aus, den ich die ganze Zeit über zurückgehalten hatte. *Ich bin in Italien, in Rom, in der Nähe des Papstes,* dachte ich ganz benommen vor Glück. Die Passagiere klatschten begeistert.

Das alles war furchtbar aufregend für mich. Clara hatte mir genau erklärt, was ich tun sollte, wenn ich in Italien ankam. Zu wissen, dass sie in Mailand auf mich wartete, beruhigte mich ungemein.

Ich folgte dem Menschenstrom, der sich auf die Passkontrolle zubewegte. Vor dem Zoll reihte ich mich in die Schlange der Reisenden ein, die nicht aus der Europäischen Gemeinschaft waren. Als ich meinen Pass hinlegte, versuchte ich mich wie eine ganz normale Touristin zu verhalten, die sich freut, nach Europa in eine unbekannte Welt zu kommen. Der Polizist sah mich nicht einmal an. Er stempelte den Pass ab und sagte: »*Buone vacanze!*«

Ich nahm ihn an mich und versuchte die Passagiere aus meinem Flug nicht aus den Augen zu verlieren, die genau wie ich gelbe Tickets in der Hand hielten. Die Stewardessen hatten sie denjenigen ausgehändigt, die per Anschlussflug weiterreisten. Zwei Stunden später bestiegen wir eine kleinere Maschine.

Ehe ich michs versah, stand ich am Flughafen von Mailand. Weil es diesmal ein nationaler Flug war, waren die Formalitäten schnell erledigt. Nachdem ich ein wenig orientierungslos durch die Gänge geirrt war, fand ich endlich die Gepäckausgabe. Dort lag mein Koffer und drehte einsam und allein seine Runden auf dem schwarzen Gummiband.

Ein Minibus hatte die Reisenden von der Maschine zum Flughafengebäude gebracht. Auf der Fahrt fror ich wie ein Schneider. Die Kälte drang mir bis in die Knochen, so dass ich noch im Gebäude zitterte. Die meisten Leute trugen Jacken aus Wolle oder Leder. Ich hatte nur einen lachsfarbenen Leinenblazer an, der in Brasilien absolut angesagt war. Aber in Mailand, zu Beginn des Winters, war er völlig fehl am Platze. Da ich auf solche Kleinigkeiten sehr genau achte, fühlte ich mich mit einem Mal wie eine Bettlerin. Der Winter ließ die meisten Leute eleganter wirken.

Clara, hübsch anzuschauen in ihrem langen hellrosa Mantel mit beigefarbenen Stiefeln und passender Tasche, wartete am Ausgang auf mich. Neben ihr stand ein Mann in einem grauen Anzug und mit stahlblauen Augen. Er wirkte distinguiert. Clara stellte uns kurz vor: »Mariana, das ist Signore Dilan. Er ist dein Agent.«

Genua

Mein Bestimmungsort war Genua. Ich sollte dort noch am selben Abend anfangen zu arbeiten. Clara war übrigens eine tolle Freundin, trotz ihres schwierigen Charakters. Sie war besitzergreifend, radikal und autoritär, auch gegenüber ihren Freunden. Außerdem war sie rechthaberisch und akzeptierte keine anderen Standpunkte als ihre eigenen. Dennoch überwogen, bei allen Fehlern, ihre Qualitäten. Sie war ein guter Mensch und wollte mir um jeden Preis helfen. Immerhin hatte sie alles für meinen Italienaufenthalt in die Wege geleitet.

Während der zweistündigen Fahrt von Mailand nach Genua in einem Mercedes, der nur so über den Asphalt zu fliegen schien, erfuhr ich, dass der Mann mit den stahlblauen Augen mitgekommen war, falls ich Probleme bei der Einreise gehabt hätte.

Für seine Dienstleistungen, das Essen und den Transport nach Genua verlangte er eintausendfünfhundert Dollar, die ich ihm nun schuldete. Entsetzt akzeptierte ich seine Forderungen. Ich wusste, dass er mich über den Tisch zog, aber Clara hatte mir versichert, dass die Dinge nun mal so liefen. In Genua fuhren wir auf direktem Weg in die Pension, in der Clara wohnte.

Vor meiner Ankunft hatte sie ein größeres Zimmer angemietet, das wir uns teilen sollten. Ich stellte mich erst mal unter die Dusche und entspannte mich unter dem Wasserstrahl, um die Müdigkeit zu vertreiben. Unsere Unterkunft lag in der Nähe des Bahnhofs. Nachdem ich geduscht und ein paar Stunden geschlafen hatte, gingen wir zum Abendessen. Ich aß zum ersten Mal eine echte italienische Pizza: Der Teig war dünner und der Belag spärlicher als zu Hause in Brasilien. Ich stellte fest, dass die italienische Pizza sich sehr von der unterschied, die ich aus São Paulo kannte.

Ich war überrascht von den Dingen, die ich um mich herum beobachtete. Die Realität ist nun mal anders als die Träume. So hatte ich zum Beispiel immer gedacht, alle Europäer seien attraktiv. Aber ich entdeckte auch ganz normale, gut gekleidete Menschen, die aussahen, als wären sie auf dem Weg zu einem Fest.

Wäre ich nicht so unpassend angezogen gewesen und hätte ich die Sprache gesprochen, wäre ich glatt als Italienerin durchgegangen. Clara fiel da schon deutlich mehr auf. Als Mulattin zog sie die Blicke der Männer automatisch auf sich. Wenn die Italiener eine Ausländerin sehen, denken sie sofort, dass sie käuflich sei. Das liegt daran, dass in Europa Tausende von Afrikanerinnen, Brasilianerinnen und Lateinamerikanerinnen als Prostituierte arbeiten.

Vor Kälte schlotternd ging ich nach dem Essen die Stufen zur Pension hinauf. Ich machte mir große Sorgen. Schließlich saß ich auf einem riesigen Schuldenberg, kaum dass ich italienischen Boden betreten hatte. Clara und ich richteten uns her und warteten auf Signore Dilan, unseren Agenten. Als ich in meiner Tasche kramte, stieß ich auf Maurems Geschenk. Es war eine schöne Armbanduhr. Immer wenn ich nun auf die Uhr sah, würde ich daran denken, dass er in Brasilien auf mich wartete.

Signore Dilan brachte uns ins Paradyse Love. Clara ging als Erste hinein, gefolgt von mir und unserem Agenten, der mir die Hände auf die Schultern gelegt hatte und sich benahm, als würde er eine Ware feilbieten.

Eine etwa fünfzigjährige Blondine mit Hakennase kam hinter der Theke hervor und musterte mich von oben bis unten. Sie ließ mich an acht Mädchen vorbeidefilieren, die mich alle mit spöttischen Blicken bedachten. Ich trug ein schwarzes Kleid, den lachsfarbenen Blazer, hochhackige Schuhe und Seidenstrümpfe, die Clara mir geliehen hatte. Das Make-up kaschierte erfolgreich, dass ich lange nicht geschlafen hatte.

Nachdem die Megäre das »Material« in Augenschein genommen hatte, lächelte sie und sagte zu Clara, ich könne in dem Nachtclub anfangen. Die Mädchen an der Bar taxierten mich erneut. Sie wollten wohl wissen, ob sie es mit einer ernst zu nehmenden Konkurrentin zu tun bekamen.

Paradyse Love

Im Paradyse Love fielen mir als Erstes die fleckigen, mit Brandlöchern übersäten Teppiche auf. Riesige Spiegel reflektierten düstere Bilder. Ich hatte ein größeres, eleganteres, weitläufigeres Etablissement erwartet. Der Club bestand aus nicht mehr als einem langen Flur und einer Theke mit mehreren Hockern. Auf der anderen Seite gab es ein paar schmale Sofas mit kleinen Tischen davor. Weiter hinten entdeckte ich eine Tür mit der Aufschrift »Privat«. Das war das von Clara erwähnte Separee, in das die Männer, nachdem sie den Champagner bezahlt hatten, sich mit einer von uns zurückzogen, um zu reden oder Sex zu haben. Die Mädchen in diesem Club waren nicht gezwungen, sich nur zu unterhalten, um möglichst viel Champagner zu verkaufen. Wenn der Freier mehr wollte, machte er den Preis mit der Auserwählten direkt aus.

Clara erklärte mir, wie alles funktionierte. Kam ein

Kunde herein, ging er meist direkt an die Bar, wo eine von uns ihn dann ansprach. Gefiel sie ihm nicht, so durfte eine andere einen weiteren Versuch starten. Einige Freier bestellten etwas zu trinken an der Bar, unterhielten sich ein wenig und verschwanden wieder. Andere betraten den Club nur aus Neugier und wollten nicht mal etwas bestellen. Die Kühnsten kamen mit der Absicht herein, Sex zu haben. Sie griffen sich die Erstbeste, die auf sie zukam, zahlten den Champagner und verzogen sich direkt ins Separee.

Später stellte ich fest, dass es sich um ein fünftklassiges Lokal in der Nähe des Hafens handelte. Der Champagner, eigentlich ein billiger Schaumwein, kostete hunderttausend Lire, also etwa fünfzig Euro. Qualitativ höherwertige Getränke waren deutlich teurer. Dennoch blieben manchmal sogar volle Flaschen in den Separees zurück. Die Kellnerinnen sammelten sie jedes Mal ein und schenkten den Champagner später glasweise an der Bar aus. Eine Nummer im Separee kostete den Freier fünfzigtausend Lire, knapp fünfundzwanzig Euro. Allerdings hing der Preis vom Tageskurs ab.

Das Separee war mit sechs zweisitzigen Sofas und kleinen runden Tischen möbliert. Um ein Minimum an Privatsphäre zu gewährleisten, waren sie durch bewegliche Trennwände oder große Kübel mit künstlichen Pflanzen abgetrennt. Im Halbdunkel war es somit unmöglich, einem anderen Mädchen bei der Arbeit zuzusehen. Bei den ersten Malen störte ich mich daran, aber bald konnte ich nur noch darüber lachen.

Wir versuchten bei jedem Kunden, möglichst keine Zeit zu verlieren. Das hieß also rein ins Separee, Reisverschluss auf und ein kurzer Blow-Job oder eine schnelle Nummer. Auf einem Sofa kann man nun mal keine großen Kunststückchen vollbringen. Zu meiner Freude verbrachte ich nie mehr als zehn Minuten mit einem Freier.

Die ganze Zeit über bestand die Gefahr einer Razzia. Wenn die Polizei eine von uns beim Sex erwischte, drohte eine satte Strafe, und das Paradyse Love würde unter Umständen geschlossen. Sollte das passieren, dann würden die Ausländerinnen ohne Umschweife abgeschoben, und zwar nur mit dem, was sie auf dem Leib trugen, so hieß es immer. Ich hatte die ganze Zeit über furchtbare Angst, unter solchen Umständen nach Brasilien zurückkehren zu müssen.

Mehr oder weniger eine Stunde nach meiner Ankunft betrat ein schüchterner junger Mann an der Seite eines älteren Herrn den Club. Ich hielt die beiden für Vater und Sohn. Der Ältere kam zu mir herüber und lud mich zu einem Getränk ein. Also begleitete ich ihn an die Bar. Da ich kaum Italienisch sprach, lächelte ich nur, wenn sie etwas zu mir sagten. Der junge Mann war eindeutig an mir interessiert. Der ältere animierte ihn, und kurz darauf begleitete uns die blonde Puffmutter ins Separee. Auf dem Sofa stießen wir auf unser Kennenlernen an. Ich denke, es war das erste Mal für ihn. Ungeschickt fing er an, mich zu berühren. Währenddessen zog ich ein Kondom aus der Tasche und streifte es ihm liebevoll über. Er war schon ziemlich erregt. Doch kaum war ich damit fertig, wurde sein Penis wieder schlaff. Der Junge sah mich entsetzt an, halb tot vor Scham. Ich versuchte es noch einmal, aber es wollte nicht klappen. Seinen

Worten und Gesten konnte ich entnehmen, dass unter keinen Umständen jemand davon erfahren sollte. Mit Schweißperlen auf der Stirn drückte er mir einen weiteren Fünfzigtausendlireschein in die Hand. Ich lächelte, zwinkerte ihm zu, und dann stießen wir noch einmal mit dem Champagner an. Kurz darauf stand er auf und ging, ohne sich noch einmal umzusehen.

An jenem Abend kamen mehr als dreißig Männer in das Lokal. Viele von ihnen spendierten mir Drinks an der Bar.

Am frühen Morgen kam ein Kerl mittleren Alters mit einer pelzgefütterten Jacke herein. Ich war sofort begeistert. Mit dem Kleidungsstück war einem bestimmt nicht kalt. Er spendierte mir einen Drink und wollte mit mir »Liebe machen«, wie er es nannte.

Was für ein lächerlicher Ausdruck, dachte ich und sah ihn dennoch mit einladendem Blick an. Ich konnte beim besten Willen nicht begreifen, warum ein Mann wegen dieses mechanischen Akts ohne jedes Gefühl einen solchen Ort aufsuchte. Aber er hatte wohl genau wie ich seine Gründe. Schlussendlich war das alles gar nicht so schlecht, denn offensichtlich gefiel ich ihm. Nur dass der Mann mit der dicken Jacke nicht so leicht zu befriedigen war wie der junge, unerfahrene Freier. Außerdem wollte er mich um jeden Preis auf den Mund küssen. Doch das war und ist für mich unbezahlbar. Nicht im Traum daran zu denken.

Ich glaube, für die Mehrzahl von uns Frauen, die wir diesem Beruf nachgehen, ist ein Kuss etwas sehr Intimes und für den Mann reserviert, den wir lieben.

Außerdem stank der Freier unerträglich nach Knoblauch. Es war ein echter Kampf, bis ich es geschafft hatte, mich auf ihn zu setzen und mich im Rhythmus zu bewegen.

Sofort fing er auf Italienisch an zu fluchen. Ziemlich wütend befahl ich ihm auf Portugiesisch, den Mund zu halten. Aus seinem Blick schloss ich, dass er mich verstanden hatte. Jedenfalls sagte er von da an nichts mehr. Der Kerl war einfach ekelhaft. Nach ein paar schnelleren Bewegungen kam er, und sein Lustschrei war im ganzen Lokal zu hören.

Clara und ich verließen den Nachtclub um fünf Uhr morgens. Ich war fast ohnmächtig vor Müdigkeit und von dem vielen Alkohol.

Monotone, graue kalte Tage

Die Tage und Nächte vergingen, monoton, grau und kalt. In den Straßen konnte man kaum die Hand vor Augen erkennen. Meine Träume verloren sich im Nebel trauriger Morgenstunden.

Obwohl ich inzwischen einige Brocken Italienisch gelernt hatte, verlor ich immer mal wieder Freier, weil sie nicht die Geduld hatten, mir zuzuhören. An einem Ort wie dem Paradyse Love musste man nicht nur attraktiv sein, sondern die Freier auch überzeugen, den Champagner zu bezahlen und mit einem ins Separee zu gehen. Sonst sah man kein Geld.

Eine gute Angestellte in dieser Art von Lokal musste jedoch vor allem eines sein: trinkfest. Meist versuchte ich mit den Freiern mitzuhalten, aber am Tag darauf war mir jedes Mal schlecht, es war fürchterlich. Manchmal gelang es mir zum Glück, unbemerkt ein Glas in einen der Blumenkübel zu schütten. Ich wurde immer deprimierter. Bald vermisste ich meinen Sohn so sehr, dass ich es kaum aushielt.

Wenn ich morgens aufwachte, machte ich gerne einen Spaziergang durch die Stadt. Ich betrachtete die beeindruckenden alten Gebäude und bewunderte die schönen Denkmäler, teilte aber weder die Freude noch die Begeisterung der Menschen um mich herum. Ich war nun mal keine gewöhnliche Touristin.

In meiner zweiten Woche im Paradyse Love erlebten Clara und ich etwas Schreckliches. So gegen Mitternacht bestellten drei Männer zwei Flaschen Champagner und luden mich, Clara und ein Mädchen aus Santo Domingo ins Separee ein.

Wir fingen an zu trinken, und leider ergab sich keine Gelegenheit, etwas in einen der Kübel zu schütten. Die Typen bestellten ständig mehr Champagner. Bald waren wir alle drei beschwipst, konnten jedoch unmöglich ablehnen. Die alte Hexe strahlte. Und die Männer wussten genau, was sie taten. Sie wollten uns betrunken machen und anschließend demütigen. Am frühen Morgen, als der Nachtclub schloss, half eine gute Seele uns die Treppen zur Pension hinauf. Clara faselte ununterbrochen etwas von dem »tollen Typen«, den sie vor ein paar Wochen kennen gelernt hatte, einem gewissen Franco …

Wir schliefen den ganzen nächsten Tag durch und wachten auf, kurz bevor wir wieder ins Paradyse Love mussten. In der Nacht davor hatten wir – während die

Kerle uns betatschten – insgesamt achtzehn Flaschen Champagner geleert, zum Glück von guter Qualität.

Clara war unglaublich schlecht drauf. Als ich mich anzog, fragte ich mich, wie das Leben nur zwei so unterschiedliche Menschen zusammenführen könne. Warum hatte sie mich bloß adoptiert, kaum dass ich den Nachtclub betreten hatte, in dem sie in São Paulo arbeitete?

Clara war geheimnisvoll, sie redete nie über sich. Was ich über ihre Vergangenheit weiß, haben mir andere erzählt. Sie behaupteten, Clara sei einmal eine sehr attraktive Frau gewesen, als sie anfing, in Nachtclubs zu arbeiten. Sie war nicht groß, aber als Mulattin hatte sie einen wohl geformten Körper und bezaubernde Afrolocken, die ihr bis zur Hüfte reichten. Doch mehr als durch ihr Äußeres zog Clara wegen ihres sympathischen Wesens und ihrer offenen Art Aufmerksamkeit auf sich. Sie war fast immer gut gelaunt, lachte und scherzte über alles und mit jedem. Sie hatte zwei Töchter und war bekennende Lesbe. Die Leute dachten immer, wir hätten ein Verhältnis, doch zwischen uns war nicht mehr als wahre Freundschaft. Sie liebte mich wie eine Schwester.

São Paulo: boca-do-lixo

Wie gesagt, ich lernte Clara kennen, als ich zum ersten Mal nach *boca-do-lixo* kam, in den Rotlichtbezirk von São Paulo. Völlig verzückt von den Leuchtreklamen der Nachtclubs, wo gut gekleidete Leute, elegante Männer und vor allem Orientalen verkehrten, entdeckte ich das Nachtleben. Als ich aus dem Taxi stieg, beschloss ich spontan, in einen dieser Clubs hineinzugehen. Abergläubisch, wie ich bin, betrat ich ihn von der rechten Seite. Der Türsteher, ein großer, imposanter dunkelhaariger Mann mit einem Furcht erregenden Gesichtsausdruck, lächelte freundlich, als er bemerkte, wie schwer es mir fiel, durch diese Tür zu gehen, die mein Leben komplett verändern sollte.

Es war ein schönes, hübsch dekoriertes Lokal mit zahllosen Spiegeln. Außer einer Bühne gab es mehrere abgeteilte Räume an den Seiten. Nur vereinzelt saßen Paare an den Tischen. Ich war zum ersten Mal in meinem Leben in einem Nachtclub. In meiner Naivität war ich schwer beeindruckt von dem Luxus und dem geschmackvollen Dekor. Irgendwann ging das Licht aus, und die Vorführung begann. Bunte, wechselnde Lichtkegel strahlten das Paar auf der Bühne an. Die romantische Hintergrundmusik sorgte für die passende Atmosphäre.

Die Frau, blond und schlank, umfasste den riesigen, erigierten Penis ihres Partners. Er war groß, extrem gut gebaut und hatte langes Haar. Die beiden berührten sich und entledigten sich ohne Umschweife der wenigen Kleidungsstücke, die sie trugen. Er saugte an ihren Brüsten, während sie sich an den kräftigen Hüften ihres Partners rieb und ihm provokativ die Hände zwischen die Schenkel schob. Dann kniete sie sich vor ihm hin und erledigte live auf der Bühne einen Blow-Job vom Feinsten. Ich hatte so etwas noch nie gesehen. Schließlich sank auch er auf die Knie und fing an, sie zwischen den Beinen zu küssen. Die Frau stöhnte lauter als die Musik. Der

Rhythmus der Musik wurde schneller, die Scheinwerfer wechselten zu Rot, bevor sie dunkel wurden. Das Paar verließ unter Applaus die Bühne. Zu meinem Entsetzen bemerkte ich, dass der Penis des Mannes immer noch erigiert war.

Später erfuhr ich, dass die Akteure bei solchen Vorführungen erst bei der letzten Show zum Orgasmus kommen, da sie jede Nacht in mehreren Lokalen auftreten. Außerdem fand ich heraus, dass die beiden auch im richtigen Leben ein Paar waren.

Ich stand immer noch halb verstört da, als Clara mich fragte, was ich denn hier zur Salzsäule erstarrt machte. Ich erwiderte, ich wolle mit dem Clubmanager sprechen. Sie musterte mich eingehend, lächelte und sagte: »Hör mal, meine Liebe, bestimmt bist du schockiert von dem, was du gerade gesehen hast. Ich denke, du weißt nicht einmal, wie man einem Mann einen Pariser überstreift. Ich werde dir jetzt mal einen Rat geben, mein Mädchen. Mit deinem Gesicht der reumütigen Jungfrau Maria passt du hier nicht rein. Geh zurück nach Hause, versöhn dich mit deinem Mann, und vergiss, was du gerade gesehen hast, okay? Diese Welt ist nichts für Menschen wie dich.«

»Ich kann es doch lernen, wie alle anderen auch«, erwiderte ich, ohne mit der Wimper zu zucken.

Clara sah mich erneut an und sagte dann nachdenklich, ich solle kurz warten. Dann geschah etwas Unerklärliches, denn sie kehrte zurück und meinte, sie suchten eine Empfangsdame für den Club, falls mich der Job überhaupt interessiere. Weil ich ganz hübsch sei, könnte ich mir ja mal ansehen, wie die Dinge in dem Laden so funktionierten.

So trat Clara in mein Leben. Sie war die Geschäftsführerin des Nachtlokals, in das ich zufällig geraten war. Sie wurde in den Clubs von allen respektiert. Im Laufe der Jahre hatte sich vieles in dem früher als *boca-do-lixo* bekannten Bezirk verändert. Die Männer mit Geld waren verschwunden. Jetzt verkehrten hier hauptsächlich Orientalen. Sie hielten die Lokale am Leben. Es gab fünf oder sechs Clubs, von denen drei etwas größer und von gehobenerem Niveau waren. Die anderen überlebten mit dem, was die großen übrig ließen. Der »Schlund des Luxus«, wie *boca do lixo* übersetzt heißt, war zum »Schlund des Abschaums« geworden.

In kürzester Zeit lernte ich sämtliche Nachtschwärmer des Viertels kennen. Ich schloss schnell Freundschaften und begann bald mit meinen ersten Nummern. Anfangs tat ich mich noch recht schwer, nicht selten fühlte ich mich bedrängt und vergewaltigt. Aber das Geld war so schnell verdient, dass ich angesichts meiner hoffnungslosen Finanzlage rackerte, so viel ich nur konnte.

Madame Janet, Gilda, Clara und Gilbertinho

Gilda war die Besitzerin des Clubs, in dem ich als Empfangsdame arbeitete und Clara Geschäftsführerin war.

Die bei den Mädchen begehrten und von den besten Männern besuchten Lokale waren das von Gilda und das von Gilbertinho, einem einäugigen Mann mit einer großen Narbe auf der linken Wange.

Gilda machte mich neugierig und faszinierte mich von Anfang an. Von ihr ging eine stille Macht aus. Sie stammte aus dem Norden des Landes und war 1960 nach São Paulo gekommen, um in der Rua Augusta zu arbeiten. Hübsch und angriffslustig, war sie bei Männern wie Frauen gleichermaßen gefürchtet. Sie kannte kein Pardon: Wenn einer ihr auf die Hühneraugen trat, dann zahlte er dafür.

Madame Janet, die bekannteste Kupplerin der damaligen Zeit, interessierte sich sofort für Gilda. Sie stammte aus Frankreich und suchte ihre weiblichen Schützlinge nach strengen Kriterien aus. Anschließend kaufte sie ihnen teure Kleider und brachte ihnen gute Manieren bei. Außerdem war sie eine Meisterin im Organisieren von Festen und Treffen mit Kunden aus der High Society São Paulos. Sie verstand einfach ihr Handwerk. Mit der Zeit interessierten sich Männer aus allen Teilen des Landes und sogar aus dem Ausland für die sagenhaften Mädchen von Madame Janet.

Einige wenige der von ihr ausgebildeten jungen Frauen entflohen irgendwann dem Nachtleben und ließen sich als Geliebte von vernarrten Großgrundbesitzern und reichen Industriellen aushalten. Manche heirateten sogar und standen später häufig in den Klatschspalten der Regenbogenpresse. Aber die meisten hatten nicht so viel Glück. Sie bekamen ihr Leben nicht in den Griff, gaben ihr Geld für Schmuck, Kleider und irgendwelche Exzesse aus und hatte am Ende jede Menge Schulden bei Madame Janet und anderen Gläubigern.

Doña Berenice, die den Mädchen der Nacht mehrere freie Zimmer in ihrer großen Wohnung zur Verfügung stellte, erzählte mir all diese Geschichten. Um meine nächtlichen Arbeitszeiten nicht der Nachbarschaft erklären zu müssen, war ich aus meinem Stadtviertel in eines ihrer Zimmer umgezogen.

Gilda entwickelte sich zu einem Mythos, bald nachdem Madame Janet sie entdeckt hatte. Dank ihrer Erfahrung war sie oft mit den reichsten und interessantesten Männern unterwegs, und irgendwann wählte sie den besten von allen für sich aus. Binnen weniger Monate wurde sie zur exklusiven Geliebten eines hochrangigen Politikers. Es fehlte ihr an nichts. Doña Berenice zufolge hat dieser Mann, um Gilda allein für sich beanspruchen zu können, eine riesige Summe an Madame Janet bezahlt und Gilda dadurch von jeder Verpflichtung befreit.

Entschlossen und machtlüstern, wie sie war, dauerte es nicht lange, bis sie ihren Liebhaber dazu bewegt hatte, ihr einen kleinen Club im damaligen »Schlund des Luxus« zu kaufen. Sie wählte ein paar sehr attraktive Mädchen aus, und ihr mit Raffinesse ausgestattetes Nachtlokal entwickelte sich rasch zu einem beliebten nächtlichen Anlaufpunkt in der Stadt. Gildas Liebhaber hat sich nie öffentlich zu ihr bekannt, aber er war bis zu seinem Tod mit ihr zusammen. Seine politischen Beziehungen machten die Nachtclubbesitzerin unantastbar.

Doña Berenice erzählte auch, dass Gilbertinho, Madame Janets Fahrer, in Gilda verliebt gewesen war. Die beiden waren ein Paar, bis sie diesen Politiker kennen lernte. Eines Tages drang Gilbertinho in das Haus ein, in dem Gilda wohnte. Sie warf ihn hinaus, und die Bodyguards ihres Liebhabers prügelten ihn halb tot. Anschließend erhielt Gilbertinho eine stattliche Summe, damit er den Mund hielt und keinen Skandal heraufbeschwor. Von dem Geld kaufte er sich einen Club in der Nähe von Gildas Etablissement, um seine Angebetete wenigstens aus der Ferne ansehen zu können. Doña Berenice meinte, die beiden hätten eine wunderbare Beziehung gehabt. Aber als das große Geld rief, machte Gilda Schluss.

Gilda war es auch, die erotische Live-Shows im Nachtleben São Paulos etablierte. Geschäftlich lief es damals bestens für sie, dennoch war sie unglücklich. Anfang 1980 gehörten ihr zwei Nachtclubs, und damit begann im Grunde ihr Abstieg. Der berühmte Politiker trat damals ständig mit seiner Familie im Fernsehen auf. Gilda fühlte sich zurückgesetzt, fing an zu trinken und nahm immer häufiger Drogen. Sie legte sich einen neuen Liebhaber zu, der ihre Nachtclubs verwalten sollte. Sie kaufte ein Grundstück und baute einen riesigen Club mit verschiedenen Bereichen, mehreren unterirdischen Saunen und einem Panoramarestaurant im obersten Stockwerk.

Sie wurde eine reiche, aber seelisch vollkommen arme Frau. Gilbertinho heiratete schließlich eine ihrer Freundinnen. Als geborener Ehemann und Familienvater wurde er ein erfolgreicher Unternehmer und besaß bald mehrere Clubs und Restaurants in São Paulo.

Als ich in die Stadt kam, war von Gildas goldenen Jahren nicht mehr viel übrig geblieben. Sie war eine alte, mehrfach geliftete Frau, die in den Salons ihres Clubs mit erstaunlichem und vor allem unangebrachtem Hochmut umherstolzierte. Ihr Liebhaber probierte derweil alle neuen Mädchen höchstpersönlich aus. Verweigerten sie sich ihm, ließ er sie gar nicht erst hinein. Ich denke, Gilda wusste von all dem und sah einfach darüber hinweg.

Nachdem ich ihre Geschichte gehört hatte, empfand ich tiefes Mitleid mit ihr, das deprimierendste Gefühl, das jemand in einem wecken kann. Der wache, quirlige, funkelnde Blick Gildas indes beeindruckte mich nachhaltig.

Liebe und Vorurteile

Meine Freundschaft zu Clara wurde immer enger. Wir gingen gemeinsam durch dick und dünn, und einmal bezog ich ihretwegen sogar Prügel.

Eines schönen Tages stürzte sich in São Paulo am Eingang der Bar aus heiterem Himmel eine wildfremde Frau auf mich. Sie kratzte, schlug und trat mich wie von Sinnen. Nur das Einschreiten des Türstehers verhinderte, dass sie mich ernsthaft verletzte. Danach erzählte man mir, die Angreiferin sei eine Ex von Clara, die glaubte, ich wolle ihren Platz einnehmen.

Als Witwe eines jungen Anwalts hatte Clara damals von heute auf morgen mit ihren beiden kleinen Töchtern mittellos dagestanden. Zu allem Übel erfuhr sie nach seinem Tod auch noch, dass er eine weitere Familie mit drei kleinen Kindern hatte. Von da an trat sie in Samba- und Afrodance-Shows in verschiedenen Nachtclubs auf, um die Mädchen zu ernähren. Derweil passte ihre ältere Schwester, die im Ruhestand und ebenfalls Witwe war, auf ihre Töchter auf. Clara hatte ein fröhliches Temperament, doch hinter ihrer Fassade verbargen sich schwere emotionale Wunden. Sie war zutiefst misstrauisch und erwartete von den Menschen nur das Schlimmste.

Nach einiger Zeit hörte Clara mit den Shows auf, arbeitete als Kellnerin und übernahm schließlich die Leitung des Clubs. Dank der gut bezahlten Nachtschichten konnte sie bald ein schönes Haus am Stadtrand von São Paulo kaufen. Sie besaß auch eine Ente mit frisiertem Motor, die man schon von weitem an ihrem Lärm erkannte.

In Gildas Nachtclub arbeiteten jede Nacht etwa siebzig Mädchen. Zwei Monate nachdem ich dort angefangen hatte, lernte ich einen alleinstehenden, eleganten und diskreten Japaner namens Maurem kennen. Immer wieder lud er mich zum Abendessen ein, aber ich gab ihm jedes Mal einen Korb, da ich ja arbeiten musste. Eines Nachts bezahlte er kurzerhand den Preis für einen ganzen Abend, damit ich mit ihm essen ging.

Zu meiner Überraschung erwies sich Maurem als einfühlsamer und zärtlicher Liebhaber. Von da an ließ ich mich von ihm regelmäßig in schöne und elegante Lokale führen. Bald verliebte ich mich in ihn. Maurem gab mir das Gefühl, eine Prinzessin zu sein, und wollte nicht, dass ich weiter in dem Nachtclub arbeite. Die Ehe hat er mir allerdings nie versprochen. Er sagte, seine Familie sei sehr traditionell und werde niemals eine andere Frau als eine Japanerin akzeptieren. Hinzu kamen allerlei gesellschaftliche Vorurteile. Ich war eine Prostituierte und allein erziehende Mutter. Er war ein weit gereister Mann, beherrschte mehrere Sprachen und arbeitete bei seinem Vater, einem bekannten Unternehmer in São Paulo. Irgendwann suchte Maurem ein Apartment für mich.

Dank seiner finanziellen Unterstützung verlief mein Leben nun merklich ruhiger. Die Wochenenden verbrachte ich meist mit Clara. Manchmal gingen wir zur Praça da República, wir schlenderten über den Künstlermarkt, setzten uns auf eine Bank und plauderten stundenlang. Ich erzählte ihr alles. Auch dass ich fest entschlossen sei, im Club zu kündigen, um Maurems feste Freundin zu werden. Da überraschte Clara mich mit der Nachricht, dass sie in drei Wochen nach Italien fahren werde. Sie fragte mich, ob ich mitkommen und dort mit ihr arbeiten wolle. Ich war völlig schockiert. In meinem Kopf wirbelten die Gedanken nur so durcheinander. Jedenfalls veränderte dieser Vorschlag mein ganzes Leben.

Ich wusste, dass Maurem mich niemals heiraten würde. Er war nicht bereit, sich den Erwartungen und Vorurteilen seiner Familie zu widersetzen. Und wenn meine große Liebe nun in Italien wohnte? Vielleicht war das die Chance, finanziell unabhängig zu werden und meinem Sohn ein besseres Leben bieten zu können? Clara versicherte mir, in Italien könne man in kurzer Zeit viel Geld verdienen.

Ich hatte nie darüber nachgedacht, zu reisen und andere Länder kennen zu lernen. Aber die Perspektive, Maurems Geliebte zu bleiben, bis er irgendwann die Japanerin seines Lebens traf, stimmte mich alles andere als glücklich.

Als ich mit ihm darüber sprach, verblüffte er mich mit seiner Reaktion: Er ermunterte mich zu der Reise und sagte, er werde immer auf mich warten. Zwar wisse er, dass er mich vielleicht für immer verlöre, aber ich müsse den Schritt einfach wagen. Die Tatsache, dass er mich nicht anflehte zu bleiben, erzeugte in mir eine tiefe Bitterkeit.

Kurz darauf reiste Clara ab, während ich weiter im Nachtclub arbeitete und auf Neuigkeiten von ihr wartete. Ich konnte an nichts anderes mehr denken als an Italien. Einzig der Gedanke, meinen Sohn Cristofer in Brasilien zurücklassen zu müssen, bereitete mir Sorgen. Aber der Traum von einem Neuanfang in Europa ließ mich nicht mehr los.

Einen Monat später erreichte mich die Nachricht, dass Clara auf mich wartete. Allerdings hatte ich nicht genügend Geld, um das Flugticket zu bezahlen. Schließlich erklärte sich Maurem bereit, für sämtliche Kosten aufzukommen. Als er mir das Ticket gab, steckten in dem Umschlag noch weitere dreihundert Dollar, und das war alles, was ich an Geld nach Italien mitnahm.

Ein Königreich für eine Jacke!

Ich war nun schon seit einem Monat in Italien. Trotz der Kälte hatte ich mir noch immer keine anständige Jacke gekauft. Nach zwei Wochen in dem Nachtclub konnte ich Clara endlich die tausendfünfhundert Dollar für Signore Dilan zurückzugeben. Mit dem Geld, das ich im Separee verdiente, bezahlte ich die Miete für die Pension und bestritt meinen Lebensunterhalt. Es blieb sogar etwas übrig, um Tante Francisca dreihundert Dollar zu schicken, damit sie ein schönes Weihnachtsgeschenk für Cristofer kaufen konnte. Zum ersten Mal würde ich die Feiertage ohne meinen Sohn verbringen.

In jener Zeit war ich oft traurig. Meist sah ich nicht

einmal das Tageslicht: Im Winter sind die Tage kurz, und es ist lange dunkel. Ich verließ die Pension um zehn Uhr abends, und wenn ich nach der Arbeit dorthin zurückkehrte, war es meist noch dunkel. Sofern ich nicht den ganzen Tag verschlief, ging ich höchstens mal kurz vor die Tür, um mittags eine Kleinigkeit zu essen. Manchmal kaufte ich mir auch etwas im Supermarkt und aß es dann auf dem Zimmer. Ich trank viel Milch, um mich vom Zigarettenrauch und dem Champagner zu entgiften. Doch bei der schlechten Ernährung magerte ich regelrecht ab.

Einmal stand ich erst um sieben Uhr abends auf. Ich nahm mir einen Apfel und ging in den Fernsehraum hinüber, um Clara zum Essen in ein Restaurant einzuladen. Ich fühlte mich schwach, und ich wusste, wenn ich so weitermachte, würde ich sicher bald krank. Sie war nicht da, also zog ich alleine los und bestellte wie immer ein Sandwich mit Hähnchenbrust in einer Bar.

Wenig später kam Clara. Sie war völlig euphorisch und redete die ganze Zeit von Franco. Ihr blieb kaum noch Zeit, um sich für die Arbeit zurechtzumachen, aber das war ihr egal. Die Wochenenden nach der Arbeit verbrachte sie in letzter Zeit fast immer bei ihm. Ich blieb allein in der Pension zurück und fühlte mich schrecklich einsam.

Da wir spät dran waren, teilten wir uns ein Taxi zum Nachtclub. Trotz der Novemberkälte ließ die alte Hexe die Tür des Clubs offen stehen. Es war die reinste Tortur, denn die ganze Nacht blies der eiskalte Wind herein, und wir arbeiteten ja zwangsläufig eher spärlich bekleidet. Ich saß neben Clara, als ich den Mann im marineblauen

Anzug mit dem weißem Hemd und der Krawatte bemerkte. Der Rauch seiner Pfeife verbreitete ein angenehmes Schokoladenaroma. Er war um die fünfzig und hatte braunes, von einigen grauen Strähnen durchzogenes Haar. Seine schwarzen Augen faszinierten mich sofort, und für den Bruchteil einer Sekunde trafen sich unsere Blicke.

Es war ein ungeschriebenes Gesetz, dass wir einen neuen Kunden einige Minuten in Ruhe ließen, bevor wir ihn ansprachen. Aber Jada, eine junge Marokkanerin, drängte sich einfach vor und ging sofort zu ihm hin. Dabei hätte ich mich liebend gerne mit ihm unterhalten. Im Laufe der Wochen hatte ich meine Schüchternheit abgelegt, sonst wäre die Arbeit in dem Club auch unmöglich gewesen. Als der Mann Jada ein Getränk spendierte, sah ich fortan nicht mehr zu ihm hinüber. Der Abend fing gerade an, und bald war der Laden voll. Wenig später sah ich, wie der Mann mit der Geschäftsführerin sprach und in meine Richtung deutete. Sie kam zu mir herüber und führte mich ins Separee. Jada warf mir daraufhin einen funkelnden, wütenden Blick zu.

Dabei hatte ich mich an die Regeln gehalten und mich zurückgezogen. Schließlich wollte ich keinen Ärger. Der Freier hatte sich ohne mein Zutun für mich entschieden, ich hatte mich ihm nicht angeboten. Liebenswürdig und höflich hatte er Jada ein Getränk spendiert und anschließend mich ausgewählt. Ich freute mich sehr darüber. Mein Selbstwertgefühl war ziemlich am Boden, und es tat gut, die Bestätigung zu erhalten, dass ich eine attraktive Frau war.

Der Mann bestellte den teuersten Champagner des

Hauses. Wir fingen an zu reden, und alle zwanzig Minuten kam die Kellnerin mit einer neuen Flasche vorbei. Länger durfte ein Paar nicht im Separee bleiben, ohne erneut zu bestellen. Bei der dritten Flasche riet er mir, nichts mehr zu trinken, und fragte mich, ob ich mit ihm schlafen wolle. Ich war ehrlich und sagte ja. Er entschuldigte sich kurz und ging hinaus, um bald darauf mit der Geschäftsführerin zurückzukehren. Sie lächelte breit und sagte, ich könne ruhig mit ihm in ein Hotel gehen. Ich war neugierig, wie viel er wohl bezahlt hatte, um mich um diese Uhrzeit aus dem Club loszueisen. So etwas war bisher nicht vorgekommen, aber für diesen Freier war Geld offensichtlich kein Problem.

Bevor ich die Bar verließ, hielt ich nach Clara Ausschau, um ihr zu sagen, dass ich die Nacht außerhalb verbrachte. Doch ich entdeckte sie nirgends. Also zog ich meinen Blazer an und machte mich bereit. Als der Freier mich so sah, fragte er mich, wo denn meine Jacke sei. Lächelnd erwiderte ich, dass ich keine hätte. Sofort zog er seine aus und legte sie mir um die Schultern. Meine Kolleginnen verfolgten die Szene überrascht, und ich genoss den Moment in vollen Zügen. Bei diesem Mann fühlte ich mich wohl behütet.

Wir gingen zunächst in eine Bar und tranken einen Kaffee. Bald fühlte ich mich besser, und mein Kopf fuhr nicht länger Karussell wegen des vielen Alkohols auf nüchternen Magen. Mir fiel ein, dass wir noch keinen Preis vereinbart hatten, doch ich machte mir keine Sorgen. Ich fühlte mich zu dem Freier hingezogen, in gewisser Weise geborgen, und der Gedanke, dass er mich zur besten Zeit aus dem Club losgeeist hatte, ließ mich den Mund halten. Irgendwie befürchtete ich, alles kaputtzumachen.

Kurz darauf fuhren wir in ein elegantes, diskretes Hotel. Die Dame an der Rezeption wollte meinen Ausweis sehen, aber mein Begleiter schob ihr rasch einen Geldschein über den Tresen, und sie reichte ihm wortlos den Zimmerschlüssel. In der Suite schlug er vor, ich solle erst mal duschen. Einige Minuten später kam er dazu. Sein Körper war fest und straff. Er hatte ein paar graue Haare auf der Brust, die meine Faszination für ihn nur noch steigerten. Wir liebten uns gleich an Ort und Stelle, und ich hätte fast das Kondom vergessen. Er hingegen dachte daran, was mich insgeheim ein wenig enttäuschte. Aber ich wusste, es war besser so. Schließlich war ihm nicht unbekannt, welcher Beschäftigung ich nachging. Für ihn würde ich immer ein käufliches Mädchen bleiben, selbst wenn wir uns unwiderstehlich zueinander hingezogen fühlten.

Es war wunderschön mit ihm. Im Bett sogar noch besser. Zum ersten Mal, seit ich in Italien war, fühlte ich mich als Frau. Ich empfand wirklich Lust. Und bedauerte, dass es unter solchen Umständen geschah.

Wir schliefen Arm in Arm ein, und er weckte mich am nächsten Morgen, als der Kaffee bereits im Salon der Suite serviert war. Wir tranken gemeinsam eine Tasse, und er war schon angezogen. Danach zog er ein paar Geldscheine aus seinem Portemonnaie und steckte sie mir in die Handtasche. Er sagte, ich solle mir etwas Warmes zum Anziehen kaufen, sonst würde ich mir am Ende noch eine Lungenentzündung holen. Er wartete, bis ich in meine Kleider geschlüpft war, und rief mir ein Taxi. Dann bat er mich, vor ihm nach unten zu gehen.

Er schämt sich meiner, dachte ich enttäuscht. Auf einmal fühlte ich mich so schlecht, dass ich das Hotel nicht schnell genug verlassen konnte.

Als ich an der Rezeption vorbeischlich, stellte ich fest, dass meine Kleidung im Grunde alles verriet. Mit vor Zorn und Scham rotem Gesicht beeilte ich mich noch mehr, stolperte die Stufen hinunter und zog prompt die Aufmerksamkeit einer dort wartenden Gruppe auf mich. Hastig stieg ich in das Taxi, das mich vor dem Eingang erwartete.

Es war zehn Uhr morgens. Gedankenverloren betrachtete ich vom Auto aus die Schaufenster. Da fiel mir das Geld wieder ein, und ich öffnete meine Handtasche. Darin lagen mehrere Scheine im Gegenwert von etwa vierhundert Euro. Das reichte locker, um mir eine Jacke zu kaufen, und es blieb sogar noch etwas übrig. Ich bat den Fahrer, an einer Einkaufsstraße anzuhalten. In einem Schaufenster entdeckte ich eine helle, fast weiße, mit Pelz gefütterte Jacke. In diesem Geschäft kaufte ich also mein erstes Kleidungsstück, dazu eine Tasche und Stiefel in kräftigeren Farben. Ich zog alles gleich an, und jeder konnte sehen, dass ich das in der Nacht eingenommene Geld verprasste. Aber es war mir egal, ich war glücklich. Die Verkäuferin hatte schließlich keine Ahnung, wie sehr ich in dieser Stadt schon gefroren hatte.

Zu meiner großen Freude war sogar noch ein ordentliches Sümmchen übrig geblieben. Ich kehrte zu Fuß in die Pension zurück, die ganz in der Nähe lag. Ich fühlte mich schön und betrachtete mich unterwegs in allen

Spiegeln. Als ich hereinkam, weckte ich Clara, um ihr alles zu erzählen. Aber sie war wütend, schrie mich an und schimpfte mich verantwortungslos.

Sie sagte, sie sei meinetwegen fast gestorben vor Sorge und ich hätte mich derweil amüsiert. Mit einer solchen Reaktion hatte ich nicht gerechnet, ich war sauer. Wie oft war sie tagelang mit Franco verschwunden, ohne eine Nachricht zu hinterlassen?

Ich erklärte ihr, dass alles unerwartet gekommen und es unmöglich gewesen sei, ihr Bescheid zu sagen. Doch meine Freude war passé. Ich war so glücklich gewesen mit den Einkäufen, und nun begrüßte meine Freundin mich mit ausgefahrenen Krallen. Ich fing an zu weinen.

Nachdem wir uns beruhigt hatten, erzählte ich ihr, was geschehen war. Clara sagte, sie sei im Separee gewesen, und als sie herauskam, hätte sie mich nirgends entdecken können. Sie hatte nach mir gefragt, und die anderen hatten ihr gesagt, ich sei mit einem Unbekannten weggegangen. Da war es nur zu verständlich, dass sie sich Sorgen gemacht hatte. Schließlich lautete eine der Regeln, mit Unbekannten immer vorsichtig zu sein.

Sie betrachtete meine Einkäufe und fragte, ob ich das ganze Geld schon wieder ausgegeben hätte. Ich sagte ihr die Wahrheit und fügte hinzu, der Mann habe zwei große Probleme für mich gelöst. Das erste sei die Jacke, denn ich hätte die Kälte keinen Tag länger ausgehalten, und das zweite der Mangel an Zuneigung. Denn bei ihm hatte ich meinen Körper und meine Gefühle in einem Moment wieder gespürt, in dem ich vor lauter Traurigkeit gefroren war.

Ich ging ins Bad. Clara rief mir hinterher, ob ich

wenigstens die Telefonnummer dieses Helden hätte. Ich stellte wieder einmal fest, wie unerfahren ich war. Einen solchen Kunden durfte man nicht einfach so ziehen lassen. Aber ich hatte auch meinen Stolz und fand, er hätte mir seine Telefonnummer ruhig von sich aus geben können. Abgesehen davon: Wenn er tatsächlich Interesse hatte, dann wusste er, wo er mich fand. Vielleicht würde ich eines Tages wirklich professionell, aber im Grunde wollte ich diesen Grad an Abgebrühtheit nie erreichen. Ich entdeckte langsam, dass man ein solches Leben nur ertragen konnte, wenn man nicht viel nachdachte. Einfach in den Tag hinein leben, lautete die Devise.

Die zweiten vierzehn Tage gingen allmählich zu Ende. Clara wechselte in einen Nachtclub in der Nähe von Francos Wohnung. So konnte sie bei ihrem Freund schlafen und sparte sich das Geld für die Pension. Einerseits machte mich das traurig, und ich fühlte mich von ihr verlassen, aber ich konnte sie auch verstehen. Clara und Franco waren bis über beide Ohren verliebt und wollten zusammen sein. Ich nahm mir vor, mich ebenfalls nach etwas anderem umzusehen.

Ein paar Tage nach Claras Weggang fing im Club ein neues Mädchen an, mit dem ich bald Freundschaft schloss. Das machte mir die Sache ein wenig leichter. Sie hieß Patrícia und kam aus São Paulo. Sie war fünfunddreißig, aber da sie hübsch, groß und schlank war, sah man ihr das Alter nicht an. Jeden Tag legte sie sich unter die Sonnenbank, ihre Haut war fast bordeauxfarben. Sie war seit zehn Jahren in Europa, und sie erzählte frei heraus, sie habe keinen Kerl, den sie durchfüttern müsse, daher sei das Geld ihre letzte Sorge. Allerdings sei sie Alkoholikerin geworden, als sie in der Schweiz lebte, und sie hätte nie mehr so ganz davon ablassen können.

Ich mochte Patrícia sehr, und wir freundeten uns schnell an. Unglücklicherweise wurde sie gleich in der ersten Woche entlassen, weil sie eines Nachts sturzbetrunken die halbe Einrichtung des Paradyse Love demolierte. Daraufhin schickte ihr Zuhälter sie in einen anderen Nachtclub in Genua. Nach der Arbeit saß sie des Öfteren angetrunken auf den Stufen der Pension in der Kälte. Es war deprimierend, sie so anzutreffen. Sie war dann wie ausgewechselt: fürchterlich aggressiv, und sie warf nur so mit Schimpfwörtern um sich. Trotzdem mochte ich Patrícia sehr gern, sie war die Einzige, die mir in jener Zeit Aufmerksamkeit schenkte.

Allmählich besserte sich meine Lage. Ich verstand immer mehr Italienisch und konnte mich inzwischen recht gut verständigen. Kurz darauf tauchte ein sympathischer junger Mann namens John im Club auf und machte mir schöne Augen. Er war immer fröhlich und brachte mich oft zum Lachen. Bald kam er jeden Abend, und das half mir sehr.

Ich zählte zu den Mädchen, die am meisten arbeiteten, und hatte beschlossen, Clara zu folgen, sobald der Monat zu Ende war. Weihnachten rückte näher, und die Sehnsucht nach meinem Sohn wurde immer größer. Ich hatte ein bisschen Geld auf die Seite gelegt und konnte es kaum erwarten, genügend gespart zu haben, um zu Cristofer zurückkehren zu können. Damals lebte ich noch nicht gern in Europa.

Mariana in Bedrängnis

Vor meiner geplanten Abreise nach Brasilien verbrachte ich auf Wunsch meines Zuhälters noch eine Woche in einem Nachtclub in Genf. Zwar war es ein elegantes Lokal, dennoch machte ich dort wie erwähnt nur schreckliche Erfahrungen.

Kurz darauf zog ich an die Riviera dei Fiori weiter, in eine kleine Touristenstadt in der Nähe von Ventimiglia, fast an der französischen Grenze. Portobello hieß der Ort. Das Meer war atemberaubend schön.

Als Erstes gab ich Patrícia meine neue Adresse, denn ich wollte den Kontakt nicht verlieren. Tatsächlich sollte ausgerechnet sie mich einige Zeit später an den Ort bringen, an dem ich während meiner ganzen Zeit in Italien am meisten Geld verdiente.

Die Zeit verging, und ich wurde immer trauriger. Manchmal setzte ich mich in eine Kirche und betete. »Vater, ich bin nicht würdig, dein Haus zu betreten, aber vergib mir und hilf mir, meinen Weg zu finden.« Diese Besuche taten mir gut, ich fühlte mich danach richtig erleichtert ... Ich habe immer schon an die Existenz einer höheren Macht geglaubt, die unser Leben leitet.

In Portobello angekommen, stieg ich in einem Hotel im Zentrum des Ortes ab. Clara lebte inzwischen mit Franco zusammen und arbeitete kaum noch. Die beiden stritten viel, und meine Freundin war nervös, weil ihre Aufenthaltserlaubnis demnächst ablief. Nach drei Monaten – so lange ist ein Touristenvisum in Italien gültig – gilt der Aufenthalt von nichteuropäischen Ausländern als illegal. Wird man dann angezeigt oder verhaftet, stufen die Behörden einen als illegalen Einwanderer ein, und man darf das Land, wie auch in der Schweiz, fünf Jahre lang nicht betreten. In der Praxis wird das zwar oft flexibler gehandhabt, aber wenn man sich am Rande der Legalität bewegt, ist die Angst nun mal groß.

Clara war wirklich in Franco verliebt. Sie hat es zwar nie zugegeben, aber ich glaube, sie war es leid, selbst für ihren Lebensunterhalt zu sorgen. Als Hure hatte sie viele Jahre hart kämpfen müssen. Franco war die Lösung für all ihre Probleme. Einmal erzählte sie mir mit vom Alkohol gelöster Zunge von diesen Dingen.

Ein paar Wochen nachdem ihre Aufenthaltserlaubnis abgelaufen war, heiratete sie Franco. Eine schlichte, schöne Zeremonie. Seine Eltern waren die Trauzeugen des Bräutigams, John und ich die der Braut. Es war ein verschneiter Dezembermorgen. Clara sah wunderschön aus in dem beigefarbenen Kostüm und dem langen, hellen Bisonpelz, der ihre dunkle Hautfarbe noch unterstrich. Der Pelz war ein Geschenk ihrer Schwiegereltern, die finanziell sehr gut gestellt waren und in einem Landhaus wenige Kilometer von Portobello entfernt lebten. Meine Freundin wirkte überglücklich. Franco war nervös, aber auch ihm sah man die Freude an.

Die Flitterwochen verbrachte das Paar in Brasilien, und ich zog so lange in die Wohnung der beiden. Die Miete war annehmbar, und da ich selbst kochen konnte, war es deutlich günstiger als vorher.

Das La Grotta, in dem ich inzwischen arbeitete, war ruhig und außerhalb der Stadt gelegen. Fabrizio, der Besitzer des Nachtclubs, spielte einmal pro Woche nach Feierabend gern auch mal den Freier. Das Lokal war eher rustikal: eine mit Antiquitäten ausgestattete, in den Berg gegrabene Höhle. Es hieß, der Laden existiere schon seit mehreren Generationen. Vor Fabrizio habe es seinem Vater und davor seinem Großvater gehört.

Schon bei meiner Ankunft hatte ich die ungewöhnliche Atmosphäre gespürt. Irgendwie gefiel mir das Lokal, und ein positives Gefühl durchfuhr meinen ganzen Körper. Im La Grotta arbeiteten nur vier Frauen. Wenn wenig Betrieb war, erzählte uns Fabrizio von den italienischen Prominenten, die früher in dem Club verkehrten. Die meisten von ihnen hatten den Sommer in Ligurien verbracht oder am Musikfestival von San Remo teilgenommen.

John, den ich in Genua kennen gelernt hatte, kam mich in Portobello regelmäßig besuchen. Ich ertrug seine Gesellschaft, weil ich mich einsam fühlte und in seinem Beisein meine Sehnsucht und meine Angst nicht so sehr spürte. Seine Augen und Haare waren kohlrabenschwarz, er war mittelgroß und kräftig gebaut. Ich muss gestehen, er war immer sehr gut zu mir. Er überhäufte mich mit Geschenken und dachte sich allerhand aus, um mir zu gefallen. Am Weihnachtsabend, den wir gemeinsam verbrachten, zahlte er nicht nur für mein Fernbleiben im Nachtclub, sondern er schenkte mir auch noch einen schönen goldenen Ring.

Allerdings war es nicht mehr lange hin, bis auch meine Aufenthaltserlaubnis für Italien auslief. Ich war besorgt. Zwar hatte ich ein wenig Geld gespart, aber nicht genug, um mir ein Haus in Brasilien kaufen zu können. So lebte ich fortan in ständiger Angst. Sobald ich auf der Straße an einem Polizisten vorbeiging, sagte ich keinen Ton mehr, damit er meinen ausländischen Akzent nicht bemerkte und nach meinem Ausweis fragte. Fabrizio, der jederzeit auf eine eventuelle Razzia vorbereitet war, hatte mir ein Versteck gezeigt, falls ich mal schnell verschwinden müsste. Es war im Keller, wo eine Geheimtür zu einem Loch führte, in dem eine Person ausreichend Platz fand. Der winzige Raum war völlig verdreckt und voller Spinnweben. An einer Seite gab es einen Ausgang, durch den man direkt ins Freie gelangte. Ich hoffte, mich nie an diesem Ort verstecken zu müssen. Denn ich wusste nicht, ob ich mehr Angst vor der Polizei hatte oder vor den Tieren, die dort unten so herumkrabbelten.

Eines Freitags geriet ich trotz aller Vorsicht in Bedrängnis. Zwei Kunden saßen an der Bar und tranken etwas. Plötzlich stürzte Fabrizio aufgebracht herein und sagte, ich solle mich sofort verstecken. Panik erfasste mich, und ich hastete über die Treppe in das Loch hinunter. Allerdings hielt ich es dort unten nicht lange aus und schlich mich nach draußen ins Gebüsch. Dort suchte ich hinter einigen Bäumen Zuflucht. Irgendwann spürte ich, wie etwas Warmes mein Schienbein hinunterlief. Auf der Flucht war ich an einem Dornenzweig hängen geblieben. Die Wunde brannte höllisch, und ich fror ohne meine Jacke.

Da sah ich zwei Polizisten an der Tür stehen. Zum Glück war es dunkel. Ich konnte sie gut erkennen, weil meine Augen sich inzwischen an die Dunkelheit gewöhnt hatten. Wenn die Beamten Hunde dabeigehabt hätten, dann hätten sie mich sicher erwischt. Nach einer halben Stunde verschwanden sie zum Glück jedoch wieder. Fabrizio kam nach draußen und suchte mich. Ich hörte einen Pfiff und bemerkte den Schein einer Taschenlampe. In meinem Versteck gab ich eine absolut lächerliche Figur ab: niedergeschlagen, schmutzig, verängstigt, zerkratzt und halb erfroren. Fabrizio umarmte mich glücklich. Auch er war schließlich um eine saftige Strafe herumgekommen.

Es war ein traumatisches Erlebnis für uns beide. Erleichtert servierte mir der Besitzer des La Grotta einen Cognac und schickte mich nach Hause.

Ein Blitzschlag, Liebe auf den ersten Blick, wer weiss …

Es schneite heftig in diesen Tagen. Die Weihnachtszeit war sehr bitter für mich, und der Schnee schien die Traurigkeit noch zu verstärken. Ich dachte die ganze Zeit an Cristofer und war fest entschlossen, mein für die erste Februarwoche gebuchtes Flugticket zu nutzen. Aber das Schicksal wollte es anders …

Eines Abends kam ein ungemein anziehender Mann in den Nachtclub. Er war sehr groß, hatte braune Haare und Augen und war lässig gekleidet: schwarze Jeans, beigefarbener Pulli und dunkler Mantel. Als er hereinkam, lächelte er mich an. Nach ein paar Minuten stand ich auf und sprach ihn an. Ich trug ein grünes Wollkleid mit einem verführerischen Rückenausschnitt.

Er spendierte mir einen Drink, und wir unterhielten uns, als würden wir uns schon ewig kennen. Angeblich wartete er auf einen Freund. Noch bevor wir über etwas anderes sprechen konnten, baten zwei Polizisten Fabrizio, das Licht anzumachen und die Musik auszustellen. Dann fragten sie nach den Pässen der anwesenden Mädchen. Eine von ihnen war Italienerin, die beiden anderen Ausländerinnen mit gültigen Arbeitsverträgen.

Schließlich schauten sie in meine Richtung. Instinktiv schlang ich den Arm ganz fest um die Schulter meines Begleiters. Die Polizisten überprüften seinen Ausweis, und als sie meinen sehen wollten, sagte er, das sei nicht nötig, wir hätten hier nur kurz etwas getrunken. Ich war sprachlos. Er zahlte die Rechnung und holte seinen Mantel. Arm in Arm verließen wir das Lokal wie ein verliebtes Pärchen.

»Vielen Dank, dass du das für mich getan hast ... Entschuldige, aber ich erinnere mich nicht mehr an deinen Namen«, sagte ich, noch immer angespannt.

»Da hole ich dich aus der Patsche, und du erinnerst dich nicht mal an meinen Namen?« Er lachte. »Ich bin Lorenzo.«

Mein Retter begleitete mich nach Hause. Auf dem Weg zur Pension unterhielten wir uns, und er lud mich für den nächsten Tag, einen Samstag, zum Essen ein. Ohne zu überlegen, sagte ich zu. An der Haustür küsste er mich und erzeugte in mir eine wahre Gefühlsexplosion. Ich hatte noch nie so etwas erlebt, nicht einmal mit Cristofers Vater.

Wieder zurück in meinem Zimmer fiel mir ein, dass John immer samstags kam, um das Wochenende mit mir zu verbringen. Ich empfand für ihn nichts als tiefe Freundschaft, aber er war nach wie vor davon überzeugt, dass er eines Tages mein Herz eroberte. Also griff ich zum Telefon und tischte ihm eine Ausrede auf, um ihn nicht zu verletzen. Ich sagte, er solle erst am späten Abend vorbeikommen, denn ich sei den ganzen Tag mit einem Freier beschäftigt.

Ich begriff nicht, was da gerade mit mir passierte – ein Blitzschlag, Liebe auf den ersten Blick, wer weiß … *Un colpo di fulmine,* wie der Italiener treffend sagt. Beim Einschlafen, beim Aufwachen, ständig dachte ich an Lorenzo. Ich fand ihn liebenswürdig, galant, charmant, kurz: Er hatte alle Eigenschaften, die ich immer bei einem Mann erhofft hatte.

Am nächsten Tag führte Lorenzo mich zu einem Restaurant am Strand, in dem wir Meeresfrüchte in allen Variationen aßen. Das Panorama war einmalig, und mein Herz hüpfte vor Freude. Das Meer reichte bis an die Restaurantfenster heran, und ich konnte sogar einige Fische im Wasser erkennen. Es war wie im Traum. Mit diesem schönen Mann an meiner Seite hoffte ich, der Augenblick möge ewig währen.

Lorenzo sagte, er habe letzte Nacht viel an mich gedacht und fühle sich in meiner Gesellschaft sehr wohl. Er wollte alles über mein Leben wissen. Ich erzählte ihm von Cristofer und von meinem Traum, so viel Geld zu verdienen, dass ich eines Tages nach Brasilien zurückkehren und ein Haus kaufen könne.

Bis ich Lorenzo begegnete, hatte ich nie ernsthaft darüber nachgedacht, in Italien zu bleiben, aber ich stellte fest, ein Mann wie er könnte mich meine Meinung ändern lassen. Als ich erwähnte, dass ich in Genua jemanden kennen gelernt hatte und mich regelmäßig an den Wochenenden mit ihm traf, versteinerte sich Lorenzos Miene. Er fragte, ob es etwas Ernstes sei. Ich antwortete, bei meinem Job sei es schwierig, mit jemandem eine ernsthafte Beziehung zu führen. Dann erklärte ich ihm, John sei ein guter Freund, dem ich trotz seiner eindeutigen Absichten nie falsche Hoffnungen gemacht hätte. Unser Verhältnis sei rein platonischer Natur. Ich erzählte ihm auch von meiner Einsamkeit und davon, wie sehr ich Cristofer vermisste.

Am Ende des Essens fragte Lorenzo: »Mariana, wenn du einen richtigen Job hättest und deinen Sohn hierherholen könntest, könntest du dir dann vorstellen, für immer hier zu leben?«

»Wenn ich meiner großen Liebe begegnete und hier leben müsste, um in seiner Nähe zu sein, würde ich ganz sicher in Italien bleiben«, erwiderte ich.

Anschließend gingen wir am Meer spazieren. Bei unserem Anblick lachten die Entgegenkommenden, vielleicht sahen sie die Leidenschaft in unseren Augen aufblitzen. An diesem Abend ging ich nicht arbeiten und verbrachte den Samstag wie eine ganz normale junge Frau. Ich rief John noch einmal an, um ihm zu sagen, dass ich mit dem speziellen Freier noch bis zum folgenden Tag beschäftigt sei. Er war verärgert und dennoch: Das Wochenende war traumhaft. Lorenzo und ich gingen den ganzen Tag spazieren und liebten uns an einem einsamen Strand. Es war, als sei mein Körper dafür gemacht, sich mit dem Körper dieses Mannes zu vereinen. Ein wirklicher Liebesakt.

Plötzlich fiel mir ein, dass nur noch eine Monatspackung von der Pille übrig war, die ich eigens aus Brasilien mitgebracht hatte. Aber ich wollte an diesem perfekten Tag nicht weiter über das Thema Verhütung nachdenken. Ich wollte mich völlig ungestört diesem überwältigenden Gefühl hingeben. Denn mir widerfuhr gerade etwas absolut Herrliches und Unkontrollierbares.

Lorenzo hatte ein Problem: Er war lungenkrank. Zwar war er Nichtraucher, doch selbst wenn sich jemand anders in seiner Nähe eine Zigarette anzündete, litt er jedes Mal sehr. Er bat mich daher, es im Auto zu unterlassen, und aus Liebe zu ihm hörte ich schließlich ganz mit dem Rauchen auf. Was mir nur guttat, denn ich rauchte damals mehr als eine Packung am Tag.

Obwohl mein Italienisch deutlich besser geworden war, verstand ich Lorenzo manchmal nicht, denn er sprach sehr schnell. Immer wenn ich ihm eine Antwort gab, die nichts mit seiner Frage zu tun hatte, lachte er vergnügt. Er sagte, meine Aussprache sei sehr schön und angenehm, es klinge eher nach singen als nach sprechen. Eines Tages wolle er sogar mit mir nach Brasilien reisen.

Wir schliefen in einem alten Hotel in Ventimiglia und fuhren nicht wie geplant nach Frankreich, zum einen wegen meiner Aufenthaltserlaubnis, zum anderen, weil ich zur Einreise ein Visum benötigt hätte. Als wir das Hotel um die Mittagszeit verließen, waren wir völlig erschöpft, so oft hatten wir uns geliebt. Unterwegs hielten wir an einer Autobahnraststätte und aßen Sandwichs mit Salami und Käse.

Nachdem wir ein bisschen spazieren waren, bestellten wir noch einen Eisbecher für zwei, *lui e lei,* er und sie.

Ich erinnere mich an jedes einzelne Detail dieses Wochenendes, das erste von vielen, die noch folgen sollten.

Als wir am späten Nachmittag über einen Platz schlenderten, bemerkte ich, dass Lorenzo traurig war. Als ich ihn darauf ansprach, erzählte er mir, er müsse an der Lunge operiert werden, um eine Luftblase oder etwas Ähnliches entfernen zu lassen. Es war eine heikle Operation, und er machte sich große Sorgen, besonders jetzt, da er mich getroffen hatte. Ich versuchte, ihn zu beruhigen, aber ich hatte selbst Angst.

Kurz vor dem Abendessen setzte er mich vor Claras Haus ab, wo ich wohnte. Als ich ankam, sah ich Johns Auto vor der Tür stehen. Zum Glück war er in dem Moment nicht da. Lorenzo verabschiedete sich. Er wollte noch einen Freund treffen und danach nach Mailand zurückfahren.

Ich duschte schnell und rief danach John an. Schließlich hatte er eine Erklärung verdient. Ich beschloss, ihm bei der nächstbesten Gelegenheit von Lorenzo zu erzählen. In weniger als fünf Minuten stand John mit einem Strauß roter Rosen und einem Kästchen mit einer weißen Schleife vor mir. Darin befand sich eine Goldkette mit einem antiken Medaillon – ein wunderschönes Stück. Ein mit Liebe überreichtes Geschenk. Ich habe es seither immer getragen, denn es erinnert mich an die glücklichste Zeit meines Lebens.

John machte anderen Menschen gern eine Freude. Daher hatte ich in dem Moment nicht den Mut, ihm von meiner Liebe zu Lorenzo zu erzählen. Ich wollte nicht, dass er meinetwegen litt. Später begleitete John mich in den Nachtclub. Er sagte, er werde auf mich warten, denn er wolle mit mir reden. Trotzdem bat ich ihn wegzufahren. Ich war müde, und meine Gedanken wanderten immer wieder zu Lorenzo. Ich musste allein sein, um nachzudenken.

Vom Eingang des Clubs aus sah ich nur wenige Meter entfernt Lorenzos Mercedes auf dem Parkplatz stehen. Er saß auf dem Fahrersitz und musterte mich betrübt. Als ich hinaustrat und Anstalten machte, auf ihn zuzugehen, schoss Fabrizio auf mich zu und bombardierte mich mit Fragen, wo ich denn gesteckt hätte.

Lorenzo startete den Wagen und verschwand in der Dunkelheit. Es war schrecklich. Ich hätte ihm so gern noch einmal gesagt, dass John mir nichts bedeutete und er die Situation nicht falsch verstehen dürfe.

Zwei Stunden später, ich trank gerade mit einem Freier Champagner, kehrte Lorenzo mit einem Freund zurück. Er saß die ganze Zeit nur da und ließ mich nicht aus den Augen. Als ich auf die Toilette ging, folgte er mir und sagte, er sei nur zurückgekehrt, um sich von mir zu verabschieden. Er gestand, er sei wütend gewesen, als er mich mit John beobachtet hatte. Offenbar hatte er das Kennzeichen des Wagens gesehen und daraus geschlossen, dass John der Mann aus Genua sein musste, den ich erwähnt hatte. Dann sei seine Wut verflogen, er glaube an mich und werde am nächsten Wochenende wiederkommen.

Fabrizio, intelligent wie er war, begriff sofort, was Sache war. An jenem Abend verlangte er nach Schließung des Clubs, dass ich mit ihm schlief. Seine Forderung machte mich wütend, aber weil er der Chef war und wie ein Freier zahlte, wies ich ihn nicht ab. Danach riet er mir noch, niemals einem Freier zu trauen und den Versprechen junger Männer keinen Glauben zu schenken. Ich wusste, dass er Recht hatte und all das nur zu meinem Besten sagte. Aber es war zu spät. Ich war längst verliebt und wusste nicht, wie die Sache ausgehen würde.

In jenen Tagen rief Lorenzo mich manchmal spontan an und kündigte an, er sei in zwei Stunden bei mir. Da sagte ich nicht nein. Ich war im siebten Himmel und konnte mir nichts Schöneres vorstellen, als mit ihm zusammen zu sein. Manchmal ging ich seinetwegen sogar einfach nicht zur Arbeit. Einmal hatte Lorenzo in meinem Beisein einen schweren Asthmaanfall, und ich verfiel regelrecht in Panik. Da merkte ich erst, wie groß meine Angst war, ihn zu verlieren.

Zu allem Überfluss entwickelte John sich zu einem Problem. Er ließ nicht locker und wollte die neue Situation partout nicht akzeptieren. Immer wieder kreuzte er zu den unmöglichsten Zeiten im Club auf. Als ich ihm schließlich von Lorenzo erzählte, war er völlig durcheinander und flehte mich an, ihn nicht zu verlassen.

John hatte dank einiger Freunde und einflussreicher Familien in Genua eine Verlängerung meiner Aufenthaltserlaubnis beantragt. Nachdem die Behörden mir weitere drei Monate gewährten, wollte John so schnell wie möglich die Formalitäten für unsere Hochzeit erledigen.

Ich wusste, dass ich ihn niemals heiraten würde. Ich liebte ihn nicht. Das sagte ich ihm schließlich auch, trotzdem wollte er mir weiter helfen und meinte, währenddessen könne ich in Ruhe nachdenken, und vielleicht änderte ich meine Meinung ja.

Eines Nachts kam er völlig außer sich in den Nachtclub. Er betrank sich sinnlos, und ich nahm ihn später mit zu mir, damit er auf dem Sofa schlafen konnte. Er wollte nicht verstehen, warum ich in ihm nur einen guten Freund sah. Wir hatten nie miteinander geschlafen, und er wollte auf keinen Fall einer meiner Freier sein. Er wusste genau, dass ich mich mit Männern nur aus Liebe oder wegen des Geldes einließ. John fiel in keine der beiden Kategorien.

In jener Nacht drückte er mir meine verlängerte Aufenthaltserlaubnis in die Hand. Ich hatte inzwischen fast fünftausend Dollar gespart, aber leider war das noch immer zu wenig für meine Ziele. Da mein Status nun wieder geregelt war, beschloss ich, weitere drei Monate in Italien zu bleiben. Außerdem war mir die Beziehung zu Lorenzo viel zu wichtig.

Seit ich nach Italien gekommen war, hatte sich vieles verändert. Ich setzte mich viel mehr mit mir auseinander. Andere Lebensformen, Menschen und Kulturen kennen zu lernen, gegen Schwierigkeiten anzukämpfen und in dieser Welt zu überleben – all das hatte mich zum Nachdenken gebracht. Wie würde mein Leben aussehen, wenn ich mir das Haus in Brasilien gekauft hatte? Wie stellte ich mir meine Zukunft vor?

Ein paar Antworten hatte ich. Ich wollte nach meiner Rückkehr nicht mehr länger als Prostituierte arbeiten. Und ich wollte nicht mehr Maurems Freundin sein. Was sollte ich ohne Lorenzo machen? Wenn er mich doch nur bitten würde, für immer bei ihm zu bleiben …

Lorenzo war ein zurückhaltender Mensch. Ich hatte nicht einmal seine Telefonnummer. Zwar war er in meinem Leben sehr präsent, aber ich kannte ihn nicht wirklich. Ich wusste, dass er für seine Familie arbeitete, der ein Bauunternehmen in der Nähe von Mailand gehörte.

An meinem Geburtstag Ende Januar gingen wir in ein Restaurant am Meer. Lorenzo schenkte mir ein Parfum-Set. Er hatte Anfang Februar Geburtstag, wir waren also im selben Sternzeichen geboren.

Eines Nachmittags nahm er mich mit nach Portovenere an der Riviera di Livante, einem wunderschönen Ort. Er erklärte mir, das von den Genuesern Anfang des zwölften Jahrhunderts erbaute Portovenere sei einst eine Festung gewesen. Die dem heiligen Petrus, dem Schutzpatron der Fischer, gewidmete Kirche, befinde sich genau an der Stelle, an der früher ein Venustempel gestanden hatte. Daher auch der Name des Ortes, der an die Göttin erinnert.

Das Sanktuarium war eine der schönsten Gebetsstätten, die ich je gesehen hatte. Die Kirche war kleiner als eine Kapelle, und von der Außenmauer führten mehrere Treppenstufen über die Felsküste bis hinunter zur Bucht.

Genau dort, am Meeresufer, sagte Lorenzo zu mir: »Mariana, ich liebe dich, ich kann ohne dich nicht mehr leben.«

Das war der glücklichste Tag in meinem Leben, schließlich empfand ich genau dasselbe. Meine Antwort bestand aus Küssen, Tränen, Umarmungen.

Anschließend besuchten wir die Kirche von San Lorenzo, wo die Madonna Bianca steht, die der Legende nach im dreizehnten Jahrhundert in einer Zedernholzkiste angespült worden war, wie er mir erzählte.

Nachdem wir die Kirche verlassen hatten, setzten wir uns auf eine Bank auf dem Platz. Dort sagte Lorenzo mir, er werde ein neues Geschäft aufbauen und er wolle, dass ich ihn nach Mailand begleite, um bei ihm zu arbeiten. Er sagte sogar, ich könne in einer der Wohnungen seines Vaters wohnen. Außerdem wollte er sich um ordentliche Papiere für mich kümmern. Ich war hin und weg, denn nun konnte ich meinen Sohn tatsächlich nach Italien holen und in der Nähe des Mannes sein, den ich für meinen Traumprinzen hielt.

Die nächsten Tage war ich überglücklich, ich wachte fröhlich auf und lachte so viel wie nie zuvor. Für Lorenzos Geburtstag kaufte ich mir einen seidenen Unterrock und ein neues Kleid. Wir hatten für den Abend etwas ganz Besonderes geplant: ein romantisches Abendessen, Musik in einer Bar und zum krönenden Abschluss eine Nacht in den seidenen Laken eines First-Class-Hotels.

Doch Lorenzo ließ sich nicht blicken. Ich wartete stundenlang auf einen Anruf oder eine Nachricht und weinte mir schier die Augen aus dem Kopf. Am nächsten Tag wachte ich mit völlig verquollenem Gesicht auf. Clara sollte an dem Abend aus Brasilien zurückkommen. Von Lorenzo keine Spur.

Die Erinnerung an eine Leidenschaft

Clara kehrte beschwingt aus ihrem Urlaub zurück, sie erwartete ein Kind von Franco und sah einfach umwerfend aus. Meine Freundin war vor Glück völlig aus dem

Häuschen. Franco hatte es in Brasilien sehr gut gefallen, und er begrüßte mich sogar auf Portugiesisch.

Claras Anwesenheit tröstete mich ein wenig. Es tat gut, sie so strahlend und mit dem Leben in Einklang zu sehen. Aber ich war sehr traurig und fühlte mich verlassen. Ich malte mir schreckliche Dinge aus, wenn ich an Lorenzos gesundheitliche Probleme dachte. In anderen Momenten platzte ich fast vor Wut, dass er nicht gekommen war, ohne Bescheid zu sagen, ohne jede Rücksichtnahme. Und das ausgerechnet an seinem Geburtstag.

Mehr als einmal weinte ich mich an Claras Schulter aus, und meine gute Freundin hörte mir liebevoll zu. Eine Woche später rief Lorenzo an. Clara ging ans Telefon.

»Hallo!«, rief ich nervös und riss ihr den Hörer aus der Hand.

»Alles klar, Mariana? Ich bin's, Lorenzo ...«, sagte eine ziemlich gleichgültige, fast schon emotionslose Stimme.

»Mir geht es gut. Und dir? Wieso rufst du jetzt erst an? Es ist inzwischen eine Woche her, dass du mich an deinem Geburtstag versetzt hast ... Bist du krank?«, fragte ich und hielt mit Mühe die Tränen zurück. »Ich habe die ganze Nacht auf dich gewartet!«

»Alles okay. Ich hatte Probleme und konnte dir leider nicht Bescheid sagen. Wann sehen wir uns? Ich bin ganz verrückt danach, dich zu spüren ...«, plapperte er fröhlich drauflos.

»Moment mal. Du musst mich da mit jemandem verwechseln. Ich will eine Erklärung. Du verschwindest eine Woche aus meinem Leben, und plötzlich tauchst du einfach so wieder auf, als wäre nichts geschehen?«

»Bitte, jetzt dramatisiere die Sache doch nicht so.«

»Ich dramatisiere gar nichts, mein Guter! Nach allem, was wir beredet haben und was du mir versprochen hast, erlaubst du dir so etwas? Was glaubst du, wen du vor dir hast? Wie kann ich dir noch vertrauen? Ich habe mir furchtbare Sorgen gemacht. Eine Woche ohne jede Nachricht! Das ist Zeit genug, um zu sterben, begraben zu werden ...«

»Aber Mariana ... jetzt übertreib bitte nicht so ...«

»Ich soll nicht übertreiben? Ich hoffe, du hattest einen schönen Geburtstag! Der Tag muss echt toll gewesen sein, wenn du, wo du ja angeblich so unsterblich in mich verliebt bist, nicht einmal daran gedacht hast, anzurufen und dich bei mir zu entschuldigen. Du hast mich offensichtlich sehr schnell vergessen. Aber das macht nichts, ich bin es gewohnt, benutzt zu werden«, schleuderte ich ihm mit zitternder Stimme entgegen.

»Also, jetzt reicht es«, sagte er ruhig. »Wenn du so denkst, dann wünsche ich dir viel Glück. Aber du sollst wissen, dass ich dich nie benutzt habe.«

So endete unser Gespräch. Im Nachhinein kann ich nicht sagen, ob ich mich falsch ausgedrückt habe oder ob bei ihm das eine oder andere nicht richtig angekommen ist. Ich erinnere mich nur, dass ich ziemlich unerbittlich war. Dennoch konnte ich mir sein Verhalten nicht erklären, ich verstand beim besten Willen nicht, was da gerade vor sich ging. Leider hatte ich weder seine Telefonnummer noch seinen vollständigen Namen, und ich erinnerte mich auch nicht mehr an das Kennzeichen seines Wagens.

Ich verbrachte ein paar schreckliche Tage voller Unruhe. Lorenzo ging mir nicht aus dem Kopf. Ich war wütend, frustriert und fühlte mich getäuscht. Essen konnte ich auch nichts, und bei der Arbeit wanderte mein Blick ständig zur Tür, in der Hoffnung, er möge überraschend auftauchen.

Eine Woche lang klapperte ich sämtliche Bars in der Stadt ab und suchte nach dem Freund, der mit ihm im Nachtclub gewesen war. Doch Lorenzo tauchte nicht mehr auf. Ich versuchte mir einzureden, er sei nichts weiter als ein erfolgreicher Mann auf der Suche nach Abenteuern. Aber wenn ich an unsere intimen Momente zurückdachte, befand ich, dass nicht alles vorgetäuscht gewesen sein konnte. Ich war nicht in der Lage mir vorzustellen, dass Lorenzo nicht dasselbe empfand wie ich.

Ich verlor an Gewicht, ich schlief schlecht, aß fast nichts. Bald machte ich mir Sorgen, dass ich schwanger geworden sein könnte. Die aus Brasilien mitgebrachte Monatspackung hatte ich aufgebraucht, kurz nachdem ich Lorenzo kennen gelernt hatte, und wir hatten auch keine Kondome benutzt. Clara zog mich mehrfach damit auf und spottete über eine mögliche Schwangerschaft. Wenn ich schwanger wäre, könnte es nur von Lorenzo sein, denn bei der Arbeit sorgte ich immer für ausreichenden Schutz und mit John hatte ich nie etwas gehabt.

Irgendwann gab mir Clara einen von diesen Schwangerschaftstests, die man in der Apotheke kaufen kann. Minuten später war mein Verdacht bestätigt: Ich war schwanger.

Die folgenden Tage war mir noch banger zumute. Clara versuchte Lorenzo mit allen Mitteln ausfindig zu machen. Vergebens. Ich habe nie mehr etwas von ihm gehört. Ich betete, dass es ihm gut gehe und dass er von seiner Krankheit geheilt sei.

Clara riet mir mehrfach, die Schwangerschaft abzubrechen, denn bis zum dritten Monat ist das in Italien legal. Aber ich wollte nichts davon hören, denn ich war fest entschlossen, dieses Kind zu bekommen.

Sieben Monate später sollte in Brasilien meine niedliche Tochter Carol zur Welt kommen, eine schöne und geliebte Erinnerung an eine große Liebe. Noch während meiner Schwangerschaft bewies mir John seine Zuneigung aufs Neue: Er machte mir einen Heiratsantrag und versprach, er werde das Kind lieben wie sein eigenes. Ich lehnte ab. Es wäre unfair gewesen, denn ich liebte immer noch Lorenzo, den Vater des Kindes, das ich unter dem Herzen trug.

In dieser aufregenden Woche rief mich Patrícia an, die ich in Genf kennen gelernt hatte. Sie war zu der Zeit gerade in Cascata, einer kleinen Stadt in der Lombardei. Sie sagte, sie habe ein fantastisches Plätzchen zum Geldverdienen entdeckt. Ich erzählte ihr die letzten Neuigkeiten, und wir vereinbarten ein Treffen drei Tage später, da ich dann frei hatte.

3

Februar 1990
Italien

Das Haupt der Medusa

Ich kam an einem Mittwoch in Cascata an. Patrícia holte mich am Bahnhof ab und brachte mich zu Marta, bei der auch ich wohnen sollte. Nach dem Abendessen gingen wir in eine Diskothek, etwa eine Autostunde von Cascata entfernt.

So etwas hatte ich noch nie gesehen, der riesige Bau erhob sich mitten auf dem Land, am Ende eines Feldweges. Auf einer riesigen Leuchtreklame stand in großen Lettern Medusa. Es war ein altes Gebäude mit weiträumigen Salons und mehreren Tanzflächen. Samtsofas und kleine Tische bildeten abgeschlossene kleine Bereiche im Halbdunkeln. Direkt neben der Eingangstür befand sich die imposante Bar mit großen Spiegeln und unzähligen im Licht schimmernden Flaschen. Weiter hinten Mädchen mit raschelnden Röcken auf dem Weg zur oder von der Toilette.

Das Medusa gehörte zwei Brüdern aus Neapel. Mehr als fünfzig Frauen aus der ganzen Welt arbeiteten dort: aus Ungarn, der Tschechoslowakei, Bulgarien, Portugal, Polen, Marokko, Tunesien und zahlreichen anderen Ländern. Aber die Mehrzahl kam aus Brasilien.

Das Lokal funktionierte wie eine Kontaktbörse. Für Frauen war der Eintritt frei. Männer zahlten umgerechnet etwa zehn Euro und erhielten dafür einen Getränkebon. Draußen gab es einen diskreten Parkplatz, wo man Freier ansprechen oder Sex im Auto haben konnte. Man konnte auch in ein fünfzehn Minuten entfernt gelegenes Hotel fahren. Für eine Nummer verlangten die Frauen meist zwischen einhundert und einhundertfünfzig Euro.

Anfangs hatte ich Angst, die Freier auf dem Parkplatz zu bedienen, aber die Frauen sagten, die Gegend sei kaum bewohnt. Es gebe nur ein paar Bauern, die früh zu Bett gingen und sich nie dorthin verirrten.

Wir kamen im Medusa gegen zehn an. Es war noch recht früh, dennoch streiften bereits etwa fünfzehn Männer durch die verschiedenen Salons. Eine Stunde später war der Laden zum Bersten voll. In der Nacht kamen mehr als dreihundert Kunden. Patrícia versicherte mir, freitags und samstags seien es doppelt so viele.

Die einzige Regel des Hauses für die Frauen lautete: Sie sollten das Lokal erst dann verlassen, wenn ihr Begleiter ihnen mindestens ein Getränk spendiert hatte. Es war ein einträgliches Geschäft für die Besitzer. Es gab keinen Vertrag für die Frauen, und sie wurden auch nicht bezahlt. Es war ein freies Lokal. Die Frauen kamen in Cliquen und hinter ihnen die Männer. Das Medusa war ein eher preisgünstiges Nachtlokal als ein traditioneller Club, wo eine Flasche Champagner fast so viel kostete wie eine Nummer im Hotel. Für uns war das optimal. Wir hatten die Freiheit, mit den Freiern selbst zu verhandeln, ohne den Besitzern des Medusa gegenüber willfährig sein zu müssen.

Dort, wie überall, gab es eine fröhliche Runde, der ich mich bald anschloss. Wir waren zu siebt: Paula, Renata, Janete, Jaqueline, Marta, Patrícia und ich. Trotz der unzähligen Schönheiten im Medusa habe ich in der ersten Nacht dort so viel gearbeitet wie selten. Ich war neu, und das weckte offensichtlich das Interesse der Männer.

Tags darauf rief ich Fabrizio an. Ich rechtfertigte meine Abwesenheit, indem ich einen Unfall und einen verstauchten Knöchel vorschützte. Ich wollte erst sehen, wie die Geschäfte in der Diskothek über einen längeren Zeitraum liefen, bevor ich eine Entscheidung traf. Noch einen Tag später zog ich in die Pension Fiorellina, wo die Mehrzahl der Frauen untergebracht war. Wir konnten dort selbst kochen, und der Pensionswirt sorgte für unseren Transport ins Medusa. Das Leben war hier amüsanter als in Portobello, und es war immer jemand da, mit dem man sich unterhalten konnte.

Eine Woche später fuhr ich nach Portobello zurück und sagte Fabrizio, ich würde wegen der Schwangerschaft nach Brasilien zurückkehren. Ich erwähnte nicht, dass ich davor noch eine ganze Weile woanders arbeiten wollte.

Clara versuchte immer noch, mich zu überzeugen, dass ich die Schwangerschaft unterbrechen sollte. Mein gesunder Menschenverstand riet mir ebenfalls zu einer Abtreibung. Aber ich wollte das Kind unbedingt haben, außerdem konnte ich das in mir entstehende Leben nicht einfach töten. Meine Beziehung mit Lorenzo war eine ganz besondere, und das Baby war der heranwachsende Beweis meiner Liebe.

Die folgenden Monate verbrachte ich in Cascata. Solange der Bauch noch nicht zu sehen war, konnte ich im Medusa problemlos arbeiten. Dennoch war es eine schwierige Zeit, ich reagierte nämlich auf alles und jeden sehr sensibel. Einige Frauen aus der Pension waren richtig nett. Sie erzählten mir ihre Lebensgeschichten, und ich begann Tagebuch zu führen, in dem ich meine Ansichten und die wichtigsten Ereignisse bei uns festhielt.

Im Medusa zu arbeiten war ideal, denn man musste nicht jeden Abend hin, und feste Arbeitszeiten gab es auch nicht. Trotzdem fehlte ich nur selten, auch wenn es meist schwierig war, nach der Arbeit nach Hause zu kommen. Einige Männer waren sehr nett und nahmen uns einfach so nach Cascata mit. Andere blieben in der Diskothek, bis der Laden zumachte, um abzuwarten, ob eine von uns keinen Fahrer hatte. Sie boten an, uns mitzunehmen, und dann forderten sie als Gegenleistung eine schnelle Nummer im Auto. Am frühen Morgen kostete ein Taxi bis zur Pension fast so viel wie eine Nummer. Ich bin sicher, dass sich einige Mädchen haben erpressen lassen.

In den italienischen Nachtclubs, die ich bisher kannte, verkehrten hauptsächlich reifere und verheiratete Männer. Im Medusa dagegen war das anders. Vor allem samstags war es ganz amüsant, weil dann immer so viele hübsche junge Kerle vorbeikamen.

Allerdings verstehe ich nicht recht, was attraktive junge Männer in solchen Lokalen machen. Sie fallen überall auf und haben mit Sicherheit keine Probleme, nette Gesellschaft zu finden. Manchmal glaube ich, es liegt daran, dass man jegliche Freiheit genießt und keinerlei Verpflichtungen eingehen muss, wenn man für Sex bezahlt. Wir sind vom Fach. Wir bekommen Geld für eine Dienstleistung, und nach dem Orgasmus ist alles erledigt. Keine Namen, keine Telefonnummern, keine Adressen.

Will ein Mann ansonsten eine Frau ins Bett bekommen, zieht das eine ganze Reihe von Versprechen und Verpflichtungen nach sich – und noch schlimmer: die Gefahr sich zu verlieben und zu leiden. Es ist doch immer das Gleiche. Deswegen glaube ich auch, dass es die Prostitution ewig geben wird. Solange es Frauen gibt, die ihren Körper für Geld hergeben, werden die Kerle zu uns kommen.

Klar, Männer brauchen Sex, das ist eine Frage der Veranlagung. Aber es gibt auch noch andere Gründe. Männer gehen zu Prostituierten, weil sie auf der Suche nach intensiveren Erlebnissen sind, aus sexueller Neugier oder weil sie mit ihnen das machen können, was sie von ihren Frauen nicht einmal im Traum verlangen würden ... Und dann sind da noch die Schüchternen, die Einsamen ... Andere kommen zu uns, weil sie Angst haben, sich mit einer normalen Frau einzulassen und dann aus Liebe zu leiden. Nur wenige Männer haben die Willenskraft, auf bezahlten Sex zu verzichten, wenn das körperliche Bedürfnis sie zu dieser Begegnung ohne jede Verpflichtung treibt. Ihnen gilt meine volle Bewunderung.

Aber das Medusa war die Diskothek der Liebe. Wir sahen uns um, flirteten, verführten die Männer und sorgten dafür, dass sie zufrieden waren und sich begehrt fühlten. Es war ulkig, wenn auf dem Parkplatz eine Laterne bleiche Hinterteile an der Windschutzscheibe und schaukelnde Autos mit beschlagenen Scheiben verriet. Manchmal nahmen wir zwei oder drei Typen auf einmal mit auf den Parkplatz. Die anderen warteten in der Kälte und froren, während einer von ihnen sich im Auto amüsierte. Solche Spielchen endeten oft mit herzhaftem Gelächter, denn unter diesen Umständen ging für gewöhnlich keinem von ihnen etwas.

Wann immer ich eine Mitfahrgelegenheit hatte, trommelte ich meine in der Pension wohnenden Freundinnen zusammen. Sie taten umgekehrt das Gleiche. Dennoch war die Angst vor der Polizei, den *carabinieri,* bei mir immer da. Sobald wir in die Nähe von Cascata kamen, stieg der Adrenalinpegel an, und unsere Herzen rasten in der Totenstille. Der Traum konnte jederzeit zu Ende sein. Aber Gott stand uns bei, und sie hielten uns nie an. Wir waren damals sehr eng befreundet. Jede von uns stammte aus einem anderen Teil Brasiliens und jede hatte ihre Lebensgeschichte.

Paula

Als ich Paula zum ersten Mal sah, wollte ich kaum meinen Augen trauen, so schön war sie. Trotz unserer unterschiedlichen Charaktere wurden wir bald gute Freundinnen. Paula stammte aus Pernambuco, und die Männer waren von ihr völlig hingerissen. Als Kind kam sie irgendwann nach Rio de Janeiro. Jetzt, mit dreiunddreißig, zählte sie zu den Stars des Medusa: groß, lange, schlanke Beine, knackiger Po, straffer Bauch, große, feste Silikonbrüste, die Nase perfekt modelliert. Sie sah aus wie die schwarze Version von Barbie. Schön und intelligent, wie sie war, galt sie unter den meisten Männern bald als Traumfrau.

Noch in Rio de Janeiro hatte Paula mit sechsundzwanzig Jahren Ramón an der Copacabana kennen gelernt. Sie ging dort auf den Strich, um ihr Gehalt als Rezeptionistin aufzubessern. Als sie eines Tages mal wieder auf ihrem Strandtuch saß, bemerkte sie einen etwa fünfzigjährigen Mann, der sie beobachtete. Er kam auf sie zu, sprach sie an und lud sie zum Mittagessen ein. Sie nahm an, weil sie sicher war, dass es sich um einen steinreichen Touristen handelte.

Paula hatte ihre Unschuld verloren, als sie sich unsterblich in den Mann ihrer Schwester verliebte, einen Taxifahrer mit fünf Kindern, der seine Frau sehr liebte. Paula konnte nicht widerstehen und verführte ihn. Allerdings bereute sie es im Nachhinein sehr.

Damals war sie ein ganz gewöhnliches Mädchen mit derart schiefen Zähnen, dass es eine wahre Schande war. Aber sie war charmant und so ungezwungen und natürlich, dass Ramón sich sofort in sie verliebte und ihr zu Füßen lag. Er behauptete, er sei Filmproduzent, begeistert von Brasilien, dem Karneval, dem Ringkampf, dem Kokain und allen volkstümlichen Traditionen. Er mochte die bunten Farben der Favela, die barfuß auf der Straße Fußball spielenden Jungs und die Hintern der Mulattinnen. In Wahrheit war er Geschäftsmann, ein Investor.

Er verbrachte eine Woche mit Paula. Er begleitete sie in die besten Geschäfte von Rio und kleidete sie von Kopf bis Fuß neu ein. Alles diskret und geschmackvoll. Paula wohnte während der Zeit bei ihm im Hotel, ging zu wichtigen Abendessen, begleitete ihn auf Reisen und war eine hingebungsvolle Geliebte.

Vor seiner Abreise händigte Ramón ihr eine größere Summe aus, und die Geschichte hätte an dem Punkt einfach enden können. Aber eine Woche später rief er aus der Schweiz an und bat sie, ihn nach Bahia zu begleiten. Sie sagte zu und verbrachte ein paar fröhliche und lohnende Tage.

Einen Monat darauf kehrte Ramón aus geschäftlichen Gründen nach Brasilien zurück. Er behauptete, es gehe um den Export von brasilianischem Kunsthandwerk. Angeblich arbeitete er gerade an einem Drehbuch und wollte diesmal länger bleiben. Er mietete ein Apartment und schlug Paula vor, zu ihm zu ziehen.

Das Erste, was Ramón für Paula tat, war, ihr eine Zahnbehandlung bei dem besten Spezialisten von Rio zu finanzieren. Es war eine langwierige Prozedur, die ihr Lächeln natürlicher machte und ihrem Gesicht einen völlig anderen Glanz verlieh. Wenig später ließ sie ihre Schenkel durch eine Fettabsaugung modellieren und ihr kleines Bäuchlein verschwinden.

Glücklich über die Veränderungen entschied sich Paula kurz darauf auch noch für eine Brustvergrößerung. Ramón, der auf große Brüste stand, bezeichnete sie als seine Venus und sagte, er werde jeden Preis für ihre Vollkommenheit bezahlen.

Abgesehen von den äußerlichen Veränderungen, lernte Paula sich auf elegantem Parkett zu bewegen und zu brillieren. Auch kümmerte sie sich um Ramón, der manchmal tagelang unter Drogen stand. Dann hielt sie selbst die Stellung und bekam von ihm, was sie wollte. Sie wurde eine gute Gastgeberin, aber sie blieb zu seinem Freundeskreis immer auf Distanz. Es waren Künstler aus der Theater-, Kino- und Fernsehwelt, umgeben von einer Horde Speichellecker, die nur darauf aus waren, umsonst Kokain zu schnupfen oder für irgendwelche Kinoproduktionen engagiert zu werden, die niemals realisiert wurden.

Paula eröffnete Konten bei diversen Banken, sie hatte mehrere Kreditkarten und Hausangestellte. Ihre einzige Verpflichtung war, für ihren Schweizer immer hübsch auszusehen. Im Gegenzug hatte er ihr von Anfang an versprochen, sie zu einer vollkommenen Frau zu machen.

Nach all den Schönheitsoperationen und kosmetischen Behandlungen war sie in der Tat bildschön. Für Ramón war sie ein einziger Erfolg, sein Werk. Es gefiel ihm, sie zur Schau zu stellen und zu beobachten, wie die anderen das Ergebnis seiner Macht anerkannten. Er ging sogar so weit, einen Künstler aus Bahia zu engagieren und nach ihrem Vorbild eine Statue aus dunklem Holz anfertigen zu lassen, die er mit in die Schweiz nahm.

Ramón verbrachte einen Großteil seiner Zeit, insbesondere im Sommer, in Brasilien. Nachdem er zwei Jahre mit Paula zusammengelebt hatte, kaufte er den Eltern seiner Geliebten ein Haus in Parati. Zu der Zeit wurde der Mann von Paulas Schwester unter mysteriösen Umständen umgebracht. Ramón erklärte sich bereit, die Witwe und die fünf Kinder zu unterstützen. Er war sehr mächtig und gewohnt, alles zu kaufen, was er wollte. Paula war bisher seine schönste Errungenschaft.

Aber das Schicksal war listig. Ramón wollte ein Kind. Er kaufte auf Paulas Namen ein Apartment in einem der besten Viertel von Rio, mit der Absicht, eines Tages dort mit ihr und dem Wunschkind zu leben.

Er hatte indes keine Ahnung, dass Paula nicht im Traum daran dachte, ein Kind von ihm zu bekommen. Sie liebte ihn nämlich nicht, sie genoss nur die Annehmlichkeiten, die er ihr verschaffte. Einmal hatte Ramón während eines Gesprächs deutlich gemacht, dass er seine Familie in der Schweiz nie verlassen würde, um Paula zu heiraten. Aber er verpflichtete sich, ihr und dem Kind die Immobilien zu überschreiben, die er in Brasilien besaß. Wenig später machte er sich daran, den Erben mit ihr zu zeugen. Doch Paula zog nicht mit: Sie nahm heimlich weiter die Pille.

Sechs Jahre nachdem sie Ramón kennen gelernt hatte, war Paula es leid, das Luxuspüppchen dieses Millionärs mit all seinen Marotten zu sein. Mit ein paar Immobilien im Rücken beschloss sie, die Beziehung zu beenden. Sie nahm umgerechnet etwa dreißigtausend Euro von seinem Geld und zog mit ihrer Nichte in die Schweiz. Sie war sicher, dass Ramón sie niemals in Zürich aufspüren würde.

Paula wollte lieben und von einem normalen Menschen geliebt werden, auch wenn er kein Millionär war. Dank der Immobilien war sie damals eine unabhängige Frau. Jedoch beging sie den Fehler, zu denken, sie sei die richtige Partnerin für einen gewöhnlichen Mann. Paulas Körper war perfekt. Alle drehten sich nach ihr um, und ihr gefiel es, dass sie solche Reaktionen auslöste. Aber die gewöhnlichen Männer wollten sie nicht als Ehefrau, Partnerin oder Geliebte. Sie begehrten sie vielmehr für ein Abenteuer oder um sich in einem Restaurant oder bei anderen gesellschaftlichen Anlässen hervorzutun. Wenn diese Typen erst einmal begriffen, was für einen Lebensstil Paula pflegte, erschraken sie und liefen davon. Ihre vollkommene Schönheit stand ihrem Glück im Wege.

Paula lernte viele interessante Männer kennen, die alle verrückt nach ihr waren, aber nie wurde etwas Ernstes daraus. In den sechs Jahren, die sie als Luxuspüppchen gelebt hatte, hatte sie sich nicht wenige Gewohnheiten und Laster angeeignet, die viel Geld verschlangen. Da die Mehrzahl der Menschen ihrem Lebensstil nicht entsprach, verlor Paula alle Männer, in die sie sich verliebte. Irgendwann schwand auch ihr Geld dahin.

Weil sie schwarz, groß, von exotischer Schönheit war, hatte sie hin und wieder als Model arbeiten können. Damals lernte sie jedoch in Genf einen Zuhälter aus Neapel kennen, der sie davon überzeugte, dass sie mit ihrem Aussehen im Nachtleben garantiert Erfolg haben würde. Obwohl sie hätte versuchen können, wieder in Ramóns Arme zurückzukehren, zog Paula es vor, in Neapel als Prostituierte zu arbeiten.

Sie landete in einem sehr eleganten Nachtclub, wo die Männer sofort von ihr begeistert waren. Sie standen Schlange, um mit ihr zusammen zu sein. Wenn sie keine Lust mehr auf Sex hatte, lehnte sie manchmal sogar Freier ab. Ich bin nie jemandem begegnet, der so viel Geld hatte wie Paula.

Sie liebte es, in einer Stadt zu arbeiten, in der die Menschen ebenso fröhlich und kommunikativ waren wie die Brasilianer. Eines Tages verliebte sich ein Freier, ein Mafiaboss, bis über beide Ohren in sie. Er drohte ihr, sie zu töten, wenn sie nicht bei ihm bliebe. Daraufhin floh sie nach Cascata, um zu vermeiden, dass sich die gleiche Geschichte wie mit Ramón noch einmal wiederholte.

Irgendwann erzählte sie mir, dass sie manchmal an Ramón dachte. Als Paula heimlich aus Rio de Janeiro verschwunden war, war er fast wahnsinnig geworden. Er hatte Himmel und Hölle in Bewegung gesetzt, um sie aufzuspüren. Ihre Nichte, die mit ihr in die Schweiz gereist war, war nach Brasilien zurückgekehrt und hielt sie auf dem Laufenden. Daher wusste sie auch, dass Ramón wegen seines exzessiven Lebenswandels und der Drogen einen Herzinfarkt gehabt hatte.

Paula sprach häufig davon, nach Brasilien zurückzukehren, aber am Tage meines Abflugs war sie immer noch im Medusa, präsentierte ihre mit so vielen Opfern errungene vollkommene Schönheit und verdrehte den Männern die Köpfe. Sie sagte immer, sie hätte ihre besten Jahre mit einem Mann vergeudet, den sie nicht liebte, um das zu werden, was sie heute war. Jetzt hielt sie sich für eine freie Frau.

Renata

Renata war ein supernettes Mädchen. Sie kam aus Santos und war dreiundzwanzig. Als Sportlerin liebte sie Gymnastik und Schwimmen. Ihr Körper war perfekt, wie aus Wachs modelliert. Manchmal ging sie ganz früh zum Training und kehrte erst abends in die Pension Fiorellina zurück. Renata war eine echte Frohnatur, rauchte gern Hasch und war mit dem Leben im Einklang. Ihr fast platinblondes, kurzes Haar machte ihr nicht viel Arbeit und war gerade beim Sport sehr praktisch. Ich unterhielt mich gern mit ihr, denn sie war nicht nur intelligent – sie hatte in Brasilien als Lehrerin gearbeitet –, es war auch unmöglich, an ihrer Seite deprimiert zu sein. Renata konnte immerzu Witze erzählen und brachte alle zum Lachen.

An einem Strand an der Küste von São Paulo hatte sie einen Italiener kennen gelernt. Sie wurden ein Paar, und er lud sie ein, einige Zeit bei ihm in Italien zu verbringen. Renata ließ sich darauf ein und flog zu ihm, aber die Affäre dauerte nur wenige Monate. Bald lernte sie in Italien ein paar Brasilianerinnen kennen und landete schließlich im Medusa. Geld bedeutete ihr nichts, und Renata machte sich niemals verrückt. Sie arbeitete nur, um ihre Ausgaben bezahlen zu können. Als sie mit einem Schweizer angebandelt hatte, der in Venedig lebte, arbeitete sie mehrere Wochen lang gar nicht, um möglichst viel Zeit mit ihm verbringen zu können. Sie war völlig vernarrt in ihn und erzählte, zwischen ihnen bestehe eine enorme sexuelle Anziehungskraft. Die beiden gingen gemeinsam tanzen, in Restaurants, ins Theater, und sie reisten viel. Sie waren ein schönes und fröhliches Paar. Renata hoffte, dass er eines Tages um ihre Hand anhalten würde.

Aber es sollte anders kommen. Eine Woche vor meiner Abreise hatte ihr Liebhaber einen Autounfall, und nach ein paar Tagen im Koma starb er im Krankenhaus. Bekümmert musste ich mit ansehen, wie jeglicher Glanz in Renata erlosch und ihre Fröhlichkeit verschwand. Sie wurde ein trauriger Mensch, hörte auf zu lachen und

Witze zu erzählen. Monatelang starrte sie mit tränenverhangenem Blick aus dem Fenster.

René, ein in sie verliebter Freier, half ihr, diese traurige Phase ihres Lebens zu überwinden. Er war immer an ihrer Seite, zahlte ihre Unterkunft und tat alles, damit sie ihre Lebensfreude zurückgewann. Ich betete, Renata möge über diese schreckliche Erfahrung hinwegkommen und erkennen, dass René ein guter und aufmerksamer Mann war, der sie sehr liebte.

Das Einzige, was ich nie verstanden habe, war ihre Aversion gegen Kinder. Sie konnte es nicht einmal ertragen, sie zu sehen. Eigenen Nachwuchs hatte sie nicht, und sie sagte, ein Mutterdasein käme für sie nicht in Frage. Sie riet mir übrigens auch eindringlich, die Schwangerschaft zu unterbrechen.

Obwohl René nicht von ihrer Seite wich, litt Renata sehr. Weinend rief sie mich in Brasilien an. Ich tröstete sie und erzählte ihr auch von meinen Sorgen. Sie war in jener Zeit eine großartige Freundin. Sie hielt mich auch auf dem Laufenden, wie es den anderen Kolleginnen in Italien erging.

Janete und Jacqueline

Die schweigsame Janete war zwar keine Schönheit, aber sie hatte durchaus einen gewissen Charme. Man sah sie immer zusammen mit Jacqueline, die beiden waren unzertrennlich. Sie sprachen nur wenig, und zwischen ihnen gab es eine seltsame, schon übertriebene Komplizenschaft.

Janete war der mädchenhafte Typ. Klein, dünn, blonder Bubikopf. Sie war anmutig und verstand es, sich zu kleiden. Sie hatte lang andauernde depressive Phasen, zog sich von allen zurück und tauchte wochenlang nicht im Medusa auf.

Jacqueline war zurückhaltend und sinnlich, aber auch verstockt und autoritär. Es war uns unmöglich, in ihre Welt vorzudringen. Sie hatte voluminöse lange Locken, war extrem dürr und groß, hatte eine helle Haut und blaue Augen. Die beiden lebten im Apartment von Jaquelines Freund, der Sänger in einer Band war.

In Janetes Zimmer gab es Puppen in allen Größen und Variationen, mehrere Mininaturteeservice und -töpfe. Das Bett, die Möbel, alles war darauf ausgerichtet, eine irreale und kindliche Atmosphäre zu schaffen, die mich jedes Mal nervös machte. Dieses Puppenhaus war der Schlupfwinkel, in den sie sich zurückzog, wenn sie in einer ihrer ständigen Lebenskrisen versank.

Eines Nachmittags ging ich Janete besuchen. Sie war seit Tagen nicht im Medusa aufgetaucht, und Jacqueline war mit ihrem Freund in London. Nachdem sie mir einen Pfirsichtee angeboten hatte, fragte sie mich, ob ich mit auf ihr Zimmer kommen wollte.

»Spielst du gern mit Puppen?«

»Klar. Alle Mädchen tun das«, erwiderte ich.

Janete stellte sie mir alle einzeln vor und erklärte mir, das seien ihre Freundinnen und sie würden sich gegenseitig gegen männliche Eindringlinge beschützen. Mina, eine große hässliche Puppe, die mit einem Schwert hinter der Tür stand, war die Kriegerin, die sie bereits oft gerettet hatte. Mina hatte den Doktor getötet, einen schlechten Mann, der unanständige Dinge mit den Puppen machte. Es war merkwürdig.

Sie spielte mit den Puppen, als sei sie eine von ihnen und als wären es richtige Menschen. Als ich ging, fragte sie mich, ob es mir gefallen hätte, mit ihr zu spielen. Ich erwiderte, ja sehr. Sie sagte, wenn ich wollte, könnte ich wieder mal vorbeikommen, aber ich sollte niemandem von Mina und dem Doktor erzählen. Ich beruhigte sie, indem ich ihr versicherte, das sei jetzt unser Geheimnis. Ich werde diesen Nachmittag nie vergessen.

Janete und Jacqueline kamen aus Minas Gerais. Wegen eines Spaniers, den sie in Brasilien kennen gelernt hatten, waren sie als Tänzerinnen nach Spanien gereist. Doch er hatte die beiden Mädchen getäuscht. Kaum angekommen, nahm man ihnen die Pässe weg und brachte sie an einen Ort, wo man sie zu Sex ohne Kondom, Analsex und sadomasochistischen Nummern zwang. Manchmal schlugen sie ihre Freier, andere Male bezogen sie Hiebe. Sie mussten machen, was die Freier wollten, andernfalls misshandelte sie das ältere Ehepaar, das das Haus verwaltete. Fünf Frauen lebten als Sklavinnen dort. Jede von ihnen hatte ein eigenes Zimmer, und nachts wurden sie von scharfen Hunden bewacht. Sie hatten kaum Kontakt untereinander, nur wenn die Hunde im Garten ausgeführt wurden, konnten sie ein paar Worte wechseln.

Eines Nachts versuchten sie zu fliehen, indem sie aus dem Fenster stiegen und über die Mauer kletterten. Janete konnte jedoch nicht mitkommen, weil sie gerade einen bekannten Schönheitschirurgen bediente, einen Stammfreier, der mehrere Tage damit zubrachte, sich selbst und seiner Auserwählten Drogen zu verabreichen. Jacqueline ging direkt zur Polizei, um den Missbrauch anzuzeigen. Doch als die Kommissare eintrafen, war niemand mehr da.

Inzwischen wurde Janete in ein Haus in Portugal gebracht. Dort erkannte sie den Typen wieder, der sie in Brasilien rekrutiert hatte. Er war der Sohn des Ehepaars, das sie die ganze Zeit ausgebeutet hatte. Nachdem sie sich über zwei Jahre das Vertrauen der Wachhunde erschlichen hatte, indem sie die Tiere regelmäßig fütterte, gelang auch ihr die Flucht. Das brasilianische Konsulat kümmerte sich um ihre Rückkehr nach Brasilien, als die Geschlechtskrankheiten ausgeheilt waren, die sie sich während ihrer Gefangenschaft zugezogen hatte. Die spanische Räuberbande läuft übrigens immer noch straffrei herum.

Ich habe diese traurige Geschichte von Marta erfahren. Ich stellte mir vor, dass in Janetas Puppenwelt Mina, die schützende Kriegerin, wahrscheinlich ein Abbild von Jacqueline war, die alles tat, um ihrer Freundin zu helfen.

Janete war dreiundzwanzig Jahre alt und sehr schwach, ich hatte große Angst um ihre Zukunft. Wie jede von uns brauchte sie das Gefühl, geliebt zu werden, und sehnte sich danach, endlich die wahre Liebe zu finden.

Marta

Marta war die liebeswürdigste von allen Frauen, die ich in Italien kennen gelernt habe. Ihre Tür stand immer jedermann offen. Sie bot allen, die zu ihr kamen, ein Bett und einen Teller brasilianisches Essen an. Genauso offen und herzlich lernte ich sie kennen, als ich in Cascata ankam. Sie redete gern und war amüsant. Sobald es um den Karneval ging, wurde sie zu einer echten *carioca*, einer aus Rio, und rezitierte die kompletten Texte von diversen Sambaliedern. Kam die Unterhaltung auf den Nordosten des Landes, beschrieb sie die Früchte und die Farm, auf der sie aufgewachsen war. Wenn sie Musik von Caetano oder Maria Bethânia hörte, kam ihre bahianische Seele zum Vorschein. Niemand wusste wirklich, woher sie genau stammte.

Marta war eine der ersten Brasilianerinnen in Cascata gewesen. Sie war attraktiv, hatte glattes hellbraunes Haar und dunkle Augen. Sie hatte ein fünfzehnjähriges Zwillingspärchen und einen fünfjährigen Jungen, der ziemlich stark behindert war. Das Kind konnte weder sprechen noch laufen. Ihre Zwillinge waren geradezu rebellisch. Vor allem das Mädchen war aggressiv und nur schwer unter Kontrolle zu bekommen. Manchmal verprügelte sie sogar ihre Brüder und schlug alles kurz und klein, was ihr in den Weg kam.

Ich versuchte mehrmals, mit Marta über ihre familiäre Situation zu sprechen. Doch es war zwecklos. Sie nahm von niemandem Rat an. Sie meisterte ihr Leben allein und wollte ihren Kindern nur das Beste bieten. Eine Angestellte half ihr mit dem behinderten Jungen, dem Sohn eines Italieners, den sie geheiratet hatte, bevor sie die Zwillinge nach Italien holte. Der Kerl hatte sich nach Sardinien abgesetzt, in seine Heimat, als er von der Krankheit des Jungen erfuhr.

Angesichts dieser Situation hatte Marta wieder in dem Nachtclub angefangen, in dem sie ihren Mann kennen gelernt hatte. Die Ehe und der Junge ermöglichten es ihr, die italienische Staatsbürgerschaft zu erlangen.

Als ich sie kennen lernte, war Marta vierzig Jahre alt und kaum gebildet, aber an Lebensweisheit konnte so gut wie niemand sie überbieten. Ich bewunderte sie dafür, dass sie ihre Kinder nicht im Stich gelassen hatte. Aber ich denke, es war ein Fehler, zu Hause offen über ihren Beruf zu sprechen. Marta war der Ansicht, es sei zu spät, um noch etwas zu ändern, und dass sie das Leben realistisch angehen musste, ohne etwas vor ihren Kindern zu verheimlichen.

Das Ergebnis waren eine dicke, aufsässige Tochter und ein schüchterner, scheuer Junge. Außerdem wurde Marta, wenn sie getrunken hatte, genauso unerträglich wie Patrícia. Manchmal betranken die beiden sich gemeinsam. Ein unbeschreibliches Schauspiel.

Patrícia

Patrícia, die Tochter eines Militärs, war ein wohl erzogenes Mädchen, das im Leben nie hatte hungern oder gegen irgendwelche Schwierigkeiten kämpfen müssen. Sie sprach fließend Englisch und hatte drei Jahre in New York gelebt. Ihre Familie besaß ein Haus in Ubatuba, am nördlichen Strand von São Paulo, wo sie auch die Ferien und Feiertage verbrachte.

Eines Tages hatte Patrícia mit Freundinnen am Strand

Indiaca gespielt, als ein junger Schweizer in Frauensandalen an ihnen vorbeikam. Allgemeines Gelächter. Er blieb stehen und fragte mit seinem Schweizer Akzent, was denn so lustig sei. Wenig später bewies er den Mädchen, dass er alles andere als zimperlich war.

Werner, so hieß er, war in einer Herberge nur wenige Minuten von Patrícias Haus entfernt untergebracht. Die beiden trafen sich ein paar Mal spätabends in der Diskothek und kamen sich allmählich näher. In den darauf folgenden Jahren fuhr Patrícia ein paar Mal in der Schweiz, und Walter kam nach Brasilien.

Später heirateten sie und lebten in Lausanne, wo Patrícia abends Kurse in Französisch und Touristik besuchte. Das Haus des Paares wurde von einem riesigen Schäferhund bewacht, einem temperamentvollen, intelligenten Tier, das Werner sehr schätzte.

Als Patrícia einmal früher nach Hause kam, weil sie sich während des Unterrichts nicht wohl gefühlt hatte, bot sich ihr ein Spektakel dar, das sie zutiefst erschütterte: Sie überraschte ihren Mann beim Sex mit dem Hund. Wenige Tage später stellte sie fest, dass sie schwanger war. Sie beschloss, sich von Walter zu trennen und das Kind abtreiben zu lassen. Kurz darauf mietete sie eine kleine Wohnung und begann sich jeden Abend zu betrinken.

Als ihre Eltern vom Zustand ihrer Tochter erfuhren, flogen sie in die Schweiz und holten sie zurück nach Brasilien. Sie hat ihrer Familie nie die Wahrheit gesagt, sondern lediglich, dass Walter sie betrogen habe.

Nach einem kurzen Zwischenstopp in Luzern, wo eine Freundin von ihr lebte, arbeitete sie dann jahrelang in einem Nachtclub. Damals war sie längst Alkoholikerin. Später ging sie nach Italien, wo sie sich den Mädchen im Medusa anschloss.

Als sie wieder mal ziemlich betrunken war, gestand Patrícia mir weinend, dass sie die Enttäuschung über Werners Verhalten nie verwunden hatte. In jener Nacht wurde sie sechsunddreißig.

Das Spiegelbild im Schaufenster

Obwohl es mich sehr anstrengte, arbeitete ich weiter im Medusa. Ich wusste ja schon, dass die ersten Schwangerschaftsmonate nicht unbedingt leicht waren. Die Zukunft meines Babys vor Augen, vermied ich es zu rauchen und zu trinken und ernährte mich, so gut ich konnte. Ich liebte dieses Wesen, dessen Herz in mir schlug, über alles.

Etwa zur selben Zeit trafen Clara und Franco die ersten Vorbereitungen für ihren Umzug nach Brasilien. Seine Eltern unterstützten die Entscheidung und halfen den beiden mit einer größeren Summe. Außerdem erwartete sie ebenfalls ein Kind und wollte es in ihrem Geburtsland, bei ihrer Familie, zur Welt bringen.

Ich hatte inzwischen die Hoffnung fast aufgegeben, Lorenzo noch einmal wiederzutreffen. Ohne groß nachzudenken, versuchte ich zu überleben, indem ich hart, aber nicht übermäßig arbeitete. Ich hasste es, unter solchen Bedingungen ins Medusa gehen zu müssen. Aber es gab keine Alternative. Niemals würde ich in den Tag hineinleben. Ich wollte mein Mutterdasein finanziell abgesichert haben. Schließlich hatte ich das alles so gewollt.

Gleich nach meiner Ankunft in Cascata lernte ich Carlo kennen. Ich nannte ihn meinen Schutzengel in Italien. Carlo war immer zur Stelle, wenn ich unbedingt früher in die Pension zurückwollte oder mitten in der Nacht Heißhunger verspürte. Irgendwann gestand er mir, dass er in mich verliebt sei. Ich fühlte mich geschmeichelt, weiter nichts.

Carlo gehörte zu den wenigen Männern, die in Nachtclubs nicht Sex, sondern Liebe suchen. Als ich ihn besser kannte, erzählte ich ihm von der Schwangerschaft und dass ich nur noch zwei Monate in Cascata bleiben würde, weil ich das Baby in Brasilien zur Welt bringen wollte. Carlo war sehr sensibel, und meine Geschichte rührte ihn so sehr, dass er an jenem Abend sogar weinte.

Während der letzten beiden Monate kam er fast täglich ins Medusa. Ein echtes Glück für uns, denn so wussten wenigstens vier Mädchen, dass sie sicher in die Pension zurückkamen.

Das Erlebnis mit Lorenzo hatte tiefe Wunden hinterlassen, die noch nicht verheilt waren. Dennoch bedrängte John mich nach wie vor und wollte mir keine Ruhe lassen. Schließlich stand Clara mir bei und behauptete einfach, ich sei in Brasilien und dort, wo ich lebte, gebe es kein Telefon.

Carlo und John waren sich sehr ähnlich. Ich empfand gegenüber beiden eine Mischung aus Freundschaft und Dankbarkeit.

Leider reichte mein Erspartes noch immer nicht aus, um mir ein Haus zu kaufen, aber ich konnte damit problemlos ein Jahr in Brasilien überleben. Am meisten sehnte ich mich danach, meinen Sohn Cristofer wiederzusehen und mich in der Wärme meines geliebten Landes um sein leibliches und seelisches Wohl zu kümmern.

Maurem wusste schon über alles Bescheid. In schwierigen Momenten hatte ich mich am Telefon von seinen freundschaftlichen, Anteil nehmenden Worten trösten lassen. Ich wusste, ich konnte auf ihn zählen, ganz gleich was geschah.

Mit Tränen in den Augen verabschiedete ich mich von meinen Freundinnen im Medusa. Auf dem Weg nach Brasilien hatte ich jede Menge Geschenke für das Baby und viel Zuneigung im Gepäck. Vielleicht war ich mir auch deswegen so sicher, dass ich nach Italien zurückkehren würde.

Carlo versicherte mir am Flughafen, dass er auf mich warten und mich auch mit beiden Kindern nehmen werde. Ich versprach, ihn anzurufen, wenn ich klarer sähe. Ich wollte ihm nichts vormachen.

Am Flughafen von São Paulo wartete Maurem mit einem Strauß weißer Rosen auf mich, um mich nach Hause zu bringen. Auf der Fahrt sagte er, dass der Termin für seine Hochzeit feststehe, aber dass ich trotzdem jederzeit auf ihn zählen könne. Ich wusste, dass dem so war, aber die weißen Rosen zeigten, dass sich zwischen uns außer einer engen Freundschaft nichts mehr entwickeln würde.

Es war ein herrliches Gefühl, nach Hause zurückzukehren. Alles war noch genauso wie vorher, nur ich hatte mich verändert. Etwas in mir war gestorben. Meine Unschuld vielleicht? Als ich durch die Straßen von São Paulo schlenderte, betrachtete ich mein Spiegelbild in einem der Schaufenster. Ich sah mich wie in einem Film, bei dem ich mal Zuschauer und mal Darstellerin war. Es war der Film meines Lebens.

4

September 1991
Brasilien – Italien

Wie viele Gesichter hat die Liebe?

Carol wurde mit feuerrotem Haar und hellen Augen geboren. Ein hübscher Rotschopf. Die Geburt verlief ohne Komplikationen. Ich konnte in diesem für mich so wichtigen Moment auf die Unterstützung und die Zuwendung von Tante Francisca, Clara und einigen anderen Freundinnen zählen. Cristofer war stolz und glücklich über die Geburt seiner kleinen Schwester. Um unangenehme Fragen zu vermeiden, sagte ich ihm, Carols Vater sei bei einem Verkehrsunfall ums Leben gekommen. Und mein Sohn, der sich für die Frauen der Familie verantwortlich fühlte, bat mich zu schwören, dass wir uns niemals trennen würden.

Das Jahr 1991 verging wie im Flug. Nach dem Karneval ein Jahr später kehrte ich kerngesund und mit einem sechs Monate alten Säugling im Arm nach Italien zurück. An meiner Seite mein Sohn Cristofer, damals sechs Jahre alt. Diesmal wusste ich, was mich in Italien erwartete. Ich war vorgewarnt, wie schwierig es sein würde, meine beiden kleinen Kinder zu unterhalten und zu erziehen. Carlo wartete strahlend am Flughafen von Mailand auf uns drei. Wir wirkten wie gewöhnliche Touristen.

Bei meiner ersten Ankunft war völlig offenkundig, dass ich eine Abenteuerin auf der Suche nach dem großen

Glück war. Diesmal hielt ich mein Glück im Arm, meine in Brasilien empfangene Tochter mit italienischem Blut in den Adern.

Mit wenig Geld und mehreren Monatspackungen der Pille fühlte ich mich bereit, zu kämpfen und meine Träume wahr werden zu lassen. In den ersten Tagen blieben wir bei Renata, zu der ich die ganze Zeit über per Telefon Kontakt gehalten hatte.

Als ich ankam, arbeitete Renata nicht mehr im Medusa. Sie lebte inzwischen mit René zusammen und verbrachte ihre Zeit mit Yoga und Meditation. Die beiden waren ein sehr ruhiges Paar. Ich war ziemlich überrascht über ihr Angebot, denn ich wusste, dass Renata keine Kinder mochte. Aber sie bestand darauf und sagte, Carol und Cristofer würden ihr neue Energie verleihen. Ich blieb bei ihnen, bis ich ein eigenes Apartment gefunden und ein Kindermädchen engagiert hatte.

Carlo mietete eine Wohnung auf seinen Namen und übernahm während der drei Monate, die unser Touristenvisum gültig war, vor dem italienischen Gesetz die Verantwortung für uns. Das war sehr mutig von ihm, denn er wusste, was ich jede Nacht tat und wie rigoros die Polizei im Umgang mit Leuten war, die die Prostitution förderten.

Als ich ins Medusa zurückkehrte, stellte ich fest, dass sich während meiner Abwesenheit so einiges verändert hatte. Zwar war immer noch recht viel los, aber das Lokal war keine Neuheit mehr in der Region. Die Kunden waren sichtbar weniger geworden, und es gab jede Menge neue Mädchen. Auch brachte die Arbeit nicht mehr so viel ein wie im vergangenen Jahr.

Die hohen Ausgaben setzten mich unter Druck, und mein Tagesrhythmus machte mich zusätzlich fertig. Ich verließ das Haus um zehn Uhr abends, kam mitten in der Nacht zurück, um das Kindermädchen abzulösen, und um sechs Uhr morgens war ich schon wieder auf den Beinen, um mich um Carol zu kümmern. Cristofer wuchs über sich selbst hinaus. Verantwortungsbewusst und wohl erzogen, wie er war, tat er alles, damit Carol mich schlafen ließ. Meine beiden Kinder sind wirklich mein größtes Geschenk. In jener turbulenten Phase, beladen mit allen möglichen Problemen und Schwierigkeiten, lernte ich einen Mann kennen, der mir ein anderes Gesicht der Liebe zeigte.

Gianluca war ein gewöhnlicher junger Mann, einer von denen, die in der Menge untergehen. Auf der Straße hätte ich mich sicher nicht nach ihm umgedreht, denn er war einfach nicht mein Typ.

An jenem Abend war das Medusa wieder einmal brechend voll. Ich lockte ihn mit einem Blick. Als er lächelte, ging ich auf ihn zu. Das war meine Vorgehensweise. Ich hob die Augenbrauen und deutete damit an: Gehen wir? Ich vergeudete meist keine Zeit damit, mit den Freiern etwas zu trinken und mich mit ihnen zu unterhalten. Mir ging es darum, zu arbeiten – so viel wie möglich.

Aber an besagtem Abend hatte ich mit Carlo geredet. Er sagte, er habe in meinen Augen einen Anflug von Traurigkeit bemerkt. Ich stimmte ihm zu und fügte hinzu, dass ich von einem Wunder träumte. Als Carlo wissen wollte, von welchem Wunder, erwiderte ich: von einem Ehemann. Er lächelte und sagte, wenn ich wirklich heiraten wolle, stünde dem nichts im Wege. Ich erinnerte ihn daran, dass es für mich schwierig werden würde, in Italien zu bleiben, wenn meine Aufenthaltserlaubnis abgelaufen war.

»Schutzengel können Wunder bewirken, Mariana. Ich werde darüber nachdenken«, versprach er, obwohl er wusste, dass seine Freunde bei der Ausländerbehörde nichts ausrichten konnten.

Die Liebe ist ein Gefühl, das niemand unter Kontrolle hat. Carlo war ein ganz besonderer Mann. Ich bewunderte ihn und wusste, dass Gott ihn mir gesandt hatte. Doch ich liebte ihn nicht.

Aber wie viele Gesichter hat die Liebe? Im Laufe meines Lebens habe ich viele interessante und bewundernswerte Männer kennen gelernt. So mancher Freier vermittelte mir die Gewissheit, wenn wir uns unter anderen Umständen kennen gelernt hätten, dann hätten wir vielleicht eine Beziehung eingehen können. Es war so ein Gefühl, das mich an eine Wiederbegegnung von Seelen denken ließ, von Menschen, die mir schon einmal in anderen Körpern begegnet waren. Der Gedanke an vergangene Leben tröstete mich, er gab mir einige Antworten.

An jenem Abend ging ich jedenfalls auf Gianluca zu und sprach ihn an. »Hallo, alles klar? Wie heißt du?«

»Ich kann nicht glauben, dass du meinen Namen vergessen hast«, erwiderte er enttäuscht.

»Bist du sicher, dass wir uns kennen?«

»Absolut. Aber für dich muss das schwerer sein ... Schließlich triffst du so viele Leute.«

Ich dachte einen Moment nach und kam dann gleich zur Sache. »Und? Gehen wir?«

»Klar, gehen wir«, erwiderte er prompt.

Gianluca war ein schüchterner Mann. Mir gefielen vor allem seine Hände. Als er mich zum ersten Mal berührte, war es, als ob sie meinen Körper bereits kennen würden. Wir waren auf dem Parkplatz hinter dem Medusa, und das Gefühl machte mir Angst. Ich hatte schon genug wegen Lorenzo gelitten und wollte mich nicht noch einmal auf jemanden einlassen. Doch es war ein ungemein starkes Gefühl, eines, das ich wiedererkannte und mir von Herzen wünschte. Nach dieser Nacht wartete ich auf ihn, voller Sehnsucht. Ich erinnerte mich nicht genau daran, wie er aussah, aber als ich an das erste Mal zurückdachte, durchzuckte es meine Lippen und meinen Magen.

Eine Woche später kam er wieder. Von weitem lächelten wir uns komplizenhaft zu. Er ging an die Bar, um mir etwas zu trinken zu holen. Kurz darauf machten wir uns Arm in Arm auf den Weg ins Hotel.

Als wir ins Medusa zurückkehrten, umarmte er mich zärtlich. Unsere Blicke sagten mehr als tausend Worte.

Gianluca sprach nur wenig. Deshalb war es schwer, ihn näher kennen zu lernen. Das Schweigen von reservierten Personen erlaubt es, dass wir auf sie unsere Träume und Fantasien projizieren. Ganz schnell haben wir dann ein Bild des Helden ohne jeden Makel vor Augen. Aber die Wirklichkeit sieht oft anders aus. Vor allem für Frauen wie mich, die in einem Nachtlokal arbeiten.

Gian kam fast jede Woche. Unsere Liebe entwickelte sich ganz langsam. Ich hatte eine Heidenangst vor einer erneuten Enttäuschung und davor, wieder schwanger zu werden. Obwohl ich die Pille nahm, benutzte ich daher zusätzlich Kondome.

Drei Monate vergingen. Der Sommer kam, und das Leben normalisierte sich. Nach wie vor träumte ich von einem eigenen Haus in Brasilien. Diesmal würde ich genügend Geld verdienen, um mir eines kaufen zu können. Ich war bemüht, nicht ständig an Gianluca zu denken, und versuchte mir einzureden, dass er nur ein besonderer Freier war.

Wenn er erst spät ins Medusa kam, blieben wir fast bis zum Morgengrauen zusammen. Irgendwann sagte Gian, er müsse nach Hause, und ich dachte, er sei müde. Als ich ihm von meinen beiden Kindern erzählte, tauchte er zwei Wochen lang nicht mehr auf.

Er fertigte nach Maß Möbel an und ärgerte sich, dass seine Kunden nicht die Summen zahlten, die er für angemessen hielt.

Einmal wurde ich ganz nervös, als wir zusammen waren, weil das Kondom gerissen war. Sofort fragte er, ob ich die Pille nähme. Ich bejahte. Da lächelte er und beteuerte, dass es dann kein Problem gebe, er sei schließlich ein gesunder Mann. Die Situation erinnerte mich an meine Beziehung zu Carols Vater. Ich wusste nicht, ob ich Gianluca vertrauen konnte. Aber ich ließ mich wieder einmal von meinen Gefühlen leiten. Von da an benutzte ich bei ihm kein Kondom mehr.

Bevor er ging, gab er mir immer das Geld. Aber zu dem Zeitpunkt war das für mich schon nicht mehr wichtig. Ich war gern mit ihm zusammen, obwohl er es vermied, über persönliche Angelegenheiten zu sprechen, und mir manchmal ein bisschen unreif vorkam.

Eines Abends sprach ich mit ihm über meine Situation als Emigrantin und scherzte, wenn ich in Italien bleiben wollte, wäre es wohl das Schlaueste, einen Italiener zu heiraten. Da sprach er zum ersten Mal über sich und seine Familie.

Gianluca war Einzelkind und lebte noch immer bei seinen Eltern. In seiner Familie, so erzählte er, halte man streng an alten Sitten und Gewohnheiten fest. Die jungen Männer machten den Mädchen erst den Hof, dann folgte die Verlobung. Dieses Schema zu durchbrechen würde für alle Beteiligten großes Leid bedeuten. Er sagte, er könne nicht einfach nach Hause kommen und verkünden, er wolle eine Ausländerin heiraten, die zwei Kinder von zwei verschiedenen Männern hat. Seine Mutter, die schon über siebzig war, würde bei der Nachricht vor Entsetzen tot umfallen.

Es machte mich traurig, wie Gian die Situation sah. Zur Krönung des Ganzen fügte er noch hinzu, in seiner Stadt gehe das Gerücht um, dass er etwas mit einer brasilianischen Prostituierten habe. Er sagte, er sei völlig durcheinander, und ich hatte den Eindruck, er wollte mir noch mehr erzählen. Aber ich drang nicht weiter in ihn. Ich beendete das Gespräch und sagte, ich hätte bereits mit einem anderen Mann ausgemacht, ihn zu heiraten. Außerdem überrasche es mich nicht, dass er sich meiner schämte. An dem Tag beschloss ich, Carlo so schnell wie möglich zu ehelichen.

Gianluca war auf die verantwortungsvolle Rolle einfach nicht vorbereitet. Trotzdem trafen wir uns weiter an diskreten Orten. Er wurde jedes Mal verlegen, wenn wir Freunden oder Bekannten begegneten. Das mit Abstand traurigste Erlebnis seinetwegen hatte ich im Medusa.

An jenem Abend saß ich mit Carlo zusammen, um die

Details unserer Hochzeit durchzusprechen. Als Gianluca hereinkam, machte ich ihm ein Zeichen, er solle kurz auf mich warten. Zehn Minuten später verabschiedete ich mich von Carlo und ging hinaus. Marta, schon leicht angetrunken, sagte, sie habe gesehen, wie Gianluca die Disko mit einer Polin verlassen habe, die auch hier arbeitete. Die Nachricht versetzte mir einen fürchterlichen Schock. Aber ich wartete, bis er sie auf dem Parkplatz zurückließ.

Danach sprach ich das Mädchen an, und es entschuldigte sich sofort. Sie habe nicht gewusst, dass er mein Freund ist, behauptete sie und fügte hinzu, sie sei schon ein paar Mal mit ihm vor der Tür gewesen. Wütend erwiderte ich, Gianluca sei gar nicht mein Freund und ich sei froh, dass die Situation jetzt geklärt sei. Die Polin traf keine Schuld. Immerhin waren wir alle nur im Medusa, um zu arbeiten.

Nach vielen Tränen und Fragen kam ich zu dem Schluss, dass dies wohl seine Art war, unsere Beziehung zu beenden. Schließlich wusste ich genau, dass Männer Frauen bezahlen, um jegliche Bindungen und Verpflichtungen zu vermeiden.

Meine Freundinnen verhielten sich solidarisch. Als er ein paar Tage später wieder ins Medusa kam, starrten sie ihn alle anklagend an. Gianluca wartete, bis ich den letzten Freier abgefertigt hatte, und fragte mich dann, ob er kurz mit mir sprechen könne. Ich sagte ihm, wir hätten nichts mehr zu bereden.

»Nur drei Minuten, bitte«, flehte er mit belegter Stimme.

Bevor ich ihn anhörte, setzte ich mich und bestellte

etwas Hochprozentiges, um nicht gleich in Tränen auszubrechen.

»Hör mal, Mariana, ich finde keine Worte, um dich um Verzeihung zu bitten. Ich weiß, dass ich einen Fehler gemacht habe, aber als ich dich mit dem Kerl gesehen habe, den du heiraten wirst, war ich außer mir. Die Blonde hat mir den ganzen Abend zugeredet, mit ihr auf den Parkplatz zu gehen. Ich habe es einfach nicht geschafft, nein zu sagen. Aber ich schwöre dir, dass sie mir nichts bedeutet.«

»Weißt du, du schuldest mir nichts. Die Männer, die hierherkommen, zahlen für Sex. Du kannst hier auswählen, wen du willst. Ich habe dir eine Sonderbehandlung angedeihen lassen und dabei nicht bedacht, dass du genau wie alle anderen bist. Dieser Fehler hat mir sehr wehgetan. Der Groll, den ich empfinde, wird vorbeigehen. Also geh jetzt bitte und vergiss, dass es mich gibt.«

»Wie kann ich gehen, wenn ich dich liebe?«, murmelte er mit Tränen in den Augen.

»Lass mal. Was glaubst du eigentlich, wer ich bin?«

»Bitte, Mariana, hör mich an. Lass uns an einem ruhigeren Ort darüber sprechen und die Sache klären.« Er ließ nicht locker.

»Was soll das? Das ist unter deiner Würde. Willst du es nicht kapieren?«, rief ich wütend und wollte aufstehen.

Er packte mich fest am Arm und riss mich dabei fast zu Boden.

»Ich werde dir beweisen, dass ich nicht wie die anderen bin. Ich werde jeden Abend herkommen, bis du mir noch eine Chance gibst.«

»Weißt du was? Du bist nicht wie die anderen. Du bist schlimmer.« Mit den Worten rannte ich auf die Toilette und ließ meinen Tränen freien Lauf.

Ein notwendiger Gewaltakt

In jenen schweren Tagen bekam ich die Solidarität meiner Freundinnen deutlich zu spüren. Alle wussten, was geschehen war, und litten mit mir. Im Grunde suchten wir alle die große Liebe und nahmen keinen Verrat hin.

Es war Ende Oktober 1992, und ich hielt mich bereits illegal in Italien auf. Gianluca kam tatsächlich jeden Abend ins Medusa, um mich zu sehen. Doch ich beachtete ihn einfach nicht. Manchmal, wenn ich keine andere Mitfahrgelegenheit fand, ließ ich mich von ihm am frühen Morgen nach Cascata bringen.

Irgendwann fragte er mich, wie viel eine ganze Nacht mit mir kosten würde. Ich erwiderte, ich stünde ihm nicht zur Verfügung, er solle sich besser eine andere aussuchen. Doch er beteuerte, er wolle bloß mit mir reden. Sein Blick verriet, wie sehr er unter der Situation litt, es war geradezu eine Obsession. Weil ich mit der Miete im Rückstand war, verlangte ich den entsprechenden Betrag. Er stimmte sofort zu und sagte, er müsse nur kurz Geld abheben. Gianluca war überglücklich, aber dazu hatte er nicht den geringsten Grund. Während der Fahrt zum Hotel machte ich ihm klar, dass wir nur zusammen waren, weil ich das Geld für meine Miete dringend brauchte.

Es war das erste Mal, dass er die ganze Nacht bei mir blieb. Wir schliefen miteinander, mit Kondom. Er war völlig gerührt, und es tat gut, bei ihm zu sein. Trotzdem war ich sehr traurig, und ich wusste, es würde schwer sein, den Schmerz zu überwinden.

Auch in den darauf folgenden Wochen kam er fast jeden Abend. In einem Monat waren wir mehr als zwanzig Mal aus gewesen. Ein Teil des Geldes, das ich für mein Haus zurücklegte, stammte damals von ihm. Er gab mir immer ein wenig mehr als die vereinbarte Summe.

Mit der Zeit bemerkte ich ein gewisses Missfallen in seinem Gesicht, wenn er mich bezahlte. Wenn die Sache noch lange so weiterlief, wäre sicher bald alles zu Ende.

Als er in einer kalten Dezembernacht seine Brieftasche zückte, gab ich ihm einen Kuss auf die Wange und stieg einfach aus. Verdutzt sah er mir nach, wie ich ins Haus lief.

Am folgenden Abend kam er nicht ins Medusa. Sofort war ich besorgt und dachte, ich hätte wieder alles falsch gemacht. Doch als ich nach Hause kam, stand sein Auto vor der Tür. Er schlief tief und fest auf dem Vordersitz. Leise klopfte ich an die Scheibe des Seitenfensters. Er wachte auf und umarmte mich. Kurz entschlossen bat ich ihn ins Haus. Der Morgen graute schon. Hastig schickte ich das Kindermädchen weg, das bei Gianlucas Anblick geradezu Stielaugen bekam. Sie hatte mich noch nie in Begleitung eines Mannes gesehen. Ich sagte zu Gianluca, er solle mit auf mein Zimmer kommen, und er zwinkerte mir schelmisch zu. Aber als ich die Tür aufmachte, sah er Cristofer und Carol in meinem Bett schlafen.

Ich bemerkte die Güte und die Rührung in seinem Gesicht. An dem Tag geschah etwas Besonderes zwischen uns. Ich vermag es nicht zu erklären, aber plötzlich hatte ich die Gewissheit, dass Gianluca der Mann war, mit dem ich meine Kinder großziehen wollte. Natürlich kannte ich seine Schwächen, doch wer ist schon vollkommen? Ich machte Kaffee, und wir unterhielten uns ein wenig. Irgendwann zeigte ich ihm meine Fotos und erzählte ihm von Lorenzo und Carol.

Später rief er mich an und lud mich zum Abendessen ein. Wir gingen in ein chinesisches Restaurant und anschließend in ein Hotel. Nachdem wir uns geliebt hatten, gestand er mir, dass er es sich finanziell nicht mehr leisten könne, mit mir auszugehen, und dass er es ohne mich nicht aushalte. Er klagte mir sein Leid, denn er hatte alle seine Ersparnisse aufgebraucht, um mich zurückzugewinnen. Er fürchtete, dass ich ihn jetzt deswegen wieder zurückweisen könnte.

Daraufhin erzählte ich ihm, dass ich den Hochzeitstermin mit Carlo festgelegt habe, da ich nicht länger mit zwei Kindern illegal in Italien bleiben könne. Gianluca schwieg. Wir schliefen eng umschlungen ein.

Sonntags lud ich ihn zu uns zum Mittagessen ein. Ich kochte ein brasilianisches Gericht, das ihm sehr gut schmeckte. Cristofer, wie immer distanziert und misstrauisch, verhielt sich ihm gegenüber recht abweisend. Carol dagegen, die schon anfing zu laufen, buhlte regelrecht um seine Aufmerksamkeit. Am Ende schlief sie in seinen Armen ein.

Als Gianluca gehen wollte, fragte Cristofer plötzlich, wann er denn wiederkomme.

Gianluca lachte. »Möchtest du mich noch einmal sehen?«

»Klar«, erwiderte Cristofer und nickte.

Wir verabredeten, uns am nächsten Abend zu treffen, aber noch vor dem Abendessen kam Gianluca mit Süßigkeiten für die Kinder vorbei. An jenem Tag schickte ich spontan das Kindermädchen nach Hause und ging nicht arbeiten. Wir vier blieben lange auf und sahen fern, ein richtig gemütlicher Familienabend. Carol in ihrer Unschuld nannte ihn die ganze Zeit »San« Luca.

Als wir uns das nächste Mal wiedersahen, fragte er sogar, wie lange ich noch im Medusa arbeiten wollte. Ich gab ihm zur Antwort, dass ich mich abrackerte, um meinen Kindern ein Haus kaufen zu können. Er schien das zu verstehen, sagte jedoch nichts dazu. Offenbar schmiedete er im Gegensatz zu mir keine Zukunftspläne. Das irritierte mich, denn er war jeden Tag präsenter in unserem Leben. Und ich würde demnächst einen anderen Mann heiraten, um in Italien bleiben zu können.

Carol hatte an Gianluca einen wahren Narren gefressen. Auch Cristofer spielte inzwischen mit ihm und stellte ihm immer mal wieder Fragen, blieb aber dennoch auf Distanz. Manchmal war er richtig eifersüchtig, und ich wusste nicht, wie ich mich verhalten sollte. Ich war den Kindern gegenüber immer ehrlich. Also erzählte ich ihnen auch, dass ich Carlo heiraten wollte, um eine dauerhafte Aufenthaltserlaubnis zu bekommen. Gianluca sei zum Heiraten noch nicht bereit, erklärte ich ihnen, aber an unserem Leben würde sich nichts ändern. Carlo wollte die Kinder vor der Hochzeit unbedingt sehen. Ich bat Cristofer, vor ihm nicht über Gianluca zu sprechen.

Am zweiten Februar 1993 heiratete ich Carlo, und von diesem Tag an hatte ich das Recht, legal in Italien zu leben. Es war ein trauriger Tag. In mir erstarb ein Traum. Diese Hochzeit war ein notwendiger Gewaltakt gegen mich und meinen Mann, denn auch Carlo träumte davon, eines Tages mein Herz zu erobern.

Gianluca tat nichts, um die Hochzeit zu verhindern. Sein Verhalten hinterließ in mir deutliche Spuren. Carlo und ich ließen uns nur standesamtlich trauen. Ich trug ein elegantes moosgrünes Seidenkleid, dazu passende Schuhe und einen Hut. In Händen hielt ich ein Blumenbukett. Die Leute musterten mich und machten Bemerkungen über mein Aussehen. Ich sah hübsch und anmutig aus, aber ich war todunglücklich.

Nach der Zeremonie gingen wir in ein Restaurant in der Nähe von Alba essen, wo Carlo wohnte. Die Stadt war recht heimelig, berühmt für ihre Trauben und die weißen Trüffel. Das Restaurant befand sich in einer mittelalterlichen Burg. Der Wein war gut, doch das romantische Ambiente machte mich noch trauriger. Wir stießen auf eine bessere Zukunft an, und dann gingen wir an alten Häusern, Arkaden und Portalen in der Nähe der Burg entlang spazieren.

Die Nacht verbrachten wir gemeinsam in Alba. Im Morgengrauen erinnerte ich ihn daran, dass alles wieder so sein würde wie vorher, wie wir es auch vereinbart hatten. Carlo machte keinen Hehl aus seiner Enttäuschung und sagte, er sei sich sicher, dass ich eines Tages meine Meinung ändern und in seine Arme fallen werde.

Nach der Hochzeit verlief mein Leben in ruhigeren Bahnen. Ich kümmerte mich um unsere neuen Pässe, und

Cristofer, der nun nicht mehr illegal in Italien lebte, kam bald darauf in die Schule. Er sprach schon recht gut Italienisch, und das Lernen machte ihm großen Spaß. Auch Carol gedieh prächtig.

Inzwischen ging ich nicht mehr ins Medusa. Ich zog es vor, in Eros-Centern in anderen Teilen Italiens zu arbeiten. Wenn ich nicht da war, passte Doña Rita, eine Witwe und gute Bekannte von Renata, auf Cristofer und Carol auf. Ich konnte ihr blind vertrauen, und meine Kinder liebten sie.

Das war wieder eine verwirrende Phase in meinem Leben. Manchmal hatte ich den Eindruck, Gianluca vermied es, mit mir an bestimmte Orte zu gehen. Er sprach nie davon, mich seiner Familie vorzustellen. Wenn ich auswärts arbeitete, telefonierten wir jeden Tag. War ich in Cascata, übernachtete er bei uns. Mit seiner Unterstützung kaufte ich mir irgendwann ein Auto.

Es tat gut, zu wissen, dass meine Kinder weit weg von dem Elend und der Gewalt aufwuchsen, die ich in Brasilien am eigenen Leib erlebt hatte. Aus diesem Grund begann ich Italien zu lieben.

In der Szene erzählte man sich, in der Schweiz gebe es einen Ort, an dem sich gutes Geld verdienen lasse. Es war nicht leicht, herauszufinden, dass mit diesem Ort Lugano gemeint war. Ich bat Carlo, meinen geschätzten Freund und Ehemann, mich dorthin zu bringen. Die Fahrt war für November geplant. In der Zwischenzeit arbeitete ich weiter in Italien.

Ich hatte bereits einen Großteil des Geldes für das Haus zurückgelegt, dennoch war nicht daran zu denken, mit der Arbeit im Eros-Center aufzuhören. Die Lebenshaltungskosten für mich und die Kinder waren einfach zu hoch.

Manchmal stritt ich aus Eifersucht mit Gianluca. Er erzählte nach wie vor kaum etwas von sich. Wir waren nun seit mehr als einem Jahr zusammen, und ich wollte endlich seine Familie kennen lernen. Vielleicht war das ein Weg, die Sache ins Rollen zu bringen.

5

1968–1990
Brasilien

Mariana

So fing alles an …

Ich wurde 1968 im Süden Brasiliens geboren. Über meine Kindheit gibt es nicht viel zu erzählen. Mir ist lieber, wenn der Großteil dieser Zeit in Vergessenheit ruht.

Wir waren sechs Geschwister, vier Mädchen und zwei Jungen. Einer meiner Brüder ertrank im Alter von sieben Jahren in einem Fluss nahe dem winzigen Hof, auf dem ich die ersten Jahre meiner Kindheit verbrachte. Das Nötigste zum Sattwerden lieferte uns damals die Erde, und ich lebte glücklich im Einklang mit der Natur.

Als ich sieben Jahre alt war, zogen wir in die Stadt. Zum ersten Mal im Leben erblickte ich einen Fernseher. Wir hatten nun nicht mehr unser Stück Land zum Bewirtschaften, mein Vater stand in Lohn und Brot, und wir mussten uns Reis, Bohnen und Fleisch selbst kaufen. Mein Vater hatte schon immer ein gutes Herz, aber leider nicht wirklich viel im Kopf. So trug er seinen Lohn regelmäßig in die Kneipen der Stadt statt nach Hause.

Ich kam nun in die Schule. Hübsch war ich nicht, sondern viel zu dünn, und mein Bauch war voller Würmer. Mein Haar wurde radikal kurz geschnitten, weil es ständig verlaust war. Zu allem Überfluss bekam ich auch noch Furunkel, die furchtbar juckten und sich entzündeten. Irgendwann hatte ich sogar siebzehn Stück auf einmal. Meine Mutter brachte mich deshalb ständig zu den weisen Frauen, die ihr versicherten, dass alles vorüberginge, sobald ich größer würde. Ich bekam Aufgüsse und Kräuterbäder, aber in der Schule mochte sich niemand neben mich setzen. Ich fühlte mich minderwertig und versuchte dieses Gefühl zu überwinden, indem ich die Klassenbeste wurde.

Zwar war ich vielleicht nicht hübsch, dafür aber die Intelligenteste. Mein Großvater, ein kluger Mann, baute mich immer wieder moralisch auf. Angeblich konnte er in seiner Kristallkugel sehen, dass aus mir einmal eine attraktive Frau werde. Lächelnd riet er mir, Geduld zu bewahren und zu warten, denn wenn meine verborgene Schönheit erst erblühte, werde sie alle Herzen brechen.

Mit dreizehn bekam ich zum ersten Mal meine Tage. Die weisen Frauen hatten Recht gehabt. Von da an verschwanden die offenen Stellen auf der Haut, und ich wurde von Tag zu Tag hübscher.

Ich wohnte gerne in der Stadt. Ich ging regelmäßig in den Gottesdienst und besuchte eine öffentliche Schule. Ich hatte viele Freunde und merkte, dass sich für mich und in mir allmählich etwas änderte. Mein Körper wurde runder, meine Brüste wuchsen.

Ich war es gewohnt, mit den Kindern auf der Straße zu spielen. Doch als mein Körper sich zu verändern begann, sahen mich die Jungen, die vorher nur die Sprache des Raufens verstanden hatten, plötzlich mit anderen Augen. Mit dem typischen Blick des Männchens auf das Weibchen, den ich später zur Genüge kennen lernen sollte. Die Kristallkugel meines klugen Großvaters behielt tatsächlich Recht. Aus dem hässlichen Entlein war ein Schwan geworden.

Als ich sechzehn Jahre alt war, hatte mein Vater, ein Mann mit hochfliegenden Träumen, aus denen nie etwas wurde, wieder einmal eine seiner großartigen Ideen. Er beschloss, in die Region von São Paulo zu ziehen. Meine Mutter rackerte sich ab, um uns Kinder durchzubringen, begleitete ihn aber, ohne mit der Wimper zu zucken. Wenn das Familienoberhaupt eine Entscheidung traf, hatten Frau und Kinder ihm zu folgen.

Wie Zuwanderer auf der Suche nach dem Glück trafen wir im Jahr 1984 am Busbahnhof von São Paulo ein, im Gepäck mehrere Säcke voller abgetragener Kleider und Küchenutensilien.

Mein Vater ahnte noch nicht, dass wir in einem steinernen Dschungel gelandet waren. Es war eine absolute Katastrophe. Er war beinahe ständig betrunken und fing nun an, meine Mutter zu schlagen. Wenn ich mich anschickte, sie zu beschützen, bezog ich ebenfalls Prügel.

In mir rebellierte alles gegen ihn. Endlich hatte ich meinen Platz an der Sonne ergattert und war in der kleinen Stadt und in der Schule beliebt, da beschloss er, nach São Paulo zu gehen und alles, was ich bisher erreicht hatte, zu zerstören. Eigentlich gewöhnte keiner von uns sich an das Leben in der Großstadt.

Mein Vater hasste die Hauptstadt, wie er São Paulo zu nennen pflegte, am allermeisten. Wir wohnten in einer Baracke am Stadtrand in der Nähe seiner Schwester Francisca. Ich liebte meine Tante über alles.

Wenn sie von ihrer Arbeit als Hausangestellte zurückkam, durfte ich sie immer besuchen. Wir redeten viel miteinander und sprachen über Gott und die Welt. Sie sagte, mein Vater sei von allen guten Geistern verlassen. Wenn er weiterhin trinke und allen und jedem ans Leder gehe, werde er am Ende noch seine Familie verlieren.

Meine Mutter hatte ziemlich schwache Nerven und ging häufig auf mich los, um ihren Frust und ihre Traurigkeit an mir abzureagieren. Mein Vater pflegte zu behaupten, erwachsene Töchter endeten sowieso alle als Nutten. Einer seiner Söhne war im Priesterseminar und sollte Pfarrer werden. Der andere war bereits im Himmel.

Seine Prophezeiung sollte in Erfüllung gehen.

Irgendwann begann einer unserer Nachbarn, ein schon älterer und sehr anziehender Mann, mich zu umwerben. Als mein Vater bemerkte, dass zwischen uns etwas war, setzte es eine heftige Tracht Prügel. Dabei erklärte er mir, dass ich ihm diese Riesenenttäuschung bereite, habe ihm gerade noch gefehlt.

Als wir noch im Süden wohnten, hatte er mich immer mit Pfirsichbaumruten geschlagen. Mit feinen, biegsamen, aber unzerbrechlichen Gerten, die jedes Mal schreckliche Striemen hinterließen. In São Paulo gab es keine Pfirsichbaumruten. In der Nacht, in der ich beschloss, von zu Hause und damit von meinem alptraumhaften Leben fortzulaufen, hatte ich Prügel mit dem Bügeleisenkabel bezogen. Schweigend hatte ich die Schläge über mich ergehen lassen, in der Gewissheit, dass es das letzte Mal wäre.

Cláudio, der gut aussehende, von allen Mädchen im Viertel umschwärmte Nachbar, unterstützte mich in jeder Hinsicht. Er war der erste Mann, der mich zärtlich berührte, mich umarmte und mich auf den Mund küsste. Er lehrte mich auch, jener Melodie zu lauschen, die aus dem Inneren der Seele erklingt, wenn wir verliebt sind. Bei ihm fühlte ich mich beschützt und erfüllt. Cláudio war meine erste große Liebe.

Doch trotz seiner fünfunddreißig Jahre war er ein unreifer Mensch. Deshalb war er für mich auch nicht mehr als ein Sprungbrett, um den Klauen meines Vaters und diesem so gänzlich unbefriedigenden Dasein zu entkommen.

Verliebt fing ich ein neues Leben an und kletterte nun allabendlich über die Mauer, die unsere Hütten voneinander trennte. Bei unserem ersten Mal traf ich keinerlei Vorsichtsmaßnahmen. Und wurde prompt schwanger. Mein Vater war am Boden zerstört, als er davon erfuhr. Unter Tränen sagte er, ich hätte mein Leben zerstört. Endlich gestand er ein, dass er einen Fehler begangen hatte, uns alle nach São Paulo zu holen.

Während der ersten Monate meiner Schwangerschaft kehrte meine Familie in den Süden zurück. Ich dagegen blieb in der Stadt. Cláudio sprach mit keinem Wort je vom Heiraten. Wir wohnten zusammen im Haus seiner Mutter. Zwar war seine Familie sehr groß, aber ich fühlte mich trotzdem einsam. Ich war ihm nicht mehr wichtig, die Liebe der Monate zuvor war verflogen.

Meine große Verbündete war Tante Francisca. Die Kinder der starken, patenten Witwe waren schon groß, und so half sie mir bei der Erstausstattung und unterstützte mich auch sonst, wann immer ich sie brauchte.

Die Leute behaupteten, ich sei eine schöne Schwangere gewesen, doch je näher der Zeitpunkt der Entbindung rückte, desto mehr erstarben meine Zärtlichkeit und Liebe für Cláudio. Er kam oft spät nach Hause, und ich glaube, er hatte neben mir noch weitere Frauen.

Cristofer wurde noch vor meinem achtzehnten Geburtstag geboren. Ich bat Cláudio, sich um die Formalitäten beim Standesamt zu kümmern, doch er schob es immer wieder auf und sagte stets, wir würden am nächsten Tag hingehen. Dieser Tag kam nie.

Mit achtzehn ließ ich Cristofer selbst auf meinen Namen eintragen und fühlte mich zum ersten Mal für einen Menschen verantwortlich. Von nun an war er ganz und gar mein Kind. Ich schwor, dass ich ihm ein besseres Leben ermöglichen würde als das, welches ich bis dahin gehabt hatte.

Zwei Monate nach der Geburt war ich wieder topfit. Tante Francisca bot mir an, sich um Cristofer zu kümmern, damit ich arbeiten konnte. So zog ich zu ihr.

Cláudio versuchte, sich mir wieder anzunähern, aber ich konnte ihm nicht verzeihen. Meine Gefühle für ihn waren zwar noch immer besonders, schließlich war er nicht nur der erste Mann in meinem Leben gewesen, sondern auch der Vater meines Sohnes. Doch das reichte nicht aus, um weiter mit ihm zusammenzubleiben.

Durch Cláudio hatte ich zu verstehen begonnen, wie die Männer sind und was sie sich von den Frauen wünschen. Wir entfernten uns immer weiter voneinander. Ehe wir es uns versahen, war alles zu Ende. Wir hatten ein Kind, aber wir waren einander fremd.

Daher verabschiedete sich Cláudio aus meinem Leben, noch bevor Cristofer ein Jahr alt war. Das Letzte, was ich von ihm hörte, war, dass er an eine Schürfstelle irgendwo in Brasilien gereist war, um dort nach Gold zu suchen. Damals wünschte ich mir einzig, dass er endlich erwachsen würde. Die Aufgabe, seinen Sohn großzuziehen, oblag mir alleine. Tagsüber arbeitete ich, und abends ging ich in die Schule.

Mit der Zeit lernte ich, mich besser zu kleiden, und regelmäßig interessierten sich irgendwelche Männer für mich. Doch in meinem Herzen war kein Platz für jemand anderen als für meinen geliebten Cristofer. Oft malte ich mir aus, dass irgendwo ein Mann auf mich wartete. Allerdings hätte ich mir nie träumen lassen, dass ich, um ihm zu begegnen, den Atlantischen Ozean überqueren musste.

Bis zu dem Zeitpunkt war es mir im Traum nicht in den Sinn gekommen, mich zu prostituieren. Ich beendete die Schule, absolvierte einen Kurs in Maschineschreiben, arbeitete in verschiedenen Jobs, in Geschäften, Büros, bis mir die Inhaber wegen ihrer eifersüchtigen Ehefrauen kündigten. Ich hatte mich nun mal zu einer attraktiven Frau gemausert.

Als hässliches Mädchen hatte ich immer darunter gelitten, dass ich mich ausgeschlossen fühlte. Nachdem aus mir eine schöne Frau geworden war, tauchten andere Probleme auf. Ich wollte mich partout nicht darauf einlassen, die Geliebte meines jeweiligen Chefs zu werden. Und aus diesem oder jenem Grund stand ich am Ende stets ohne Arbeit da.

In einer Steuerberatungskanzlei, in der ich über ein Jahr lang beschäftigt war, lernte ich Jonas kennen. Bei meiner Einstellung sprach mir die Inhaberin, eine Anwältin mit feministischen Ansichten, ihre Bewunderung dafür aus, dass ich in meinem Alter alleine die Verantwortung für ein Kind übernommen hatte.

Jonas war ein Mandant der Kanzlei. Wir telefonierten immer mal wieder miteinander. Eines Tages kam er persönlich vorbei, und wir lernten uns kennen. Es war Sympathie auf den ersten Blick. Er arbeitete selbständig als Mechaniker, war rechtschaffen und fleißig, ruhig und amüsant. Von nun an gingen wir zusammen aus, und eines Tages schlug er mir vor, wir sollten zusammenziehen und sehen, ob es funktionierte. Mein Leben war nicht eben einfach, und sein Angebot brachte mich völlig durcheinander. Also fragte ich Tante Francisca um Rat, und sie redete mir zu, das Wagnis einzugehen.

»Schließlich kann die Liebe auch mit der Zeit kommen«, sagte sie. »Und solange das nicht der Fall ist, wird es für dich leichter sein.«

In der Zeit mit Jonas war ich sehr glücklich. Ich hatte eine Wohnung, die wie ein richtiges Zuhause aussah. Alles war schlicht und geordnet. Cristofer blieb nach wie vor bei Tante Francisca, damit ich arbeiten konnte, und Jonas ließ es im Haus an nichts fehlen.

Trotzdem nagte ein Zweifel in meinem Herzen. Ob es wohl richtig war, mit jemandem zusammenzuleben, den ich nicht liebte? Eine Familie zu gründen, die lediglich auf Freundschaft und Dankbarkeit fußte? War es möglich, auf diese Weise dauerhaft glücklich zu sein? Ohne dieses starke, überbordende Gefühl, wenn man wahre Liebe empfindet?

Jonas und ich gewöhnten uns aneinander, waren fast wie Bruder und Schwester. Oft rührten wir uns wochenlang nicht an. Ich war mir sicher, dass er mit anderen

Frauen schlief, doch machte mir das nichts aus. Jonas erfüllte die Rolle des Vaters und Ehemanns voll und ganz. Meine Geschichte wäre eine andere, hätte ich mich damals mit diesem Leben zufriedengegeben.

Eines Tages sprachen wir ganz offen miteinander und beschlossen, uns für eine Weile zu trennen. Wir beendeten unsere Beziehung ebenso selbstverständlich, wie wir sie begonnen hatten. Ich zog wieder zu meiner Tante, denn von meinem Einkommen konnte ich mir keine eigene Wohnung leisten.

Zu der Zeit lernte ich eine junge Frau namens Mara kennen, die in einem Einkaufszentrum arbeitete. Mara war fröhlich und gesellig, hübsch und stets gut gekleidet. Sie sagte, sie kenne eine Zuhälterin, die sie gelegentlich anrief, damit sie ausländischen Touristen und Geschäftsmännern in den Fünf-Sterne-Hotels der Stadt den Abend versüßte. Sie erzählte außerdem von einer Straße mit zahllosen Nachtclubs in der Innenstadt von São Paulo, wo man mit Freiern an einem Tag mehr Geld verdienen konnte als mit normaler Arbeit in einem ganzen Monat.

Die Steuerberatungskanzlei, in der ich zuletzt beschäftigt war, hatte schließen müssen, ich war also wieder einmal arbeitslos. Da Mara meine Lage kannte, forderte sie mich mehrfach auf, mit ihr in diese Straße zu gehen. Ich weigerte mich jedes Mal.

Nach drei Monaten war ich endgültig verzweifelt. Ich schuldete Jonas und mehreren Freundinnen Geld und lebte auf Kosten von Tante Franciscas Großzügigkeit.

Eines Nachts setzte ich mich in ein Taxi und bat den Fahrer, mich in die Straße mit den bekanntesten Nachtclubs von São Paulo zu bringen.

6

Juni 1993
Italien

Freud und Leid

Mitte 1993 arbeitete ich in mehreren Eros-Centern. Eigentlich waren es Apartments, die Italienerinnen oder Ausländerinnen mit italienischer Staatsangehörigkeit gehörten. Das Geschäft lief über Zeitungsanzeigen und Telefon. Pro Tag riefen mehrere hundert Männer an, ein Großteil davon Neugierige, die sich niemals blicken ließen.

Die Inhaberinnen dieser Eros-Center unterhielten gute Beziehungen zur Polizei, da Prostitution und insbesondere Kuppelei strafbar waren. Deshalb sprachen wir die Freier auch nicht offen an. Am Ende des Tages mussten wir das gesamte Geld mit der jeweiligen Besitzerin teilen. Ich fühlte mich damals ganz schön ausgebeutet. Allerdings dauerte es noch einige Monate, ehe ich an meiner Lage etwas ändern konnte.

Ich hoffte, im November einen freien Platz in Lugano in der italienischen Schweiz zu bekommen, und beschloss, bis dahin zu Hause zu bleiben. Die freie Zeit nutzte ich, um sie mit meinen Kindern zu verbringen, die einfach nur entzückend waren. Wenn ich sie sehen und mit ihnen spielen konnte, war ich glücklich. Ich ergab mich vor dem Wunder des Lebens und vergaß darüber sogar Kummer und Leid. Außerdem musste ich meine Gedanken ordnen, mich ausruhen und meine Freundinnen wiedersehen.

Ich erfuhr, dass Paula der Liebe ihres Lebens begegnet war, einem geschiedenen Italiener, der Vater zweier Kinder und sehr attraktiv war. Zufällig hieß er ebenfalls Ramón. Nach zwei Monaten beschlossen sie zusammenzuziehen. Paula war schwanger und erwartete Zwillinge. Sie behauptete zwar, glücklich zu sein und ihren Traum verwirklicht zu haben, beschwerte sich aber ständig darüber, dass sie immer dicker wurde und aus der Form geriet.

Ramón war nicht reich. Als Eisenbahner lebte er von einem bescheidenen Gehalt, und stolz, wie er war, nahm er kein Geld von Paula entgegen. So führte sie zum ersten Mal ein Leben wie die meisten anderen Frauen. Sie kümmerte sich um den Haushalt und ging in den Supermarkt zum Einkaufen.

Ich spürte, dass Paula Angst hatte, und betete, ihre Liebe und das Mutterdasein würden ihr dabei helfen, diese Schwierigkeiten zu überwinden.

Janete und Jacqueline blieben weiterhin dem Medusa treu. Jacqueline plante, nach London zu ziehen, da ihr Freund seit einiger Zeit dort lebte. Sie lernte sogar Englisch, um für den Umzug gewappnet zu sein. Janete durchlebte nach wie vor ihre Höhen und Tiefen, und ich gewann den Eindruck, dass Jaqueline sie nicht im Stich lassen wollte.

Patrícia hatte mehr Glück gehabt. Der Termin für ihre Hochzeit mit einem rundherum tollen jungen Mann stand fest, und sie arbeitete seit einiger Zeit nicht mehr im Gewerbe. Sie war bis über beide Ohren verliebt und bemühte sich, mit Hilfe ihres Freundes vom Alkohol loszukommen. Er war Besitzer einer Pizzeria, und die beiden verwandelten das Lokal in ein brasilianisches Restaurant mit Live-Musik. Ihre beiden Brüder waren eigens aus Brasilien angereist, um in dem Lokal als Musiker aufzutreten. In jenem Sommer ging ich mehrmals dort essen und genoss die schöne Musik. Patrícia war glücklich und wollte möglichst bald ein Kind bekommen.

Renata war immer noch mit René zusammen und beklagte sich nicht über das Leben. Ab und an ging sie mit einem Freier mit, um ein wenig Geld für sich zu haben.

Als ich sie kennen lernte, sagte sie zu mir: »Mariana, es gibt zwei Arten von Frauen: solche, die sich von ihrem Bauch, und solche, die sich von ihrem Verstand leiten lassen. Früher bestand ich aus nichts anderem als Gefühlen. Seit ich die große Liebe meines Lebens verloren habe, bin ich anders geworden. Jetzt habe ich ein schönes Haus und einen Mann, der in mich verliebt ist und mich finanziert. Ich weiß, dass auch er ab und zu fremdgeht, aber ich tue so, als wüsste ich von nichts. Ich lebe und lasse leben, verstehst du? Vergiss nicht, meine Liebe, der Wolf verliert sein Fell, aber nicht seine ›Laster‹.«

Dieser Satz hatte natürlich für beide seine Gültigkeit.

Marta trank nach wie vor und nahm noch immer Drogen. Ihr Zustand war bedauernswert. Sie ließ sich praktisch jeden Abend voll laufen, gebrauchte jede Menge Kraftausdrücke und stürzte sich nur so auf die Freier. Sobald sie sich zurückgesetzt fühlte, wurde sie furchtbar aggressiv, zerbrach Gläser oder warf Tische um. Einmal versuchte ich im Medusa mit ihr zu reden, doch sie schleuderte mir eine wahre Tirade an deftigen Flüchen und Verwünschungen entgegen.

Wochen später rief Renata mich an und bat mich, sie ins Krankenhaus zu begleiten. Sie hatten Marta dort eingeliefert, nachdem sie geistig verwirrt und barfuß durch die Straßen von Cascata geirrt war. Als wir im Krankenhaus ankamen, erfuhren wir erst das ganze Ausmaß der Tragödie. Ihr Sohn hatte sich das Leben genommen, ihre Tochter stand unter Schock und lag in einer anderen Klinik, und ihr jüngster Sohn war in einer Einrichtung untergebracht worden.

Wir fanden Marta, die ganz offensichtlich unter Medikamenteneinfluss stand, ans Bett festgeschnallt vor. Sie erkannte uns nicht. Mit apathischem Blick lag sie da und trällerte die Strophen der brasilianischen Nationalhymne vor sich hin.

Am Abend zuvor hatte Marta das Medusa volltrunken in Begleitung von drei Unbekannten verlassen. Die Polizei ermittelte noch, was sich wohl im Morgengrauen in ihrer Wohnung zugetragen hatte.

Es war schrecklich, Marta so zu sehen. Sie lag nicht in einem normalen Krankenhaus, sondern in einer geschlossenen psychiatrischen Anstalt und würde dort höchstwahrscheinlich nie wieder herauskommen.

Clara und Franco lebten nach wie vor in Brasilien. Sie hatten einen Sohn namens Francesco bekommen, der ungefähr so alt war wie Carol, und waren ein glückliches Paar. Auf dem gelungenen Familienfoto, das sie mir eines Tages per Post schickten, fiel mir vor allem die heitere Gelassenheit in ihren Gesichtern auf.

Ich stand noch immer unter dem Schock von Martas tragischem Los. Renata teilte mir mit, Marta habe sich zurückentwickelt und benehme sich wie ein elfjähriges

Mädchen. Ihre Tochter war inzwischen in einem Waisenhaus, wo sie bleiben sollte, bis sie volljährig war. Der jüngste Sohn war weiterhin in einer Sonderschule. Da beide Kinder die italienische Staatsangehörigkeit hatten, kümmerten sich die Behörden um sie. Marta hatte keine Verwandten in Brasilien, denn sie war als Säugling vor der Tür einer Kirche abgelegt worden und in Dutzenden Waisenhäusern aufgewachsen.

Den Sommer 1993 verbrachte ich mit meiner Familie.

Im August mieteten wir ein Haus in der Nähe von Pescara und verbrachten dort herrliche Tage. Wir spielten am Strand, schwammen und amüsierten uns wie eine glückliche Familie.

Währenddessen bereitete ich mich auf eine neue Phase meines Lebens in der Schweiz vor.

7

November 1993
Lugano, italienische Schweiz

Im grauen Haus …

Lugano erinnerte mich spontan an so manchen italienischen Ort an der Adriaküste, etwa an Pescara, wo ich einige Wochen zuvor mit Gianluca und den Kindern gewesen war. Die Palmen, die rostroten Dächer, die blumenbewachsenen Balkone und das Blau des Sees erweckten zunächst diesen Eindruck. Doch die geometrische Anordnung der Gärten, die Sauberkeit und die Pünktlichkeit der Züge deuteten darauf hin, dass wir uns in der Schweiz befanden. In der italienischen Schweiz.

In der Innenstadt gab es zahlreiche Plätze mit Kneipen und Restaurants, vor denen unter freiem Himmel mit Schweizern und Touristen voll besetzte Tische standen. Die Läden und Geschäfte teilten sich das Terrain mit Kiosken, an denen Sandwichs, Käse und alle möglichen Sorten Aufschnitt verkauft wurden.

Ich liebte es, am See spazieren zu gehen und die Ausflugsdampfer zu beobachten. Ich wünschte mir immer, einmal eine Fahrt damit machen zu können, aber ich hatte nie die Gelegenheit dazu. Ich fände es herrlich, wenn ich in Lugano wohnen könnte. Einer guten Beobachterin wäre übrigens die große Anzahl von Lateinamerikanerinnen aufgefallen, die sich als Touristinnen ausgaben. In Wahrheit gingen sie jedoch derselben Beschäftigung nach wie ich.

Auf direktem Weg ging ich zu dem grauen Haus, wo ich sofort mehrere Mädchen kennen lernte. Sie alle wollten nicht mehr in Nachtclubs oder andere Etablissements zurück, nachdem sie diesen Ort entdeckt hatten. Die einzigen Nachteile hier waren die fehlende medizinische Versorgung und dass sie nicht angemeldet waren. Hier im Haus verdienten die Mädchen nicht nur deutlich mehr als sonst, sondern sie mussten auch nicht ständig etwas trinken.

Das graue Haus war Tag und Nacht in Betrieb. Der größte Andrang herrschte am frühen Abend ab sechs Uhr. An manchen Tagen hatte ich um acht Uhr abends bereits mit sechs oder sieben Männern Geschlechtsverkehr gehabt. Gegen fünf Uhr morgens legte sich das Treiben allmählich. Dann unterhielten sich die Mädchen und vertrauten einander ihre Träume an.

Mittags wachte ich oft mit einem eisigen Gefühl in der Magengrube auf. Der Gedanke, mit mehreren Männern vögeln zu müssen, von denen einige vornehm und wohlerzogen, andere hochnäsig oder brutal waren, war nicht gerade angenehm. Manche Männer rochen extrem schlecht. Ohne jeglichen Sinn für Hygiene, begrapschten sie meinen Körper mit ihren schmuddeligen, groben Fingern. Einige waren reich, andere arm. Aber alle waren sie auf der Suche nach Sex.

Für mein Zimmer zahlte ich einhundert Franken am Tag, was einer knapp zwanzigminütigen Nummer mit einem Freier entsprach. Ich wusste, dass ich also wenigstens einmal am Tag die Beine breit machen musste, um meine Miete bezahlen zu können. An meinem Arbeitsplatz gab es linker Hand ein Waschbecken, einen Herd und einen Kühlschrank. Daneben öffnete sich zum Bett hin die Badezimmertür, und es standen dort ein Nachttisch, ein Schrank und vor dem Fenster ein runder Tisch. Es gab auch größere Zimmer, die sich zwei oder drei Mädchen teilten.

Die Türen standen immer offen. Die Männer kamen und gingen und liefen die ganze Zeit im Haus umher. Sie sahen sich um, prüften und verhandelten die Preise für die gewünschten Dienstleistungen. Im grauen Haus arbeiteten an die vierzig Frauen.

... IST IMMER VIEL LOS

Eines Morgens, es herrschte gerade vormittägliche Stille, schlenderte ein Herr mittleren Alters an meiner Tür vorüber. Ich sprach ihn an und flirtete ein bisschen mit ihm. Er lächelte, bat um Erlaubnis und kam mit der Brieftasche in der Hand herein. Er fragte, was es koste. Ich sagte es ihm. Daraufhin händigte er mir das Geld aus, und ich schloss die Tür. Dann fing ich an, mich auszuziehen. Sofort stürzte er sich auf mich und befingerte mich von oben bis unten. Mehrmals sagte er, ich sei schön.

»Immer mit der Ruhe, mein Süßer«, antwortete ich und half ihm, sich auszuziehen. Mit einem sinnlichen Lächeln auf den Lippen berührte ich ihn zwischen den Beinen.

Das war Mariana live auf der Bühne. Sie tat so, als sei sie erregt und begehre ihn. Je besser sie spielte, umso schneller wäre die Vorstellung vorüber.

Ich fuhr mit der Hand über seine Brust und flüsterte ihm ins Ohr, wie stark und anziehend er sei. In Wirklichkeit war der Kerl absolut grässlich, denn er sah aus wie ein Frosch. Mit einem geübten Handgriff streifte ich ihm das Kondom über. Er öffnete protestierend den Mund, sagte jedoch keinen Ton, als ich seinen Penis mit meinen Lippen umschloss. Ich sagte ihm, wie gerne ich ihn in mir spüren würde. Er nickte heftig und verging fast vor Erregung.

Bei seinem ersten Stoß fing auch ich an, mich rhythmisch zu bewegen. Einige Sekunden später hörte ich seinen erstickten Lustschrei und fühlte, wie sich seine Finger in meine Hüften gruben. *Es werden Druckstellen zurückbleiben, aber das macht nichts. Mein Geld ist verdient und liegt gut versteckt im Schuh* – dachte ich in dem Augenblick.

Während er sich anzog, ging ich ins Bad, um mich zu waschen. Das Kondom war in einem der Papiertaschentücher, die ich stets auf dem Nachttisch parat liegen hatte. Ich öffnete die Tür und verabschiedete mich lächelnd.

»Der war ja mal unkompliziert«, murmelte ich vor mich hin.

Ich schloss die Tür und machte mich schnell wieder zurecht. Schließlich durfte ich keine Zeit verlieren. Da ich nun schon einmal hier war, musste ich jede Minute ausnutzen.

Um drei Uhr früh wollte ich völlig erschöpft schlafen gehen. Ich hatte geduscht und gerade die Bettlaken und Kopfkissenbezüge gewechselt. Nun fegte ich noch schnell das Zimmer und wischte den Boden mit Desinfektionsmittel feucht durch. Dann desinfizierte ich den Nachttisch mit Alkohol und versprühte ein wenig Raumspray.

Seufzend zog ich meinen Schlafanzug an. Ich spürte, dass ich immer neurotischer wurde. Anfangs hatte ich das Putzen noch bis zum nächsten Morgen aufgeschoben. Doch bald konnte ich nicht einschlafen, ehe ich dieses Ritual nicht vollzogen hatte. Selbst wenn ich todmüde war, zwang ich mich zum Saubermachen. Anschließend nahm ich ein Heft zur Hand und notierte darin den Tagesumsatz. Ich überschlug, wie viel ich in den darauf folgenden Tagen verdienen könnte, wenn ich den Schnitt aufrechterhielte. Ich machte mir Notizen, rechnete noch einmal nach, zerriss das Blatt und warf es in den Papierkorb, um wieder von vorne anzufangen. Wieder und wieder träumte ich von dem Tag, an dem ich endlich genügend Geld zusammengespart hätte, um mir ein eigenes Haus zu kaufen.

Plötzlich hörte ich ein Geräusch am Fenster. Ich schaute nach und entdeckte im Fensterspalt einen Einhundertfrankenschein. Ich lachte laut auf, hauptsächlich aus Angst, denn ich wohnte im Erdgeschoss. Rasch versuchte ich, die hundert Franken zu mir hereinzuziehen. Doch irgendjemand zog von draußen daran. Ich öffnete das Fenster einen Spaltbreit. Da stand tatsächlich noch ein Kunde. Ich ließ ihn herein. An diesem Tag brach ich meinen Rekord: achtzehn Freier.

Im grauen Haus arbeiteten auch mehrere Transvestiten, fast allesamt Brasilianer. Einer von ihnen erregte bald meine Aufmerksamkeit. Jéssica war hochgewachsen und schlank und hatte lange braune Locken, helle Haut, grüne Augen und den Körper einer Nixe. Im Grunde war sie ein liebevoller und wohl erzogener Mensch. Doch wenn sie wieder mal eine ihrer Existenzkrisen hatte, betrank Jéssica sich und brüllte im Flur herum.

»Warum bin ich bloß nicht als Frau auf die Welt gekommen? Die Frauen wissen gar nicht, was für ein Glück sie haben. Selbst die hässlichste Schwarze aus der Favela kann eines Tages Mutter werden. Seht mich nur an, so eine perfekte Figur! So viel Charme! Aber das nützt alles überhaupt nichts, denn ich bin weder Mann noch Frau, ich bin ein Etwas!«, rief sie unter Tränen. »Selbst wenn ich ihn mir abschneide, fortwerfe und darauf herumtrampele, welcher Mann würde mich schon heiraten? Sie wollen alle nur meine Schönheit und meinen Arsch ... Warum bin ich nur keine Frau? Gott, warum nicht?«, schrie und heulte sie.

Ich versuchte, Jéssica zu trösten, aber das machte die Sache nur noch schlimmer. Besser war es, wenn ich sie sich bis zur Erschöpfung ausweinen ließ.

»Ich bin zweiundzwanzig Jahre alt, bin hübsch und attraktiv, aber eines Tages wird mein Silikon verrutschen, die Kerle werden mich gegen eine andere eintauschen. Diese versauten alten Schwuchteln, die hierherkommen, wollen nicht vögeln, sondern gevögelt werden! Komm her, du Schwuchtel, die Alte hier ist ganz versessen darauf, es sich von dir besorgen zu lassen und dich zu vernaschen. Komm her, du Miststück!«, brüllte sie.

Es waren schockierende Szenen, aber was Jéssica von sich gab, war die reine Wahrheit.

Hildas Ratschläge

Mir lag nichts daran, im grauen Haus allzu viele Freundschaften zu schließen. Ich wollte lediglich arbeiten und so schnell wie möglich das Geld zusammenbekommen. Dennoch lernte ich mit der Zeit viele Mädchen kennen und war am Ende sogar mit einigen befreundet. Auch sie erzählten mir nach und nach ihre Träume und Geschichten. In stillen Stunden schrieb ich sie alle in mein Tagebuch. So entstand übrigens der erste Entwurf zu diesem Buch.

Ich dachte viel über die Wahl nach, die ich getroffen hatte. Unermüdlich fragte ich mich, ob ich weniger unglücklich wäre, wenn ich mich mit dem zufrieden gegeben hätte, was das Leben mir anfänglich geboten hatte. Ohne all die Faltencremes, die Massagen und die Gesichtsbehandlungen würde ich sicherlich älter aussehen. Vielleicht hätte ich noch mehr Kinder von Cláudio, von Jonas ... oder gar von Maurem bekommen.

Ich hatte einen lukrativen, aber schwierigen Weg gewählt. Der Preis dafür war hoch, eine Umkehr nicht möglich. Angeblich zerrinnt einem das durch Prostitution verdiente Geld häufig zwischen den Fingern. Mir sind schon Frauen begegnet, und ich habe auch immer wieder Geschichten von welchen gehört, die es zu großem Reichtum brachten und alles wieder verloren. Etliche konnten zwar ihren Reichtum erhalten, waren jedoch todunglücklich und mussten auf die Liebe verzichten. Andere arbeiteten trotz einer gewissen finanziellen Unabhängigkeit immer noch weiter. Ehe sie sichs versahen, waren sie selbst krank, ihre Kinder süchtig oder litten unter emotionalen Problemen. Es stimmte, natürlich widerfuhr so etwas auch Frauen mit einem normalen Job. Aber ich fantasierte vor mich hin …

Im grauen Haus lernte ich Hilda und Judite kennen, und wir wurden bald gute Freundinnen.

Hilda war meine Zimmernachbarin. Sie kam aus dem Bundesstaat Pará, war Mutter eines vierzehnjährigen Jungen und beeindruckte mich durch ihre Entschlossenheit. Sie war wie eine Maschine zum Gelddrucken: die Frau, die im grauen Haus am meisten schuftete. Böse Zungen behaupteten, dass sie auch ungewöhnliche Sonderwünsche erfüllte. Ich glaube aber nicht, dass sie außer Analsex – den sie angeblich sogar mochte – irgendetwas Gesundheitsgefährdendes machte.

Hilda sprühte nur so vor *axé,* der berühmten Lebenskraft, der Energie jedes Menschen. Manche Frauen haben ein besonderes Talent dafür. Ein von ihnen Auserkorener gehört ganz gewiss keiner anderen. Hilda war unglaublich nett und hatte ein sehr einnehmendes Wesen. Sie wusste mit der Eitelkeit der Freier umzugehen und verstand es, das Selbstbewusstsein der Menschen zu heben. Aber sie war auch der Meinung, die Europäer seien leicht hinters Licht zu führen. Wenn man ihnen große Leidenschaft vorspielte, konnte man sie ausnehmen wie eine Weihnachtsgans.

Ich hatte dazu nicht die Geduld, ich wollte nicht die Geliebte nur eines Mannes sein. Vielmehr hielt ich mich an das Sprichwort: Kleinvieh macht auch Mist. Ich ahnte nicht, dass ich kurz davorstand, mit Walter eine ganz ähnliche Erfahrung zu erleben. Er war der Liebhaber, den ich am längsten hatte.

Ich lernte Walter in der zweiten oder dritten Woche nach meiner Ankunft im grauen Haus kennen. Als ich um zwölf Uhr mittags meine Tür aufsperrte, liefen bereits mehrere Kunden durchs Treppenhaus. Er ging an meinem Zimmer vorüber und lächelte. Ich antwortete mit einem Nicken. Fünf Minuten später kam er zurück und fragte, wie viel es denn koste. Ich sagte, der Mindestpreis betrage hundert Franken, für etwas mehr könnten wir uns jedoch länger Zeit lassen. Er kam herein und drückte mir einen Hundertfrankenschein in die Hand. Während ich mich auszog, bemerkte ich einen seltsamen Schatten in seinem Blick. Ich versuchte, das ungute Gefühl, das in mir aufstieg, zu ignorieren. Zu allem Übel stellte ich auch noch fest, dass Walter extrem unangenehm roch. Außerdem dauerte es eine Ewigkeit, bis er kam. Als er endlich fertig war, blieb ich noch einige Minuten neben ihm auf dem Bett liegen. Das war einer von Hildas Tricks, damit die Freier sich als etwas Besonderes fühlten. Er funktionierte tatsächlich jedes Mal.

Dann bat ich ihn behutsam, nicht gekränkt zu sein, und empfahl ihm, sich täglich nach dem Duschen die Achseln mit Zitronensaft einzureiben. Mit der Zeit würde dadurch der schlechte Geruch vergehen.

Walter schämte sich wohl entsetzlich und war zutiefst beleidigt. Er stand auf und wiederholte: »Zitronensaft … Aha! Großartig. Zitronensaft … Wird gemacht.« Dann sah er mich verärgert an und ging hinaus.

Zwei Tage später stand Walter wieder vor meiner Tür. Ich hatte nicht erwartet, ihn noch einmal zu sehen. Er kam herein und gab mir als Allererstes dreihundert Franken. Dann erklärte er mir, er wolle »in Ruhe« mit mir schlafen. Das Geld vor Augen, antwortete ich, dass ich alle Zeit der Welt hätte. Beiläufig fragte ich ihn, ob er den Zitronensaft benutzt hätte. Er gab mir keine Antwort. Aber ich merkte, dass er nichts unternommen hatte. Sein Körpergeruch war noch immer abstoßend …

An jenem Tag erzählte Walter mir, er sei verheiratet, habe drei Kinder und mache in seiner Ehe gerade eine schwierige Phase durch. Er arbeitete in der Immobilienbranche und wohnte an der Grenze der italienischen Schweiz zu Italien.

Abgesehen von dem stechenden Geruch war er kein unangenehmer Mensch. Doch die eine Stunde, die wir zusammen verbrachten, kam mir vor wie vier. Auch störte mich die fast schon animalische Gier, mit der er mich nahm. Walter schien regelrecht in meinen Körper und meine Seele hineinkriechen zu wollen. Hinterher war ich völlig kraftlos und erschöpft. Ein schwieriger Freier.

In den folgenden Wochen kam Walter jeden Tag vorbei und entwickelte sich zu einem Stammkunden. Da er gut zahlte, dachte ich mir nichts dabei.

Er wollte alles über mich wissen. Ich erzählte ihm, dass ich verheiratet sei und arbeitete, um mir in Brasilien ein Haus zu kaufen und vielleicht sogar eines Tages dorthin zurückzukehren. Er fragte, wie viel Geld mir noch fehle. Obwohl ich bereits einen beträchtlichen Teil gespart hatte, log ich. Ich sagte, es fehle noch sehr viel. Er wollte wissen, ob ich tatsächlich zurückgehen wollte oder in Betracht zöge, in Europa zu bleiben.

Ich befolgte Hildas Rat und erwiderte, ich wisse nicht recht, was ich tun solle, ich sei momentan ziemlich verwirrt. Meine kluge Freundin hatte mir geraten, mich gegenüber Kunden niemals entschlossen und selbstsicher zu zeigen. Die Männer haben vor solchen Frauen nämlich Angst und gehen dann schnell auf Abstand.

Walter holte mich von nun an jedes Mal in Mailand ab, um mich nach Lugano zu fahren. Stets brachte er mir teure Geschenke mit. Aber ich verheimlichte niemals etwas vor Gianluca.

Obgleich ich inzwischen einen italienischen Pass hatte, ging mein dreimonatiger Aufenthalt in der Schweiz seinem Ende entgegen. Bis dahin war ich für die Schweizer Behörden eine italienische Touristin und hatte keine Probleme, die Grenze zu überqueren.

Irgendwann wurde Walter mein offizieller Liebhaber. Ich befand mich in einer aberwitzigen Lage: Abgesehen davon, dass ich als Prostituierte arbeitete, war ich rechtmäßig mit Carlo verheiratet, gleichzeitig die Freundin von Gianluca und jetzt auch noch die offizielle Geliebte Walters.

An manchen Tagen hatte ich mit mehr als zehn Männern Geschlechtsverkehr und sagte dann immer zu meinen Kolleginnen: »Heute habe ich aber ordentlich geschuftet.«

Für mich war die Vögelei nichts als Arbeit. Daher war es auch normal, dass wir uns untereinander fragten: »Und, hast du gestern gut zu tun gehabt?«

Nicht normal war, dass ich das normal fand.

Der Traummann, ein unerfüllbarer Wunsch?

Jede Frau sucht sich im Leben den Typ Mann aus, den sie für sich will. Gianluca entsprach am ehesten meiner Idealvorstellung von einem Mann. Er war ehrlich, fleißig und ruhig.

Doch manchmal überlegte ich, wie dieser Traummann wohl sein mochte. War es einer wie Cláudio, der mich für die Liebe wachgeküsst hatte? Einer wie Jonas, der mir eine gewisse Ruhe schenkte? Einer, der mir ein Gefühl der Sicherheit gab, so wie Maurem? Einer wie Lorenzo, der mir Glück und Lust bescherte? Einer wie Carlo, der Mut und Güte zeigte? Oder vielleicht doch einer mit Jonas' Großzügigkeit oder Walters Solvenz? Wer weiß, vielleicht sogar einer wie Gianluca, der meine Kinder liebte?

Ich wollte einen Mann, der die Eigenschaften all derer in sich vereinte, die meine verschlungenen Wege gekreuzt hatten.

Ein unerfüllbarer Wunsch.

Insgesamt verbrachte ich vier Monate in der Schweiz. Walter versprach, mir den fehlenden Betrag zum Kauf meines Hauses zu geben. Also beschloss ich, während Cristofers Schulferien nach Brasilien zu fahren. Ich bat Gianluca, mich zu begleiten, aber er erklärte, er sei weder finanziell dazu in der Lage, noch habe er die Zeit für eine lange Reise. Ich bedrängte ihn so lange, bis er mir versprach, ein andermal mitzukommen.

Walter bot mir an, nach meiner Rückkehr aus Brasilien eine Wohnung für mich zu mieten. Er war bereit, alle Kosten zu tragen, sofern ich mich darauf einließe, ihm alleine zu gehören. Mit der Zeit stellte er immer mehr Ansprüche. Er wollte mich zum Abendessen in gute Restaurants ausführen, mich auf den Mund küssen und ohne Kondom mit mir schlafen.

Ich spürte, dass die Geschichte allmählich zu Ende ging. Ich sagte ihm, ich würde mir seinen Vorschlag durch den Kopf gehen lassen. Mir war natürlich bewusst, dass ich mir mit seiner Hilfe ein deutlich größeres Haus kaufen könnte. In den wenigen Monaten vor meiner Abreise trafen wir uns einmal pro Woche. Schließlich gab Walter mir die dreißigtausend Dollar, die mir noch fehlten.

Carlo, mit dem ich häufig telefonierte, freute sich sehr darüber, dass es mir gelungen war, meinen Traum zu verwirklichen. Ich merkte, dass er sich immer noch Hoffnungen machte. Carlo würde stets einen besonderen Platz in meinem Herzen einnehmen: den eines wahren, aufrichtigen Freundes.

Die ersten Juliwochen des Jahres 1994 verbrachte ich in São Paulo, wo ich das Haus kaufen wollte. Bald fand ich eines in einer ruhigen Siedlung, mit Hinterhof, Garten und genügend Platz zum Spielen für die Kinder. Ich ließ Tante Francisca dort wohnen. Sie hatte jedes Recht dazu, hatte sie mir doch stets zur Seite gestanden.

Nachdem ich Tante Franciscas Umzug in das neue Haus organisiert und die fehlenden Möbel gekauft hatte, besuchte ich meine Eltern in Südbrasilien.

Die Reise fiel mir nicht leicht. Ich spürte die Ablehnung und die Vorurteile. Wir waren einander fremd, schienen nicht zur selben Familie zu gehören. Ich musste mich in einer Pension im Zentrum der Stadt einquartieren. Meine Mutter, die mit zwei ledigen Schwestern zusammenlebte, lud mich nicht zu sich nach Hause ein. Meine andere Tante, die verheiratet war und eine Tochter hatte, wollte mich gar nicht erst sehen. Mein Vater wohnte auf einem Gehöft fernab der Stadt und baute Gemüse an. Auch zu ihm fuhr ich hin. Er erkannte mich kaum wieder und sagte kein Wort, als ich vor ihm stand. Mit einem Seufzer griff er wieder nach der Hacke. Sein Schweigen war schlimmer als tausend Beschimpfungen. Es war das letzte Mal, dass ich ihn sah.

Am selben Tag besuchten wir auch meinen Bruder Mateus im Priesterseminar. Es war eine bewegende Begegnung, die mich glücklich stimmte. Von klein auf war Mateus anders gewesen, ruhig, ein Beobachter. Ich traf ihn in den Gärten der Kirche an. Er war inzwischen achtzehn Jahre alt. In seinem Gesicht erkannte ich eine gewisse Ähnlichkeit mit mir. Als er mich umarmte, sah er mir in die Augen. Wir weinten gemeinsam. Carol, die zwischen Tränen der Freude und der Trauer noch nicht unterscheiden konnte, weinte mit uns. Stundenlang redeten wir über unsere Familie, unser Leben.

Am Ende bat ich ihn, für mich und meine Kinder zu beten. Er lächelte und sagte, das tue er in jeder Sekunde seines Lebens. Er fügte noch hinzu, das sei seine Mission. Wir verabschiedeten uns, und während wir uns immer weiter entfernten, gelangte ich zu dem Schluss, dass Mateus vielleicht der einzige heitere, glückliche Mensch in unserer Familie war. Dieser Gedanke stimmte mich traurig.

Zurück in São Paulo, verbrachte ich ein paar Tage bei Tante Francisca. Ich besuchte einige Freundinnen aus meiner Jugendzeit und erfuhr, dass Cláudio eine Indianerin geheiratet und noch einen Sohn bekommen hatte. Wir besuchten ihn nicht, es war sinnlos.

Die Begegnung mit Jonas dagegen war bewegend. In gewisser Weise fühlte er sich ein bisschen wie Cristofers Vater. Er gestand mir, dass er von einem Kind mit mir träumte. Er war ebenfalls verheiratet und hatte eine Tochter. Jonas war ein guter Mann. Ich wünschte ihm alles Glück der Welt.

Ende August kehrte ich nach Italien zurück. Ich hatte beschlossen, noch ein wenig zu arbeiten, um ein bisschen Geld auf die hohe Kante zu legen. Mit zwei Kindern wollte ich auf eventuelle Notlagen vorbereitet sein. Ich nahm mir vor, offiziell die Trennung zu beantragen und mit Gianluca zusammenzuziehen. Dann würde ich die Kinder in eine Ganztagsschule geben und mir eine normale Arbeit suchen, bis ich Gianluca legal heiraten könnte. Anschließend würde ich noch ein Kind mit ihm bekommen. Allem voran ging der feste Vorsatz, bald mit dieser Arbeit aufzuhören.

8

1994
Italien

Die Rückkehr

Gianluca erwartete mich in Mailand auf dem Flughafen. Er war ebenso braun gebrannt wie ich und erklärte lächelnd, er sei einige Male im Schwimmbad gewesen. Ich glaubte es ihm.

Es war herrlich, in unser Zuhause in Italien zurückzukehren. Gianluca und die Kinder waren wie die Kletten und schnatterten während der gesamten Fahrt munter drauflos.

Mein Problem war Walter. Kaum hatte ich das Haus betreten, da rief er auch schon an. Der Anrufbeantworter war voller Nachrichten von ihm. Ich bat ihn, sich später wieder zu melden, da ich gerade erst angekommen und müde sei. Nach fünf Minuten rief er erneut an und sagte, er sei bereits auf dem Weg. Ich musste energisch werden und ihm sagen, dass er jetzt nicht kommen könne, mein Mann sei zu Hause. Ich zog den Telefonstecker aus der Dose, damit ich vorerst meine Ruhe hatte.

Am nächsten Tag rief er wieder an und entschuldigte sich für sein ungehöriges Benehmen. Wir verabredeten uns für den späten Nachmittag in einem Café in Mailand. Um zu vermeiden, dass er mich in ein Stundenhotel einlud, erklärte ich ihm gleich zu Beginn, dass ich mich nicht gut fühlte.

Walter war sehr großzügig zu mir gewesen, dank ihm

hatte ich das Haus meiner Träume kaufen können. Nun hegte er die Hoffnung, dass ich in eine von ihm gemietete Wohnung ziehen und ihm fortan ganz zur Verfügung stehen würde. Doch das war schier unmöglich. Ich glaube, ich war nicht deutlich genug zu ihm gewesen. Meiner Ansicht nach hatte ich mir die mit ihm verbrachte Zeit nur besonders gut bezahlen lassen.

Bei unserem Treffen erklärte ich ihm, dass ich noch einige Monate arbeiten werde und danach mit dem Mann zusammenleben wolle, den ich liebte. Ich riet ihm, meinetwegen seine Ehe nicht zu gefährden, weil ich ihn nicht liebte. Abschließend fügte ich hinzu, dass er mir in den kommenden Monaten, die ich noch aktiv im Gewerbe blieb, als Kunde weiterhin stets willkommen sei.

Ich glaube, Walter konnte nicht abschätzen, wie viel Glück er hatte, sich mit einer Frau wie mir eingelassen zu haben. Ich habe etliche Mädchen kennen gelernt, die ihn nach Strich und Faden ausgenommen und dann in seinem Elend sitzen gelassen hätten.

In der Zwischenzeit wartete ich sehnsüchtig auf einen freien Platz in einem Eros-Center zwischen Bellinzona und Lugano. Walter rief mich nach wie vor täglich an und benahm sich höchst merkwürdig. Eines Tages berichtete er, dass er beim Verlassen der Garage seinen eigenen Sohn angefahren habe. Es war kein schwerer Unfall gewesen – der Junge hatte sich zum Glück nur den Arm gebrochen –, doch Walter wirkte völlig verstört und stand neben sich.

Dann war der Tag gekommen, an dem ich zu meiner neuen Arbeitsstelle fahren musste. Walter kam mich in

Mailand abholen. Ich war angespannt und nervös wie immer, wenn ich irgendwo neu anfing. Noch angespannter aber wurde ich durch eine Bemerkung Walters, als wir auf der Autobahn am Comer See vorüberfuhren. Auf der einen Seite waren die Berge, auf der anderen sah man den großen See. Walter wirkte euphorisch und froh, neben mir zu sitzen.

Plötzlich sagte er: »Sieh nur, die herrliche Landschaft, Mariana! Den endlosen See. Wie schön wäre es, wenn mein Wagen jetzt außer Kontrolle geraten und wir hineinstürzen würden. Dann würden wir zusammen sterben.«

»Bestimmt sterben wir dann zusammen, aber wir kommen danach trotzdem an verschiedene Orte. Denn wenn der Wagen durch deine Schuld von der Fahrbahn abkommt, bist du verantwortlich für meinen Tod und deinen Selbstmord. Ich lande dann im Himmel und du in der Hölle, weil du mich umgebracht hast«, antwortete ich lachend und versuchte, ungezwungen zu wirken. Auf keinen Fall wollte ich mir anmerken lassen, wie beunruhigt ich war.

Die Gefährlichkeit der Lage war mir sehr wohl bewusst. Walters Gefühle waren aus dem Lot, und je nachdem, was ich antwortete, konnte alles Mögliche passieren. Es war an der Zeit, mich von dem Mann zu verabschieden, er machte mir Angst. Ich hatte in scherzhaftem Ton geantwortet, und so fuhr er weiter, als sei alles nicht mehr als ein schlechter Witz gewesen. Das war das letzte Mal, dass ich mit ihm zusammen in ein Auto stieg.

Oktober 1994

Die Tanzgalerie mit ihren vier Stockwerken bot fünfundzwanzig Mädchen Platz. Sie war teurer und hatte ein niveauvolleres Ambiente als das graue Haus. Der Geschäftsführer, ein charmanter Amerikaner mittleren Alters, sprach ebenso gut Italienisch wie Deutsch. Mit seinem grauen Haar und dem seriösen Auftreten wirkte er wie ein Bankier. Am Ersten eines jeden Monats trommelte er die Mädchen zusammen und besprach mit ihnen Probleme und andere Dinge.

In der Tanzgalerie wurde diskret gearbeitet. Die Initiative ging stets von den Kunden aus, die sich zu uns gesellten oder uns durch die Kellner herbeirufen ließen. Waren sie bereits bekannt, nickten sie den Mädchen manchmal auch nur zu und gingen voraus zum Fahrstuhl.

Bei der ersten Versammlung, an der ich teilnahm, erläuterte der Geschäftsführer den Neuen die Hausordnung und rief den Älteren das Reglement in Erinnerung. Die Hälfte der anwesenden Mädchen kam aus Asien. Später erfuhr ich, dass es sich bei fast allen um operierte Transvestiten handelte, die so makellos und feminin aussahen, dass es kaum zu glauben war. Er warnte uns eindringlich: Jede von uns, die irgendeine Bemerkung über die Transvestiten machte, würde auf der Stelle hinausfliegen. Der einzige Unterschied sei, dass sie keine Kinder bekommen könnten. Aber aus dem Grund war schließlich keine von uns da.

Walter kam regelmäßig vorbei. Beim ersten Mal blieb er drei Stunden mit mir auf dem Zimmer und wollte anschließend gehen, ohne zu bezahlen. Ich protestierte, woraufhin er entgegnete, er habe mir bereits genug Geld gegeben. Mich packte die Wut. Ich sagte zu ihm, dass es mir widerstrebe, mit ihm zusammen zu sein, und dass ich ihn nur des Geldes wegen ertrüge. Erbost schimpfte Walter drauflos, ich sei eine geborene Nutte, und als solche würde ich auch sterben. Schreiend holte er ein paar Scheine aus der Brieftasche und schleuderte sie auf den Boden. »Du willst also Geld? Da, nimm es. Bück dich, und heb es auf!«

Ich hob jeden Schein einzeln auf und nickte. »Genau so ist es. Das Einzige, was ich von dir will, ist Geld. Ich spiele dir nur etwas vor. Ich ekele mich vor dir, vor deinem abstoßenden Geruch, vor deiner Art. Und merk dir eines: Es gibt nur einen Mann, mit dem ich umsonst und aus Liebe ins Bett gehe. Aber dieser Mann bist nicht du und wirst es auch nie sein.«

Zum Schluss sagte ich noch, eher wolle ich als Nutte sterben, als mit ihm zusammen zu sein. Es war ein furchtbarer Streit …

Er hatte einen wunden Punkt in mir getroffen. Tatsächlich hatte ich große Angst, nicht mehr aufhören zu können. Niedergeschlagen rief ich Gianluca an, damit er mich abholte. Mitten in der Woche fuhr ich nach Hause. Walter ließ sich vierzehn Tage lang nicht blicken.

Mitte November rief er an, entschuldigte sich und bat darum, mich wieder besuchen zu dürfen. Ich ließ mich darauf ein. Warum, weiß ich auch nicht.

Kaum war er ins Zimmer getreten, legte er hundert Schweizer Franken auf den Tisch. Unter Tränen erklärte er, dass er bei anderen Frauen impotent sei, nur mit mir funktioniere es. An diesem Tag konnte er jedoch auch bei mir nicht. Er kam noch mehrere Male vorbei, aber stets passierte das Gleiche. Er fragte, ob er länger bei mir bleiben dürfe. Ich gestattete es ihm, sofern er dafür bezahlte. Trotzdem regte sich bei ihm nichts.

Nach und nach entschwand er aus meinem Leben. Womöglich hatte Walter nie wieder eine Erektion.

Die Arbeit in der Galerie gefiel mir nicht. Ich war an den ungeregelten, freizügigen Rhythmus im grauen Haus gewöhnt, und so beschloss ich, im Dezember dorthin zurückzukehren. Doch leider war es nicht möglich, da kein Zimmer frei war.

Also verbrachte ich den Dezember des Jahres 1994 bei meiner Familie. Wir stellten einen riesigen Weihnachtsbaum voller Geschenke auf. Ich wünschte mir, dass alle meine künftigen Weihnachtsfeste so gesegnet sein würden wie dieses. Mit Gianluca verabredete ich, dass 1995 das letzte Jahr sein würde, in dem ich dieser Arbeit nachginge. Wir waren sehr glücklich.

Ärger mit der Schweizer Polizei

Im Januar 1995 fing ich wieder im grauen Haus an, aber die Arbeit kam mir wenig einträglich vor. In Wahrheit war ich einfach nicht mehr so engagiert bei der Sache wie früher. Es gelang mir nicht mehr, meine Rolle überzeugend zu spielen.

Als ich eines Freitags im Erdgeschoss stand und zu Hause anrief, kam eine Gruppe Männer, einige davon in Uniform, durch die Vordertür. Es war eine polizeiliche

Razzia. Als ich die Hunde bellen hörte, rannte ich sofort hoch in mein Apartment im zweiten Stock und warnte so viele Mädchen, wie ich nur konnte.

In Windeseile stopfte ich die Kondome in einen Milchkarton und warf die Gleitcreme aus dem Fenster. Das im Laufe der Woche verdiente Geld versteckte ich ebenfalls. Dann schminkte ich mich ab, zog meinen Schlafanzug an, löschte das Licht. Zitternd vor Angst legte ich mich ins Bett und horchte auf das Gebell, das laute Klopfen an den Türen und das Geschrei der Polizisten in den Fluren.

In meine Decken verkrochen, begann ich zu beten. Plötzlich strahlte das von draußen hereindringende Licht die beiden Männer an, die vor meinem Tisch standen. In meiner Verzweiflung hatte ich vergessen, die Tür abzuschließen. Ich täuschte Schlaftrunkenheit vor und stand auf.

Sie lachten und sagten ironisch: »Es ist gefährlich, bei offener Tür zu schlafen, gute Frau. Aber da Sie nun schon mal wach sind, bitte Ihre Papiere.«

Ich übergab ihnen meine sämtlichen Papiere, einschließlich der italienischen. Sie prüften alles aufmerksam. Zu guter Letzt fragten sie mich, was ich an diesem Ort zu suchen hätte, schließlich sei ich eine verheiratete Frau. Ich antwortete, ich hätte mich mit meinem Mann gestritten und versuchte, in dieser schönen Stadt auf andere Gedanken zu kommen. Erklärend fügte ich hinzu, das Apartment koste mich deutlich weniger als ein Hotelzimmer. Außerdem könne ich hier auch selbst kochen, das Essen in den Schweizer Restaurants sei mir zu teuer.

Die Erklärung klang absolut plausibel, und ich hatte

sie vorher genau mit meinem rechtmäßigen Ehemann Carlo abgesprochen. Die Polizisten durchsuchten jeden Winkel. Sie rissen die Stoffteddybären auf, öffneten die Schränke, schraubten den Besenstiel ab, schnüffelten in sämtlichen Schubladen herum. Sie gingen dabei mit brutaler Gewalt vor. Ich fühlte mich bedrängt, traumatisiert und behandelt wie eine Kriminelle.

Am Ende nahmen sie meinen Pass mit und luden mich am darauf folgenden Dienstag zur Aussage bei der Ausländerbehörde im Polizeipräsidium vor.

Nachdem die Polizisten gegangen waren, saßen einige der Mädchen weinend in der Ecke. Andere waren leichenblass und standen unter Schock. Etliche Türen waren aufgebrochen worden, die Freier aus dem Gebäude verschwunden.

Es war furchtbar. Ich rief Gianluca an, und er wollte, dass ich unverzüglich nach Italien zurückkehrte. Ich erklärte ihm, dieses Wochenende müsse ich wohl oder übel ohne die Kinder verbringen. Es war ein Ding der Unmöglichkeit, ohne Pass die Grenze zu überqueren. Ich war fix und fertig.

Am Dienstag verhörten sie mich vier Stunden lang bei der Ausländerbehörde. Immerzu wiederholte ich die gleiche, mit Carlo abgesprochene Geschichte. Die Polizisten hakten unbarmherzig mit ihren Fragen nach und versuchten, mich in Widersprüche zu verwickeln. Hätte ich gestanden, als Prostituierte gearbeitet zu haben, wäre ich sofort aus der Schweiz ausgewiesen worden. Sie übten derart großen Druck auf mich aus, dass ich ihnen am liebsten die Wahrheit gesagt hätte, um dieser Folter ein Ende zu bereiten.

Schließlich gaben sie mir meinen Pass zurück. Sie erklärten, dass sie im nächsten Monat wiederkommen und nachsehen würden, ob ich noch am selben Ort wohnte. Sie fügten hinzu, da ich für den gesamten Monat Miete gezahlt hätte, dürfe ich auch bis zum Monatsende im grauen Haus bleiben. Abschließend wiesen sie mich noch darauf hin, dass dies kein geeigneter Ort für eine Urlauberin sei. Zum Glück hatte der Vorfall keine weiteren Folgen. Ich fuhr noch am selben Tag nach Hause und lebte erst einmal von meinen Rücklagen.

Nur wenig später kam ich an eine Adresse in der französischen Schweiz. Ich hatte vor, dort zu arbeiten, sobald ich mich innerlich besser fühlte.

9

März 1995
Sion, französische Schweiz

Die Tulpen von Sion

Es war ein sehr schlichtes Hotel. Die Inhaber waren aus Sardinien eingewanderte Italiener. Ich kam an einem Montagnachmittag dort an. Mit seinen zehn Zimmern war es der ideale Ort für Reisende. Insgesamt arbeiteten fünf Mädchen dort. Die Pianobar, in der zur Hauptbetriebszeit klassische Musik lief, war ruhig und heimelig. Die Kellnerin, eine nette Brasilianerin, war uns bei der Verständigung auf Französisch behilflich. Ich mochte die Sprache und hatte mir sogar einen Sprachkurs auf Kassette gekauft. Trotz der Schwierigkeiten sagte mir das Etablissement zu, letztlich ist die Sprache des Sex universal. In dem Laden herrschte kein allzu großer Betrieb. Die Gäste, die sich in die Pianobar setzten, suchten eigentlich immer Gesellschaft.

Unter den Mädchen war eine Kolumbianerin, die nicht nur unattraktiv, sondern darüber hinaus auch noch extrem unfreundlich war. Außerdem arbeitete dort eine hübsche Blondine, eine Tänzerin ohne Engagement namens Mônica.

In dem Hotel lernte ich auch Glória kennen, eine rothaarige Schönheit aus Rio, eine der hübschesten Frauen, die mir in unserem Gewerbe je begegnet sind. Glória war hochgewachsen und hatte den Körper einer Statue. Die zarten Sommersprossen in ihrem Gesicht mehrten ihren

Charme nur noch. Ihr makelloses, nahezu perfekt geschminktes Gesicht wurde von kurz geschnittenem Haar umrahmt. Glória trug stets elegante, lange Kleider und rundete ihr Erscheinungsbild mit auffallenden Ohrringen ab, ihrer großen Leidenschaft.

In Sion betrug der Mindestpreis für eine Nummer in einem Etablissement wie diesem einhundert Schweizer Franken. Glória ging jedoch nur mit einem Freier aufs Zimmer, wenn er das Doppelte zahlte.

Während wir fünf oder sechs Kunden bedienten, empfing Glória gerade mal zwei oder drei. Am Ende der Nacht hatte sie dennoch mehr Geld verdient als alle anderen. Außerdem sprach sie perfekt Französisch.

Kátia, eine gewöhnliche, unangenehme Person aus São Paulo, vervollständigte die Gruppe. Sie war schon an die vierzig und legte Freiern gegenüber, die ihr einen Korb gaben, ein aggressives Verhalten an den Tag. Ihr aufgedunsenes Gesicht zeugte deutlich von ihrer Alkoholsucht. Sie war von einem Baseler geschieden und behauptete, selbst Schweizerin zu sein. Während eines unserer wenigen Gespräche erzählte Kátia mir, sie habe schon mit siebzehn Jahren angefangen, in Zürich zu arbeiten.

Wenn in der Pianobar keine Gäste waren, unterhielt ich mich mit Glória, mit der ich bald gut befreundet war. Das Etablissement gefiel mir, auch wenn es gewisse Schwierigkeiten gab. Die Besitzer bestanden darauf, dass die Freier ihrer Begleiterin etwas zu trinken ausgaben, ehe sie in die Zimmer hinaufgingen. Allerdings kosteten die Getränke für uns dreimal so viel wie normal. Dadurch gingen uns regelmäßig Kunden verloren, die diese Regeln nicht akzeptieren wollten.

Sion liegt im Kanton Wallis. Es ist ein Urlaubsort von internationalem Renommee, der für seine Weine und die typischen Speisen berühmt ist. Vor allem aber ist Sion ein Ort für Skibegeisterte.

Wenn wir Zeit hatten, gingen Glória und ich im Park in der Nähe des Hotels joggen. Manchmal unternahmen wir auch Spaziergänge oder streiften durch die Antiquitätenläden der Umgebung. Gerne besichtigten wir auch die Befestigungsanlagen, Burgen und alten Bauwerke, die das Flair der Stadt ausmachten. Besonders gern mochte ich den Anblick der bunten Tulpen in den Parks von Sion.

Bei einem dieser vormittäglichen Bummel unterhielten wir uns lange über unser Leben. Danach konnte ich Glórias merkwürdige Ansichten über die Liebe und Gefühle besser verstehen.

Glória

Die große, elegante Glória erzählte mir, dass sie bereits im Alter von elf Jahren körperlich eine Frau gewesen war. Unter ihren dünnen T-Shirts wölbten sich ihre Brüste, und vor Dona Mafaldas Bar an der Einfahrt zur Favela wirbelte sie mit ihren langen, schlanken Beinen zum Klang der Trommeln.

Ihre große Leidenschaft galt dreierlei: ihrem Elendshügel, dem Samba und Cigano Limão, einem Mulatten und Drogendealer, der den ganzen Tag an einem Tisch in der Bar herumsaß.

Cigano Limão war ein wahres Bild von einem Mann. Sein Spitzname »Zitronenzigeuner« stammte noch aus seiner Kindheit. Er war in armen Verhältnissen aufgewachsen und hatte ständig Zitronen mit Salz gelutscht, um seinen Hunger zu betäuben.

Die hübsche und kesse Glória war schon immer in ihn verliebt gewesen. In der Hoffnung, dass er sie bemerkte, tanzte sie bei jeder Gelegenheit vor seiner Nase Samba. Eines Tages atmete der Mulatte tief durch und sagte: »Mädchen, hör endlich auf damit, sonst verliere ich eines Tages noch den Verstand ...«

Genauso kam es auch.

Glória hatte sich ihm so lange angedient, bis Cigano Limão sie bei seinen Drogendeals und Geschäften einspannte. Sie erledigte für ihn Aufträge, richtete Bestellungen aus und gewann allmählich das Vertrauen des Dealers.

Als sie dreizehn war, ging sie eines Tages barfuß und wohl wissend, dass er alleine war, zu seiner Hütte. Sie trug ein schlichtes Baumwollkleid und nichts darunter. Als Cigano Limão fragte, was sie wolle, zog sie sich vor seinen Augen nackt aus. Natürlich konnte er nicht widerstehen.

Mit der Zeit entwickelte Cigano Limão sich zu einem der mächtigsten Drogenhändler Rio de Janeiros. Glória und ihre Familie wohnten nach wie vor in der Favela und führten ein Leben in Saus und Braus. Alle wussten von der Liebe der beiden. Sie dauerte drei Jahre.

Eines Tages wurde Cigano Limão direkt vor Glórias Haus überrumpelt und angeschossen. Kurz darauf erlag er seinen Verletzungen. Seine Widersacher verwechselten

Glória mit ihrer Zwillingsschwester Luana, fesselten diese ans Bett und steckten die Hütte in Brand. Glória war an dem Tag nicht zu Hause, sie war zur Notambulanz gegangen, wo ein Arzt gerade festgestellt hatte, dass sie schwanger war.

Luana musste ein ganzes Jahr lang zur Behandlung der Brandwunden im Krankenhaus bleiben. Unzählige Male wurde sie operiert, damit sie wieder einigermaßen normal aussah. Noch während der Schwangerschaft fing Glória an, auf den Strich zu gehen, um für ihren Lebensunterhalt zu sorgen und die Arztrechnungen ihrer Schwester bezahlen zu können.

Nach der Geburt ihrer Tochter Lua verließ Glória den Elendshügel, hörte auf, Samba zu tanzen, und lächelte auch nicht mehr. Ihre große Liebe war tot. Lua und Luana brauchten sie nun. Aus diesem Grund ging Glória mit achtzehn Jahren nach Portugal und verdiente dort viel Geld. Als sie im Jahr darauf nach Brasilien zurückkehrte, kaufte sie für Lua und Luana ein Haus in Cabo Frio. Anschließend zog sie nach Spanien, verbrachte einige Zeit in Italien und unterschrieb sogar einen Vertrag bei einem Nachtclub in der Schweiz. Sie kehrte nicht wieder nach Brasilien zurück. Ein deutscher Liebhaber unterstützte sie finanziell. An Glórias freien Tagen tauchte er auf und brachte ihr jedes Mal ein neues Paar goldener Ohrringe mit.

Aufmerksam hatte ich ihrer Geschichte gelauscht und war erschüttert zu hören, dass sie ihre Tochter seit vielen Jahren nicht gesehen hatte. Ihre Schwester Luana verwaltete ihr Vermögen in Brasilien, und dieses war beträchtlich. Glória sagte auch, sie wolle nicht, dass Luana sich an sie binde, deshalb hielt sie Abstand. Sie plante nichts und lebte jeden Tag, als sei es der letzte ihres Lebens.

Ich weiß nicht genau, was sie so hart gemacht hatte. Der Verlust ihrer großen Liebe? Schuldgefühle wegen des schrecklichen Zwischenfalls mit Luana? Das selbst gewählte Leben als Prostituierte?

Ich kam zu dem Schluss, dass Glória Angst hatte, sich zu verlieben, und noch größere Angst, die Menschen, die sie liebte, wieder zu verlieren. Also verschanzte sie sich hinter einer Mauer, die sogar für ihre eigene Tochter unüberwindbar war. Ich erklärte ihr, dass ich es für einen Fehler hielt, ihre Tochter im Stich zu lassen. Sagte ihr, vielleicht könne Luas Liebe ihr Herz milder stimmen. Ich war sicher, dass Glória noch viel Liebe zu geben hatte.

Doch sie antwortete: »Sieh doch, was trotz der Liebe, die ich für Luas Vater empfunden habe, mit ihm geschehen ist. Wir führen nun mal ein gefährliches Dasein. Wir können jederzeit zum Opfer eines launischen Freiers oder einer Krankheit wie Aids werden. Es kann sogar passieren, dass wir das alles in einem Moment der Verzweiflung nicht länger ertragen und unserem Leben ein Ende bereiten. Wach endlich auf, Mariana, komm auf den Boden der Tatsachen. Prostituierte sind nicht von Gott gesegnet. Und vergiss nicht, alles hat seinen Preis, man kann nicht alles haben.«

Ich widersprach ihr und sagte, dass ich darüber anders dachte.

Vielleicht könnte Glória sich selbst gegenüber weicher, großzügiger werden. Ihre größte Freude bestand darin, ihre in einem Banksafe verwahrten goldenen Ohrringe zu betrachten. Den Schmuck anzusehen und in die Hand zu nehmen war für sie zu einem Ritual geworden. Einmal fragte sie mich, ob ich sie begleiten wolle. Ich konnte mich mit eigenen Augen davon überzeugen, dass es eine wertvolle Sammlung war. Ich war von der Schönheit ihres Schmucks sehr beeindruckt.

Wir arbeiteten sieben Wochen lang zusammen. Allerdings war die Pianobar nur selten gut besucht, und so hielt ich es für besser, nach Hause zurückzukehren.

Glória zog mit einem anderen Mädchen, das zwei Tage im Hotel verbracht hatte, nach Zürich weiter. Damals behaupteten viele, dass es sich in der Schweizer Metropole am besten arbeiten ließ.

Die Dinge scheinen ins Lot zu kommen

Mir blieb nichts anderes übrig. Ins Medusa wollte ich nicht zurück, und nach dem Zwischenfall im grauen Haus war mir der Mut abhanden gekommen, in die italienische Schweiz zu gehen. In Eros-Centern zu arbeiten war furchtbar.

Manchmal nahm ich das Auto und fuhr einfach nach Mailand ins Insomnia, einen Treffpunkt für die Bohemiens der Stadt. Vor allem wenn in der Stadt Messen oder Events stattfanden, herrschte dort reger Betrieb. Im Insomnia verkehrten hauptsächlich Leute mit Geld. Der Laden hatte einen eigenen Parkplatz, eine riesige Tanzfläche, und es lief immer gute Musik. Und der Preis für eine Nummer war angemessen. Die Konkurrenz an solchen Tagen war groß, eine wahre Modenschau, die Frauen, eine hübscher als die andere. Wenn in der Stadt nichts Wichtiges los war, herrschte deutlich weniger Betrieb. Es lohnte sich dann nicht, dorthin zu gehen.

Ich arbeitete damals wenige Wochen lang im Insomnia, aber ich war müde und wollte wirklich aufhören. Es schien mir ein guter Zeitpunkt dafür zu sein.

Mit Gianluca führte ich ein ernstes Gespräch über unsere Zukunft. Wir beschlossen, mein Haus in Brasilien zu verkaufen und eines in Italien zu erwerben. Dazu musste ich allerdings nach Brasilien reisen. Tante Francisca war erkrankt und wohnte bei einem ihrer Söhne, das Haus stand leer. Meine Eltern und Geschwister benahmen sich, als existierte ich nicht.

Mein Leben fand nun in Italien mit Gianluca und meinen Kindern statt. An seiner Seite, dessen war ich mir sicher, würde es mir gelingen, ein normales und rechtschaffenes Leben zu führen. Mit unseren bescheidenen Ersparnissen und einem Kredit könnten wir ein schönes Grundstück auswählen.

Zu der Zeit stellte Gianluca mich seiner Familie vor. Das erste Mal war ich alleine da. Später dann nahm ich die Kinder mit. Zu meiner Freude nahmen sie uns sehr freundlich auf, und meine Zweifel wegen der Geheimniskrämerei, die er um sein Privatleben veranstaltet hatte, zerstreuten sich.

Dennoch hatte ich große Angst, dass seine Eltern die Wahrheit über meine Arbeit herausfinden könnten. Wir erzählten ihnen, ich sei Handelsvertreterin einer brasilianischen Firma in Europa und deshalb viel unterwegs.

In den Wochen, bevor ich nach Brasilien flog, um das Haus zu verkaufen, arbeitete ich kaum. Dona Rita beschwerte sich, weil ich sie nur bezahlte, wenn ich verreisen musste. Es tat mir leid, denn sie gehörte fast schon zur Familie. Auch reichte ich die Scheidung von Carlo ein. Er wohnte seit einigen Monaten mit einer Italienerin zusammen. Wie es schien, kam unser Leben allmählich ins Lot.

Zehn Tage blieb ich in Brasilien. Ich machte ein gutes Geschäft, verkaufte mein Haus gewinnbringend und kehrte mit einer Tasche voller Dollars zurück.

Zerstörte Träume

Im Juni 1995 verbrachten wir ein Wochenende im Haus von Gianlucas Eltern, ungefähr einhundert Kilometer von Cascata entfernt. Es war sonnig und warm, und wir hatten viel Spaß. Wir schwammen im Fluss, fuhren Rad und kehrten am Sonntag spätnachmittags zurück.

Als wir ankamen, dämmerte es schon. Ich stieg mit den Kindern schon mal aus, Gianluca parkte den Wagen und kümmerte sich um das Gepäck. Als wir die Treppe hinaufstiegen, spürte ich, dass irgendetwas nicht stimmte. Oben angekommen, bemerkte ich, dass die Tür halb offen stand, auf dem Boden lagen überall Holzsplitter.

Cristofer und Carol fingen an zu weinen und baten mich, nicht reinzugehen. Aufgeregt befahl ich Cristofer, Gianluca zu rufen, und Carol ging mit ihm. Ich fühlte mich wie in Trance. Irgendwie ahnte ich schon, was geschehen war: Mein Geld war gestohlen worden. Plötzlich überbekam mich die Angst, dass sich die Diebe womöglich noch in der Wohnung befanden. Gianluca kam besorgt nach oben gerannt. Als wir gemeinsam hineingingen, sah ich all unsere Sachen in der Wohnung verstreut herumliegen. Sämtliche Schubladen standen offen, und die Schranktüren waren aufgebrochen worden.

Ich hatte das Geld in einem der Schränke in einer Stoffpuppe versteckt. Als ich sie in ihren Einzelteilen auf dem Bett liegen sah, fiel ich in Ohnmacht.

Ich kam wieder zu mir, weil Gianluca mir kaltes Wasser und Alkohol unter die Nase tupfte. Die Kinder standen stumm und mit erschrockener Miene in der Tür.

All die vielen Jahre des Kämpfens und Leidens zogen in diesem Moment vor meinem geistigen Auge vorüber. Aber die Schuld lag eindeutig bei mir. Gianluca hatte mich stets gewarnt, es sei gefährlich, das ganze Geld in der Wohnung zu deponieren. Doch ich wohnte dort seit so langer Zeit, und nie hatte es Probleme gegeben. Mir kam der Ort absolut sicher vor. Ich hatte auf einen günstigeren Stand des Wechselkurses gewartet, um die gesamte Summe in italienische Lire zu tauschen. Nie war mir in den Sinn gekommen, dass ich bestohlen werden könnte.

Wir hörten Lärm im Treppenhaus. In der Dachgeschosswohnung war ebenfalls eingebrochen worden, unsere lag im ersten Stock. Zwar kam die Polizei und nahm den Vorfall auf, aber ich wusste, dass es zwecklos war.

Ich wollte nur aufwachen und fantasierte, alles sei

vielleicht nicht mehr als ein Alptraum. Aber leider war ich hellwach. Einer der Polizisten mutmaßte, es seien Zigeuner gewesen, die auf der gerade stattfindenden Kirmes arbeiteten. Der Fall wurde nie aufgeklärt.

Mein Traum war zerstört. Ich dachte an die fern von meinen Kindern verbrachte, verlorene Zeit. An all die Männer, die mich jahrelang benutzt hatten. An das Haus, das ich nun nicht mehr würde kaufen können.

Die Diebe hatten auch Schmuck mitgenommen. Geblieben waren mir das Geld im Portemonnaie und dreitausend Dollar, die ich Renata geliehen hatte. Nach dem anfänglichen Schock versuchte ich, den Tatsachen ins Auge zu blicken. Gianluca und ich sprachen lange über unsere Situation, und wir einigten uns, dass ich noch eine Weile weiterarbeitete. Schließlich musste ich auch den Rechtsanwalt bezahlen, der meine Scheidung in die Wege leitete.

Sobald sich die Situation normalisiert hätte, würde ich mir eine herkömmliche Arbeit besorgen. Wir würden ein Haus mieten und aus dieser Wohnung ausziehen. Cristofer ginge in Cascata zur Schule, und Dona Rita könnte sich um die Kinder kümmern.

Ich musste dringend Kraft schöpfen, um dieses Leben noch eine Zeit lang auszuhalten, und war zutiefst deprimiert. In jenen Tagen ging ich zum Frisör und ließ mir das Haar in einem dunklen Ton färben, um dem Schmerz, den ich empfand, Ausdruck zu verleihen.

Ich beschloss, nach Zürich zurückzukehren. Zwar hatte ich gehört, dass es gefährlich sei, aber ich sah keine andere Möglichkeit. In Zürich ließ sich nun mal am ehesten in kurzer Zeit gutes Geld verdienen. Ich setzte mich mit Judite in Verbindung, die ich in der italienischen Schweiz kennen gelernt hatte und die damals in Zürich lebte. Im Juli wollte ich hinfahren.

Der Gedanke, dass mir jedes Mal, wenn ich diese verdammte Arbeit aufgeben wollte, das Schicksal einen Strich durch die Rechnung machte, jagte mir Angst ein.

Da fielen mir Walters Worte wieder ein.

10

Juli 1995
Zürich

Zurück an der Front

Nach Maritas Attacke verbrachte ich eine Woche in Italien und kehrte anschließend nach Zürich zurück. Ich hatte noch nicht viele Freundschaften geschlossen, die Mädchen in Zürich waren anders als jene, die ich bisher kennen gelernt hatte.

Eines Tages traf ich Juliana, eine Brasilianerin, die mir in der Galerie in der italienischen Schweiz zum ersten Mal begegnet war. Sie musste an die vierzig Jahre oder noch älter sein, sah aber deutlich jünger aus und sprach hervorragend Englisch. Bei unserem ersten Zusammentreffen kam sie mir ziemlich schüchtern vor. Sie war eine kinderlose Witwe und behauptete, in Rio eine schöne Eigentumswohnung zu besitzen. Beim Tod ihres Mannes sei dessen Erbe zwischen ihr und seinen Kindern aus erster Ehe aufgeteilt worden. Sie arbeitete in Europa, um Geld zu sparen, und wollte irgendwann den anderen Erben ihre Wohnungsanteile abkaufen.

Später erfuhr ich, dass diese Geschichte erstunken und erlogen war. Juliana war spielsüchtig und ging auf den Strich, um im Kasino zocken zu können.

Ich war überrascht, als ich ihre raue Stimme hörte. »He, Mariana! Das ist ja toll! Da treffen wir uns auf der Straße der Liebe und des Geldes wieder! So läuft's nun mal, meine Liebe«, begrüßte sie mich mit einem Lächeln.

»Hallo Juliana! Wie schön, dich wiederzusehen«, antwortete ich wenig überzeugt.

»*Ciao, bella!* Ich hab's eilig. Zeit ist Geld. Aber komm doch mal bei mir vorbei. Ich wohne in der Nummer zehn. Ich erwarte dich, ja?«

Noch am selben Abend besuchte ich sie. Ich unterhielt mich gerne mit ihr. Sie war intelligent und arbeitete nicht viel. Oft verließ sie tagelang ihre Wohnung nicht. Allerdings fand ich bald heraus, dass ihr Schlafzimmerfenster auf die Straße hinausging. Von dort aus konnte sie die Freier einfach hereinrufen. An manchen Abenden, wenn wenig los war, zogen wir gemeinsam durch die Zürcher Hotelbars, wo wir oft gute und freigebige Kunden fanden. Bei anderen Gelegenheiten gingen wir in eine Diskothek, in der wir anschaffen konnten.

Eines Tages erzählte ich ihr von meinem Buch. Sie war sofort interessiert und bat mich, ihr doch mal einige Passagen vorzulesen. Meine Idee gefiel ihr, und sie ermunterte mich weiterzumachen.

Ein paar Tage später platzte sie heraus: »Mariana, ich habe dir etwas Wichtiges mitzuteilen. Ich habe in den letzten Tagen viel nachgedacht und bin zu dem Schluss gekommen, dass ich die geeignete Person bin, um ein Buch über dieses Thema zu schreiben. Schließlich habe ich in Brasilien Freunde in der Verlagsbranche. Mir schwebt da etwas sehr Poetisches vor. Ich werde die Geschichten meiner Freundinnen erzählen, die seit den goldenen Zeiten in Europa sind. Meine persönlichen Erlebnisse passen perfekt in dieses Buch. Ich hoffe, es macht dir nichts aus«, schloss Juliana, ohne mich richtig dabei anzusehen.

»Natürlich macht es mir nichts aus, Juliana. Du hast ebenso das Recht, ein Buch zu schreiben, wie jede von uns«, antwortete ich mit einem Seufzen.

Ich ging noch einige Male mit Juliana aus, doch hielt ich mich zunehmend von ihr fern. Ich fühlte mich verraten.

Seit zwei Monaten war ich nun in Zürich. Während dieser Zeit hatte ich nur ein oder zwei Wochen zu Hause bei den Kindern verbracht. An einem Samstag traf ich am frühen Abend, als ich gerade unterwegs zum Bahnhof war, um nach Italien zu fahren, Glória wieder. Das war schon die zweite Überraschung.

Sie war dünner, schlicht gekleidet und trug eine Wollmütze auf dem Kopf. Sie erzählte, sie sei gerade aus Brasilien zurückgekommen und habe davor in Zürich eine Menge Geld verdient. Sie sagte, es sei ganz schön dumm von mir gewesen, dass ich nicht mitgekommen war.

Ich erklärte ihr meine Lage. Glória bot mir nicht nur an, bei ihr zu wohnen, sondern sogar ihre »Stelle«. Es war unglaublich, sie hatte allen Ernstes eine feste Stelle und arbeitete nachts. Ihr Benehmen erschien mir mehr als merkwürdig. Sie war nach wie vor selbstsicher, doch wirkte sie aggressiver als damals in Sion, als ich sie kennen lernte. Ich dankte ihr für das Angebot und erklärte, dass ich nachts nicht arbeiten wolle, ich hätte Angst.

Sie achtete gar nicht auf meine Worte, sondern sagte, wenn ich in der kommenden Woche zurückkäme, könnten wir über die Einzelheiten sprechen. Sie umarmte mich und ging weiter. Ich trat einen Schritt zurück, um zu beobachten, wie sie die Straße der Liebe entlangschritt. Ihre Erscheinung war imposant. Sie schien vor nichts Angst zu haben. Sie ging, als sei sie die Herrin der Nacht.

Der Schlüssel zu einem Geheimnis

Gianluca erwartete mich. Mit ihm und den Kindern war alles in bester Ordnung. Am Sonntag schien die Sonne. Wir nutzten die Gelegenheit und verbrachten den Tag bei seinen Eltern.

Am Nachmittag bat Cristofer mich, mit ihm eine Fahrradtour zu machen. Da bemerkte ich, dass seine Brille schmutzig war. Meine Schwiegermutter deutete auf eine Schublade des Wohnzimmerschranks, in der sie ein Ledertuch zum Brillenputzen aufbewahrte … Dort fand ich auch ein Fotoalbum. Achtlos fing ich an, darin zu blättern. Ich betrachtete die Aufnahmen, die Gianluca zusammen mit Freunden in Spanien zeigten. Plötzlich zuckte ich zusammen, denn unter einem der Bilder stand ein Datum: August 1994. Darauf war ein Mann zu sehen, der Gianluca wie aus dem Gesicht geschnitten war. Mir wurde eiskalt.

Das Datum hatte mein Misstrauen geweckt. Im August war ich in Brasilien gewesen und hatte das Haus gekauft. Ursprünglich hatte ich darauf bestanden, dass Gianluca mich in meine Heimat begleitete. Er hatte abgelehnt und behauptet, er könne keinen Urlaub nehmen. Und nun dieses Foto aus Barcelona. Was hatte es zu bedeuten? Es war klar, dass er gelogen hatte. Was war mit diesem Kind? Und wer war die Blondine?

Meine Schwiegermutter kam herein, um zu fragen, ob ich das Reinigungstuch gefunden hatte. Als sie mich mit dem Album in der Hand erblickte, schaute sie betreten zu Boden. Das Foto war der Schlüssel zu einem Geheimnis.

Mein Herz sagte mir, dass es sich um etwas handelte, das ich am liebsten ignoriert hätte. Doch nach langem Schweigen fragte ich, was das für Aufnahmen seien. Sie seufzte und antwortete, ich solle am besten ihren Sohn um eine Erklärung bitten.

Ich nickte und ging mit Cristofer auf die Radtour. Ich musste nachdenken. Mir fielen die Telefonate wieder ein und all die Male, die ich Gianluca nicht angetroffen hatte. Seine Bräune, als ich zurückkam, und seine Ausflüchte, er sei eben häufig im Schwimmbad gewesen. Eines Abends, unmittelbar nach dem Einbruch, hatte ich, noch völlig mitgenommen von den Ereignissen, zu ihm gesagt: »Gian, wenn es irgendetwas in deinem Leben gibt, was ich wissen sollte, dann erzähl es mir bitte jetzt. Zwischen uns darf es keine Geheimnisse geben.«

Er hatte mich fest umarmt und mich angesehen, als habe er mir etwas zu eröffnen. Dann sagte er jedoch nur, ich solle mich nicht aufregen. Wir seien im Begriff, ein anderes Leben zu führen, und würden glücklich sein.

Während ich mit meinem Sohn durch die Gegend radelte, liefen mir die Tränen übers Gesicht. Eine Flut von Bildern ging mir durch den Sinn. Sein Lächeln, sein Blick, sein Schweigen und die Lügen. Ich hielt an, legte mich auf eine Wiese und weinte wie ein Kind. Cristofer, der alles mit ansehen musste, versuchte mich zu beruhigen. Immer wieder sagte er, Gianluca habe bestimmt eine plausible Erklärung für alles. Ich war mir dessen nicht so sicher.

Als wir zurückkamen, saß Gianluca mit Carol im Arm im Wohnzimmer. Wortlos packte ich meine Tochter. Meine Tränen sagten alles. Er schaute mich mit diesem aufrichtigen Gesichtsausdruck an, den ich so an ihm schätzte. Doch in seinem Blick lag Angst. Meine Schwiegermutter nahm die Kinder mit nach draußen, und wir blieben allein im Wohnzimmer.

»Gianluca, wer sind diese Menschen hier? Wer ist diese Frau? Und dieses Kind?«, fragte ich mit zitternder Stimme und zeigte ihm das Foto, das ich bei mir trug.

»Weißt du, Mariana ... Am besten, du erfährst die Wahrheit. Das hier ist Angela, eine Freundin aus Kindertagen, und dieser Junge hier ist mein Sohn. Die Frucht eines einmaligen nächtlichen Abenteuers. Ein Sohn, den ich immer lieben wollte und der mir stets vorenthalten wurde. Angela war ein Mädchen aus reichem Hause. Sie wohnte im Stadtschloss, war die einzige und verwöhnte Tochter alter Eltern. Die Mutter stammte aus den höchsten Kreisen der Mailänder Gesellschaft und hasste unseren Ort. Der Vater dagegen liebte ihn sehr. Angela hat hier die Grundschule und das Gymnasium besucht. Wir waren etwa im gleichen Alter. Eines Abends vor zehn Jahren trafen wir uns auf dem Marktplatz. Angela war niedergeschlagen wegen der Krankheit ihres Vaters. Ich hatte ebenfalls meine Probleme ... Um die Geschichte abzukürzen, wir kamen zusammen. Es war nur Freundschaft ... Aber schließlich passierte es, und sie wurde schwanger und erwartete Leonardo, den Jungen, den du hier auf dem Bild siehst. Ich erklärte mich bereit, sie zu heiraten, aber Angela wollte nicht. Nach dem Tod ihres Vaters nahmen sie und ihre Mutter unseren Sohn mit nach Mailand. Angela stand unter der Fuchtel ihrer Mutter und erlaubte mir nicht, meinen Jungen auch nur zu besuchen. Im vergangenen August, als du in Brasilien warst, hatte sie eine Reise mit Freunden von früher nach Spanien organisiert. Da sie sich gerade mit ihrem Freund gestritten hatte, fragte sie mich, ob ich mich der Gruppe anschließen wolle. Ich nahm an. Das war wirklich das erste Mal, dass ich die Gelegenheit hatte, mit Leonardo zusammen zu sein. Der Junge ist inzwischen schon neun Jahre alt.«

Während Gianluca erzählte, spiegelte sich tiefe Traurigkeit auf seinem Gesicht. Doch ich war im ersten Moment sehr verletzt und konnte mir nicht verkneifen zu sagen: »Und mit Angela warst du dort auch zusammen, stimmt's?«

»Wo denkst du hin, Mariana? Angela liebt ihren Freund über alles. Zwischen uns war gar nichts auf dieser Reise. Wir waren nur ein einziges Mal zusammen, in der Nacht vor neun Jahren, als Leonardo gezeugt wurde. Mariana, ich liebe dich. Ich habe dir nur deshalb nicht früher davon erzählt, weil ich Angst hatte, dass du mich dann verlässt. Ich weiß, dass du eifersüchtig und misstrauisch bist … Man hat mir verwehrt, meinen eigenen Sohn zu lieben. Ich wollte nicht das Risiko eingehen, auch noch die Liebe von Cristofer und Carol zu verlieren.«

»Ja, Gianluca«, erwiderte ich. »An Mut, mich anzulügen und etwas so Wichtiges in deinem Leben wie die Existenz deines Sohnes vor mir zu verheimlichen, hat es dir nicht gefehlt. Wie soll ich dir noch weiter vertrauen können?«

»Ich habe einen Fehler begangen, Mariana, und bitte dich um Verzeihung. Obwohl ich es dauernd versuche, gelingt es mir einfach nicht, irgendetwas in meinem Leben richtig zu machen …«, murmelte er und brach in Tränen aus.

Die Kinder kamen zurück ins Wohnzimmer und musterten Gianluca entsetzt. Sie verstanden nicht, was los war. Ich wollte nur noch alleine sein.

»Wir gehen jetzt nach Hause, Kinder. Heute schläft Gianluca in seiner Wohnung«, sagte ich mit gequältem Lächeln.

Zu Hause angekommen, wollten die Kinder lieber bei mir im Ehebett schlafen. Zum Abschluss des allabendlichen Gebetes setzte Cristofer hinzu: »Jesus, wach über uns, und vergiss nicht, dass Gianluca traurig ist. Erleuchte Mamas Herz, damit sie die richtige Entscheidung trifft und sich nicht mehr mit ihm streitet. Und wenn du, lieber Herr Jesus, meinst, dass sie sich trennen müssen, dann vergiss uns nicht: Bitte hilf uns, noch einmal ein Leben ohne Vater zu ertragen. Amen.«

Ich habe diese Worte meines Sohnes nie vergessen. Am nächsten Morgen kam meine Schwiegermutter zu uns. Sie sprach zu mir über Liebe und Vergebung.

»Mariana, ich weiß, dass es falsch von meinem Sohn war, dir die Wahrheit über Leonardo zu verheimlichen. Dich über die Reise nach Spanien zu belügen war ebenfalls ein Fehler. Aber vergiss bitte nicht, dass mein Sohn dich und deine Kinder liebt, als wären es seine eigenen. Auch wir lieben dich wie eine eigene Tochter. Bitte denk über meine Worte nach. Zwischen Fremden ist Vergebung schwer. In einer Familie dagegen ist sie Ausdruck der Liebe, eine Notwendigkeit fast, denn niemand ist vollkommen. Triff deine Entscheidung mit Klugheit und Demut. Die Vergebung muss echt sein, sonst wird sie nur zu einer weiteren Qual in eurem Leben. Ich hoffe, dass du bei uns bleibst, denn es ist das erste Mal, dass mein Sohn mit jemandem wirklich heiter und glücklich ist. Doch falls die Wunde zu tief sein sollte, dann werde ich das zu respektieren wissen.«

So half mir diese gütige Frau mit der Erfahrung ihrer über siebzig Lebensjahre, eine Entscheidung zu treffen.

Zwei Tage später rief ich Gianluca an, um mit ihm zu reden. Als er kam, bat ich die Kinder, in ihr Zimmer zu gehen. Ich machte uns etwas zu trinken und verlangte von ihm, mir die ganze Wahrheit zu sagen. Diesmal erzählte er mir alles von Anfang an. Er bereute sein Verhalten und schwor, dass er nichts weiter zu verbergen habe. Gianluca war auf das Schlimmste gefasst. Ich hatte ihm ebenfalls eine Menge zu sagen.

»Ich hätte mir nie vorstellen können, dass du in der Lage wärst, mir so viel Leid zuzufügen. Du hast mich schon einmal betrogen. Dann hast du es zugelassen, dass ich einen anderen Mann geheiratet habe. Du hast mich nie darum gebeten oder von mir verlangt, dass ich aufhöre, auf den Strich zu gehen. Als wir beschlossen hatten, unser Leben zu ändern, passierte der Einbruch, und ich musste weiterarbeiten. Ich habe zugelassen, dass meine Kinder dich liebgewonnen haben. In meiner Beziehung zu dir hat es von meiner Seite niemals Lügen gegeben. Ich begreife nicht, weshalb du mir nicht von Anfang an die Wahrheit gesagt hat. Ich bin Mutter, Gianluca. Ich hätte es verstanden. Und jetzt? Wie kann ich weiter mit dir leben? Wie soll ich arbeiten, bis die finanzielle Lage ins Lot gekommen ist, mit der Angst, eine neue Lüge zu entdecken? Soll ich meine Kinder nehmen und fortgehen? Und was ist mit unseren Gefühlen?«

»Heißt das, dass du mich verlassen wirst?«, fragte er flüsternd.

»Das heißt, dass ich nicht immer weiß, was ich tun soll. Das heißt, dass ich Angst habe, aber dir eine letzte Chance geben möchte. Ich muss jedoch die Wahrheit hören. Ich will alles wissen. Und ich warne dich, leicht wird es nicht. Ich habe das Vertrauen zu dir verloren, Gianluca.«

»Ich habe nichts weiter zu verbergen, Mariana. Auf der Reise habe ich Leonardo das letzte Mal getroffen.«

»Ich will doch gar nicht, dass du aufhörst, deinen Sohn zu treffen. Es ist ungerecht, wenn du ihn nicht sehen und lieben darfst. Du musst darauf bestehen. Du hast alles Recht dazu, sein Leben zu begleiten. Lass uns jetzt zu Abend essen. Hinterher überlegen wir, was zu tun ist. Ich bin auf deiner Seite, aber ich möchte an allem teilhaben, ich will nicht die Letzte sein, die von den Dingen erfährt.«

Er umarmte mich fest. An diesem Tag erkannte ich, was Vergebung zwischen Menschen bedeutet, die sich wirklich lieben. Ich gab unserer Beziehung eine letzte Chance.

Am Abend bat ich Gott, ehe ich einschlief, meine Entscheidung zu segnen. Gianluca war der Mann, nach dem ich mein ganzes Leben lang gesucht hatte. Ich war mir nicht sicher, ob wir für immer zusammenbleiben würden. Ich spürte, wie sich die gleiche Angst in mir breit machte wie während meiner Kindheit in Armut. Es war wie damals, als ich in den Schaufenstern schöne Spielsachen sah, die mir nie gehören würden.

In der Woche darauf kam mir in der Mega Bar in Zürich zu Ohren, dass Glória nach mir suchte. Als meine Freundin meine Geschichte mit Gianluca hörte, war sie erbost und ging hart mit mir ins Gericht. Sie sagte, wir Prostituierten hätten ein schweres Los zu tragen und sollten uns deshalb nicht verlieben. Wir brauchten mitunter einen Mann, um uns als Frau zu fühlen, um sexuelle Lust zu empfinden, bemerkte sie. Aber das könne, so versicherte sie, auch bei der Arbeit passieren.

»Weißt du, Mariana«, fuhr Glória fort, »wir sind Gelddruckmaschinen. Man kann nicht alles haben im Leben. Glaub mir, liebe Freundin. Ich spüre, dass du leidest. Für dich ist der Sturz noch tiefer ausgefallen, weil du die Welt durch eine rosarote Brille betrachtest.«

Als mich einige der anderen Mädchen mit Glória zusammen sahen, kamen sie auf mich zu und machten boshafte Bemerkungen über sie. Glória hatte keine Freundinnen. Viele Leute störten sich an ihr. Ihr Auftreten stand im Widerspruch zu dem der eleganten, wohlerzogenen Frau, die ich in Sion kennen gelernt hatte. Wie hatte sie sich nur so zu ihrem Nachteil verändern können?

Die Glória aus Sion hatte sich gut an das geschmackvolle, vornehme Ambiente angepasst. In Zürich dagegen, wo das Leben aus unermüdlicher Konkurrenz bestand, sah sie sich dazu gezwungen, ihre Krallen auszufahren.

Niemand ändert sich von einem Tag auf den anderen. Die wahre Glória war das Raubtier, die einstige Königin der Favela, die von Rio nach Zürich verpflanzte Geliebte des Drogenhändlers Cigano Limão, die jedem, der sich ihr in den Weg stellte, die Stirn bot. Sie war einer der stärksten und entschlossensten Menschen, die mir je begegnet sind.

Ich wohnte weiterhin wenige Häuser neben der Mega Bar. Bald war Weihnachten, und meine Aufenthaltserlaubnis für die Schweiz lief aus. Glória bestand darauf, dass ich zu ihr zog. Ich beschloss, es im nächsten Jahr zu tun. In der ersten Dezemberwoche gab ich mein Zimmer auf und fuhr nach Italien, um Weihnachten mit meiner Familie zu verbringen.

Zum Jahreswechsel stellte ich fest, dass sich nichts geändert hatte. Ich arbeitete noch immer als Prostituierte und verbrachte den größten Teil meiner Zeit fern von den Menschen, die ich liebte.

11

Januar 1996
Italien

VERABREDUNG

Weihnachten und die Festtage verbrachte ich wie in den Jahren zuvor, doch hatte sich in mir irgendetwas verändert. Eine diffuse Enttäuschung über Gianluca, über das Leben, über meine Fragilität. Am 31. Dezember 1995 erhob ich um Mitternacht mein Glas und prostete mir selbst zu: »Möge 1996 das beste Jahr deines Lebens werden, Mariana. Leb es so intensiv wie möglich!«

Während der Feiertage hatte Cristina, eine Freundin, die in Florenz wohnte und vorhatte, drei Monate in Brasilien zu verbringen, bei mir angerufen. Sie bot mir ihr Apartment an, damit ich während ihrer Abwesenheit dort anschaffen konnte. Mit der Aussicht, in Zürich zusammen mit Glória arbeiten zu können, wenn Cristina wieder zurück wäre, nahm ich an.

Das Apartment lag in der Florentiner Innenstadt in der Nähe des Bahnhofes und des Mercato di San Lorenzo, des berühmten Marktes für Bekleidung und Kunsthandwerk. Morgens sah ich gerne zu, wenn die Touristen und Händler in einem Fest aus Farben und Geräuschen palaverten und feilschten.

Ich arbeitete von elf Uhr früh bis neun Uhr abends. Danach öffnete ich keinem Unbekannten mehr die Tür. Der Winter war streng, und ich fror, denn die Wohnung war groß, und die Heizung funktionierte nicht richtig.

An dem Abend, als Roberto in mein Leben trat, war ich mit Larissa unterwegs, einer Freundin, die ich in Zürich kennen gelernt hatte und die aus der Schweiz ausgewiesen worden war. Ich hatte sie in Florenz auf der Straße wiedergetroffen.

Larissa war ein hübsches, gerade mal zwanzigjähriges Mädchen aus Bahia und stand noch immer unter dem Schock der menschenunwürdigen Behandlung durch die Schweizer Polizei. Sie hatten Larissa sechs Tage lang eingesperrt, ohne dass sie auch nur hätte duschen können, ehe sie sie nach Brasilien abschoben. Larissa hatte das Flugzeug wie eine Verbrecherin in Handschellen besteigen müssen. Aber sie war jung und wild entschlossen, in Europa zu leben. Sie hatte keine Kinder und kämpfte für ihre Ziele, wollte ihr Studium beenden und schickte sogar noch Geld an ihre Familie zu Hause. Ihr größter Traum war, ihren italienischen Freund zu heiraten.

Wir unterhielten uns gerade bei mir zu Hause und warteten auf das Abendessen, das wir in einem Chinarestaurant bestellt hatten. Es war schon nach neun, als es klingelte.

»Das ist bestimmt unser Essen«, bemerkte ich und machte die Tür auf.

»Darf man eintreten?«, fragte ein ungefähr fünfzig Jahre alter, gut gekleideter Herr mit Brille.

»Für heute habe ich schon Feierabend. Ich habe nur aufgemacht, weil ich auf den Lieferservice warte«, antwortete ich und musterte ihn aufmerksam.

»Bitte, es hat eine Weile gedauert, bis ich die Wohnung hier gefunden habe, und ich muss morgen früh abreisen. Wären Sie wohl so liebenswürdig?«

»Gut, wo Sie schon einmal hier sind ... Es ist auch gerade eine Freundin von mir da. Möchten Sie sie kennen lernen?«

»Nein, ich will dich.«

Im Zimmer fragte er nach dem Preis und öffnete die Brieftasche. Er zahlte, was ich verlangt hatte. Ich fing an, mich auszuziehen. Es war furchtbar kalt. Er entkleidete sich ebenfalls und beklagte sich über die niedrige Temperatur. Ich lachte und begann mit dem Ritual, einer Art erotische Massage, indem ich mit meinem Busen über seinen Brustkorb strich. Ich spürte, wie er eine Gänsehaut bekam. Keine Ahnung, ob vor Kälte oder Lust. Er umarmte mich heftig.

»Immer mit der Ruhe, Süßer. Ich bin aus Fleisch und Blut, nicht aus Kunststoff. Drück nicht so fest zu«, stöhnte ich sinnlich.

»Du bist wunderschön«, antwortete er und glotzte auf meine Brüste, als seien es Juwelen.

Ich traf meine Vorsichtsmaßnahmen, denn bestimmte Männer mit einem Busenfimmel sind imstande und beißen zu.

»Bitte nicht beißen«, flehte ich.

»Denkst du, ich bin ein Hund?«, rief er und brach in schallendes Gelächter aus.

Ich verstand nicht, was los war, und war verwirrt.

»Entschuldige«, sagte er, nachdem er sich beruhigt hatte. »Das passiert immer, wenn ich nervös werde. Wo bist du denn gewesen?«, fragte er mich sodann und schaute mich so intensiv an, dass ich erschauerte. Es schien so, als wären wir uns irgendwo schon mal begegnet.

»Kennen wir uns?«

»Ja, natürlich«, erwiderte er.

»Genau. Vielleicht aus einem anderen Leben, wer weiß?«, sagte ich ironisch.

Es war schön, mit Roberto Sex zu haben. Er gab mir das Gefühl, eine ganz besondere Frau zu sein. Es war tatsächlich so, als würden wir uns seit langem kennen. Tags darauf rief er an und sagte, er habe seine Rückkehr nach Palermo verschoben. Ich nahm seine Einladung zum Abendessen an.

Wir gingen in einen alten Weinkeller, von dessen Decke riesige Schinken und Salamis baumelten. Ein einfaches, aber sehr gemütliches Lokal.

Er war ein kultivierter, zurückhaltender Mann. Wir redeten über uns, unsere Familien, über Musik, Kinofilme und sogar über Hunde, seine große Leidenschaft. Ich erzählte ihm von meinen Kindern, und meine Augen müssen dabei wohl ebenso geleuchtet haben wie seine, als er mir sagte, er sei Vater von vier Jungen.

Das hausgemachte Essen war köstlich. Oliven, Pastete, kalte Vorspeisen und zum Abschluss ein Kalbsschnitzel mit einem leckeren Salat, dazu erstklassiger Wein. Die Zeit verging wie im Flug, und irgendwann waren außer uns nur noch die Angestellten in dem Weinkeller. Zufrieden bummelten wir zu Fuß durch die Straßen.

Florenz besitzt eine Reihe von Denkmälern und architektonischen Bauwerken, die den Besucher in eine Zauberwelt versetzen. Die Florentiner sind ruhig, freundlich und daran gewöhnt, Touristen aus aller Welt bei sich zu Besuch zu haben.

Roberto wirkte wie ein ausgelassener Junge in Anzug und Krawatte. Zuweilen blieb er stehen und sang Passagen aus romantischen Liedern. Arm in Arm und glücklich schlenderten wir zu meinem Apartment. Dort angekommen, legte er das Geld auf den Tisch und ging ins Bad. Er brauchte ungewöhnlich lange, und ich sah nach, was los war. Er hatte geduscht und sich mit meinem Handtuch abgetrocknet. Ich protestierte und sagte, die Handtücher seien nur zum persönlichen Gebrauch. Lachend bat er um Entschuldigung, denn er hatte auch meine Zahnbürste benutzt.

Roberto war unglaublich. In dieser Nacht vermochte er es, eine andere Dimension meines Seins zu berühren. Ich konnte meine Gefühle nicht in Worte fassen und war zutiefst erschrocken. Trotzdem beschloss ich, mir nicht allzu viele Gedanken zu machen, und erinnerte mich an meinen Trinkspruch aus der Silvesternacht. Leb so intensiv wie möglich. »Und sei so glücklich, wie du nur kannst«, fügte ich in Gedanken hinzu. Warum also sich ein klein wenig Glück versagen?

Am darauf folgenden Morgen, einem Freitag, sollte ich nach Hause, in meine Wirklichkeit, zurückkehren. Wir liebten uns in aller Ruhe. Roberto liebkoste mich von Kopf bis Fuß, bestaunte jeden Zentimeter meines Körpers. Die Art und Weise, wie er mich berührte, ließ mich förmlich schweben, versetzte mich in einen absolut unerhörten Zustand. Daraufhin liebte ich ihn, bis ich alles vergaß, und kostete die tiefen Empfindungen aus, die er in mir weckte.

Ich wusste nicht, worin Robertos Arbeit bestand, doch war er viel in Italien und im Ausland unterwegs. Wir verabredeten kein neues Treffen. Wie gewohnt bat ich ihn nicht um seine Telefonnummer. Wenn es um mein wahres Selbst ging, war ich immer schüchtern.

Doch eine halbe Stunde nachdem er gegangen war, klingelte das Telefon. Er war dran. Wir redeten nahezu drei Stunden über unsere Gefühle. Ich wollte wissen, ob er glücklich sei, und er antwortete, die Dinge in seinem Leben seien alle an ihrem Platz. Ich nahm an, dass er damit seine Frau, seine Kinder und die Arbeit meinte.

Zum wiederholten Male fragte ich mich, warum wohl ein Mann wie er zu einer Prostituierten ging. Auf der Suche nach einer Antwort musste ich daran denken, dass die Menschen in bestimmten Augenblicken nach einem Ventil suchen, nach Momenten, in denen sie sich gehen lassen können. Genauso, wie ich es mit Roberto getan und mich dabei auf die Gefahr einer Affäre eingelassen hatte … Ich weiß es nicht … Schließlich haben wir alle unsere Träume.

Roberto sagte, er werde in der Woche darauf nochmals in Florenz sein, und fragte, ob ich ihn wiedersehen wolle. Dieses Mal notierte ich mir seine Telefonnummer und sagte selbstverständlich ja. Ich arbeitete bis sechs Uhr nachmittags und machte mich dann auf den Weg zum Bahnhof.

Gegen Mitternacht kam ich an, Gianluca erwartete mich. Es war das erste Mal, dass ich mit einem gewissen Schuldgefühl nach Hause kam. Ich hatte meine Tätigkeit bisher immer als Beruf betrachtet und es verstanden, Liebe und Sex voneinander zu trennen.

Im meinem tiefsten Inneren wusste ich, dass die Sache mit Roberto etwas war, was über die Arbeit hinausging. Ich entschied, dass er ein besonderer Kunde war. Schließlich wollte ich nicht auf meine Gefühle verzichten.

Gianluca und ich machten damals gerade eine schwierige Zeit durch, wir sprachen kaum miteinander. Ich beschäftigte mich mit den Kindern, erledigte die Hausarbeit, und das Wochenende verging wie im Flug.

Am Montag kehrte ich nach Florenz zurück. Ich hatte kaum die Tür aufgesperrt, da klingelte auch schon das Telefon. Es war Roberto, der mir mit seiner tiefen Stimme mitteilte, dass er am nächsten Tag eintreffen werde. Ich wartete. Sehnsüchtig wie ein Schulmädchen.

Er kam am späten Nachmittag. Gemeinsam fuhren wir in ein Einkaufszentrum, wo Roberto einen elektrischen Heizkörper und eine Musikanlage kaufte. Dann gingen wir in einen Irish Pub und bestellten Sandwichs und Bier.

Als wir in das Apartment zurückkehrten, fiel mir auf, dass sein kleiner Reisekoffer im Wohnzimmer in einer Ecke stand. Wir schliefen abermals zusammen. Ohne dass er um Erlaubnis gebeten hatte, war er dabei, sich in mein Leben einzuschleichen.

Ich unterhielt mich gerne mit Roberto. Wie er mir gestand, war ihm bewusst, dass er mit mir die richtige Frau zum falschen Zeitpunkt getroffen hatte. In dieser Nacht gab er mir kein Geld. Er sagte, er wolle lieber meine Miete und meine Ausgaben in Florenz übernehmen. Ich willigte ein.

Freitags fuhren wir nach Hause, ich zu mir und Roberto zu sich. Wir hatte uns zum Spaß ausgedacht, dass ich ihn an dem Tag in einer alten Truhe im Flur verwahrte, während er mich zwischen seine weichen Wollsachen legte. So konnten wir uns beide unseren Familien widmen. Am Montag nach dem Wochenende befreiten wir einander wieder. Die Idee war nett und half mir, mich nicht allzu schuldig zu fühlen. Ich wusste genauso gut wie er, dass das Ende dieses Abenteuers eines Tages unvermeidlich sein würde. Roberto meinte, ein schlechtes Gewissen wegen des Getanen zu haben sei besser, als das Unterlassene zu bereuen. Mit ihm lernte ich Florenz und einige andere Städte in der Umgebung kennen. Wir gingen ins Theater, ins Kino und kosteten jeden Moment der gemeinsamen Freude aus.

Die Wochen flogen nur so dahin. Ehe ich es mich versah, blieb nur noch ein Monat bis zu Cristinas Rückkehr. Je näher das Datum ihrer Ankunft aus Brasilien rückte, umso mehr schrumpfte die Auszeit der Freiheit, die ich mir gegönnt hatte. Von Tag zu Tag war es schöner, mit Roberto zusammen zu sein, und es wurde immer schwieriger, ihn aus meinem Leben herauszuhalten.

Glória hatte Recht gehabt, als sie sagte, dass man nicht alles im Leben haben könne. Man muss sich entscheiden. Und ich entschied mich für Gianluca.

Die letzte Woche, die ich in Florenz verbrachte, war schmerzlich. Ein trauriger Abschied. Mit der gleichen Spontaneität, mit der Roberto in mein Leben getreten war, verließ er es auch wieder. Ich sagte ihm, wie schön es für mich gewesen sei, ihn kennen zu lernen, aber ich hätte einige Zeit zuvor eine Wahl getroffen. Diese Wahl sei Gianluca, eine harmonische Liebe. An seiner Seite wollte ich mit meinen Kindern noch einmal von vorne anfangen.

Roberto hörte mir ruhig zu und sagte dann: »Mariana, wir haben besondere Momente erlebt. Und an Dingen, die sich an ihrem Platz befinden, kann man nicht rütteln. Aber ich schlage dir ein letztes Spiel vor. Wenn unsere Kinder erwachsen sind und Gott uns gestattet, bis dahin am Leben zu sein, dann möchte ich dich wiedersehen. Ein letztes Mal. Lass uns ein Treffen verabreden, heute in dreißig Jahren in Florenz. Ich verspreche dir, lebendig oder tot, wir werden uns wieder begegnen.«

»Du bist wirklich verrückt, Roberto! Wo denn? Und wann?«

»Am ersten Februar 2026 vor dem Dom in Florenz, und zwar ganz in Weiß.«

Das war das letzte Mal, dass ich Roberto liebte. Tief in meinem Inneren wusste ich, dass es ein Lebewohl war.

Nachdem er gegangen war, nahm ich eine Schere und schnitt mir das lange Haar ab. Dies ist ein Geheimnis, das ich bisher in meinem Herzen bewahrt habe: Ich habe eine Verabredung mit einem der Gesichter der Liebe, die mir in diesem Leben begegnet sind.

Gefährlich leben …

Ich verbrachte ein paar Tage zu Hause, ehe ich nach Zürich fuhr.

Glória erwartete mich schon in ihrem wunderschönen Apartment. Nachdem ich meine Sachen abgestellt hatte, gab sie mir einen Zweitschlüssel und ging. Während ich noch auspackte, erschien sie mit einem Freier, den wir zusammen bedienen sollten.

Es war durchaus normal, dass zwei Frauen einen Kunden übernahmen, viele Männer hatte derlei Fantasien. Wir verstanden es, unsere Rollen zu spielen, und taten so, als leckten wir einander, mit dem Kopf zwischen den Beinen der anderen. Das war alles stets nur gespielt. Es war interessant, mit Glória diesen Freier zu bedienen. Sie war ein völlig anderer Typ Frau als ich. Beim Sex übernahm sie gerne das Kommando. Ich kann es nur schwer erklären.

Wir zogen uns aus, und sie begann, mit der Hand meine Brüste zu streicheln. Dabei sagte sie zu dem Mann, wie schön sie seien. Sachte fuhr sie mit der Zunge darüber, so dass der Mann es sehen konnte, und küsste mich in den Nacken. Mit der anderen Hand berührte sie den Mann. Als sie sich niederbeugte und ihren Kopf zwischen meine Beine steckte, flüsterte ich ganz leise: »Aber du machst es nicht wirklich, oder?«

»Wo denkst du hin, Puppe. Das fehlte gerade noch, dass ich dich lecke! Ich bin doch nicht lesbisch!«, zischte sie mir zu und lachte mich aus.

Der Kunde merkte davon nichts, er war inzwischen sogar gekommen. Und ich war zutiefst beeindruckt. Glória verstand etwas von der Sache, und ihr Körper war umwerfend und sinnlich.

Später erzählte sie mir, dass sie heiraten werde, um Ende des Jahres eine unbefristete Aufenthaltserlaubnis zu bekommen. Das war im März 1996.

Am nächsten Tag wachten wir morgens gegen elf Uhr auf. Nach dem Frühstück machten wir uns auf den

Weg in die Mega Bar. Ich blieb dort, Glória dagegen hatte in der Stadt ein Fotoshooting für eine Männerzeitschrift. Während ihrer Abwesenheit besorgte ich es vier Kunden. Am späten Nachmittag ging ich in unser Apartment, um mich auszuruhen und eine Kleinigkeit zu essen. Unsere Schichten waren unterschiedlich. Sie arbeitete nicht gerne tagsüber und ich möglichst nicht in der Nacht.

Als Glória zurückkam, hatte ich bereits das Abendessen zubereitet. Während wir aßen, erzählte ich ihr von meinem Vorhaben, ein Buch über unser Leben und unsere Welt zu schreiben. Glória fand die Idee großartig und ermunterte mich sehr. Sie bat mich, ihr etwas vorzulesen, und fragte, ob sie in dem Buch vorkommen werde. Ich erklärte, ich hätte nicht die Absicht, das Leben irgendeiner von uns zu erzählen. Ich kannte die Geschichte mehrerer Kolleginnen und hatte mir überlegt, mir ausgehend von wirklichen Erlebnissen Figuren auszudenken. So, fügte ich hinzu, würde die Privatsphäre der Einzelnen gewahrt. Ich erklärte, ich hätte ein Buch im Sinn, in dem Wirklichkeit und Fiktion miteinander verknüpft würden.

Nach dem Essen und einer kleinen Pause ging ich wieder in die Bar. Bis um zehn Uhr abends hatte ich drei weitere Freier bedient. Wenn ich meine Arbeit beendete, fing Glória ihr Tagwerk erst an.

Sie arbeitete gerne an der Ecke des Hauses, in dem sie wohnte, ihrem festen Platz. Manchmal blieb ich bei ihr stehen, und wir plauderten ein wenig. Immer wieder kamen Männer vorbei und erkundigten sich nach dem Preis. So fing ich irgendwann aus Solidarität an, ebenfalls abends zu arbeiten. In den ersten Tagen blieb ich nur bis Mitternacht bei Glória. Nach und nach änderte sich jedoch mein Tagesablauf, und ehe ich mich besinnen konnte, arbeiteten wir die ganze Zeit zusammen.

Ich hatte mich inzwischen daran gewöhnt und fand es normal, an der Ecke zu stehen. Es hatte den Vorteil, dass man weniger Zeit verlor. Auf der Straße geht es ganz direkt zur Sache.

Eines Donnerstagnachts im April 1996 nahm Glória zwei Männer, einen Araber und einen Schweizer, mit nach oben. Sie blieb ungewöhnlich lange weg, und so ging ich irgendwann nachsehen, was los war. Als ich die Tür aufsperrte, stand Glória nackt im Flur und schrie die beiden auf Englisch an. Als sie mich erblickte, befahl sie mir zu gehen.

In dem Augenblick kam der Schweizer mit glasigem Blick und kokainverschmierter Nase aus dem Schlafzimmer und schubste sie. Glória versetzte ihm einen Tritt, woraufhin der Araber mit der Faust auf sie einschlug. Erschrocken rannte ich hinaus und schrie: »Ich werde die Polizei rufen.«

Hastig gab ich von der Telefonzelle aus Namen und Anschrift durch und schilderte, was vorgefallen war. Kurz darauf hörte ich die Sirene des Streifenwagens.

Als ich wieder auf dem Weg zum Apartment war, kam Glória mit den beiden gerade die Treppe herunter. Sie hatte ein geschwollenes, blaues Auge. Der Araber stützte den Schweizer, der sich kaum noch auf den Beinen halten konnte.

Glória war nervös. Sie schrie mich an und fragte, ob ich tatsächlich die Polizei gerufen hätte. Ich bejahte und sagte, schließlich sei sie in Gefahr gewesen. Dann brach ich in Tränen aus. Glória entfernte ihren Namen von der Klingel und schickte mich nach oben in die Wohnung. Ich sollte alles sauber machen und niemandem die Tür öffnen, ehe sie nicht zurück sei.

Genau so machte ich es. Im Wohnzimmer herrschte das totale Chaos, überall lagen Drogenreste herum. Mehrere Stunden später kam Glória wieder. Sie erklärte, die beiden seien alte Kunden, die eine Menge Geld dafür zahlten, dass sie in dem Apartment Drogen nehmen durften, während sie vor ihnen strippte. In dieser Nacht waren sie bereits bei ihrer Ankunft stark zugedröhnt gewesen und hätten zu wenig Geld dabeigehabt. Als sie mehr verlangte, hatte es Ärger gegeben. In dem Moment war ich dazugekommen. Glória sagte zu mir, ich dürfe niemals die Polizei rufen. Sie versuche immer, ihre Probleme alleine zu lösen. Ich war da anderer Ansicht. Ich hatte Angst bekommen, dass die beiden sie womöglich nicht nur verletzten, sondern ihr noch Schlimmeres antun könnten. Und für kein Geld der Welt wollte ich meine Meinung ändern.

Glória öffnete ihre Handtasche, zog ein Bündel Geldscheine daraus hervor und sagte: »Mariana, du hast den falschen Beruf erwischt. Alles hat seinen Preis. Ich war bis eben mit den beiden Schweinen zusammen. Trotz des Durcheinanders haben wir es zu dritt getrieben. Ich habe gerade so viel Geld verdient, dass ich, wenn ich wollte, eine Woche lang nicht zu arbeiten brauchte. In meinen Augen hat es sich jedenfalls gelohnt.«

Ich schwieg. Sie tat mir leid.

Glória machte sich ein paar Heißwasserkompressen

und legte sich mehr als eine Stunde mit grobem Salz in die Badewanne. Anschließend gingen wir schlafen.

Am nächsten Morgen wollte sie ein Kleiderpaket an ihre Schwester und ihre Tochter nach Brasilien schicken. Doch ich hatte nicht die geringste Lust aufzustehen. Ich war fix und fertig von dem, was geschehen war. Auf einmal wollte ich nur noch nach Hause. Glória bestand darauf, dass ich sie zur Post begleitete. Widerstrebend machte ich mich mit meiner Freundin auf den Weg. Am Schalter bat sie mich, die Formulare und Aufkleber auszufüllen.

»Warum füllst du sie nicht selbst aus?«, fragte ich genervt.

Sie schaute mich empört an und flüsterte mir ins Ohr: »Verdammt, Mariana! Hast du denn immer noch nicht kapiert, dass ich nicht schreiben kann?«

Ich war vor Verblüffung sprachlos. Glória war einer der intelligentesten Menschen, die ich kannte, sie beherrschte mehrere Sprachen. Offensichtlich hatte sie alle nur über das Gehör gelernt. Sie war praktisch Analphabetin.

12

April 1996
Zürich

Fátima: Schuldenbegleichung

Mit Fátima unterhielt ich mich zum ersten Mal im April 1996. Sie saß in der Mega Bar und sprach über eine »Kampagne«. Ich wusste nicht, was sich hinter dem Ausdruck verbarg. Fátima erklärte, das sei das Gleiche wie eine Novene bei den Katholiken. Sie fügte hinzu, die Bezeichnung sei eigentlich egal, wichtig sei nur, dass man daran glaube. Sie war ein einfaches, sympathisches Mädchen. Sie hatte gut zu tun, obgleich sie weder hübsch war noch Deutsch sprach. Ein paar Mal bekam ich mit, wie sie in der Mega Bar Passagen aus der Bibel vorlas. Fátima war ganz sicher nicht katholisch, ich weiß allerdings nicht genau, welcher Religion sie angehörte.

Eines Tages unterhielten wir uns ein bisschen, hauptsächlich über Belanglosigkeiten. In ihrem unbeholfenen Portugiesisch fragte sie mich, ob ich mich an einer Sammlung für die Behandlung einer Frau in Brasilien beteiligen wolle. Fátima berichtete über ihren Zustand. Diese Solidarität rührte mich, und so gab ich ihr etwas Geld, um der Kollegin zu helfen.

Bei der Gelegenheit sagte Fátima zu mir: »Mariana, ich werde nicht, nur weil ich hier bin, meine Pflichten gegenüber meinen Mitmenschen vergessen. Ich bin mein Leben lang in der Kirche gewesen und habe sie nur verlassen, weil ich hierhergekommen bin. Ich lebe in Sünde und habe eine harte Prüfung zu bestehen. Gott tut recht, und ich vertraue auf Seine Weisheit. Als Vater wird Er seine Kinder niemals im Stich lassen.«

»Was ist denn in deinem Leben passiert, dass du dich entschieden hast, hier zu arbeiten?«

»Ich bin hier, um Geld zu verdienen und die Schulden abzubezahlen, die ich in Brasilien gemacht habe. Wie, das weiß ich selbst nicht. Plötzlich sind die Dinge außer Kontrolle geraten, und ich hatte fast dreißigtausend Real Schulden.«

»Wie ist das passiert?«, fragte ich.

»Ich habe bei einem internationalen Unternehmen gearbeitet und dort die Kantine geputzt. Alle mochten mich. Um etwas für zu Hause dazuzuverdienen, habe ich angefangen, Unterwäsche und später alle möglichen Arten von Kleidung zu verkaufen. Alles lief bestens. Aber ich brauchte Geld, um Ware einzukaufen, schließlich wollten die Leute ständig das Neueste. In der Zeitung sah ich dann eine Anzeige, in der Kredite angeboten wurden. Ich bekam zwar die dreihundert Real, die ich benötigte, musste jedoch vierhundertfünfzig zurückzahlen, und zwar in drei Raten. Die zweite Rate konnte ich nicht begleichen. Ich bat meine Freunde um Geld und fand schließlich eine weitere Wucherin, um neue Einkäufe zu bezahlen. Die Lage wurde immer verzwickter. Meine Schecks kamen zurück, mein guter Name war dahin, ich bekam keinen Kredit mehr, und das Chaos war perfekt. Innerhalb eines Jahres war mein Leben zur Hölle geworden. Ich wurde aus der Firma entlassen und war zutiefst deprimiert.«

Sie holte tief Luft und fuhr fort: »Und dann, du weißt

ja, nicht wahr … In einer kleinen Stadt wie der meinen kennen sich alle und zerreißen sich die Mäuler. Mein Ruf war ruiniert. Eines Tages unterhielt ich mich mit einigen Mädchen, die Sachen bei mir gekauft hatten, und sie erzählten mir von der Schweiz. Ich dachte, das sei womöglich eine bessere Lösung, als meinem Leben ein Ende zu bereiten. Denn – Gott bewahre – sogar das hatte ich schon in Erwägung gezogen. Sie gaben mir mehrere Adressen. Aus Scham wegen meiner Schulden ging ich fortan weder in die Kirche, noch konnte ich meinen Kindern in die Augen blicken. Du verstehst, ich musste letztlich anschaffen gehen, um meine Schulden zu bezahlen. Aber ich weiß, ich weiß, dass meine größte Schuld die vor Gott ist.«

Mit der Selbstverständlichkeit eines Menschen, für den das Schicksal pausenlos Schlimmes vorgesehen hat, erzählte sie weiter: »Seit achtzehn Jahren bin ich verheiratet. Bei der Hochzeit war ich fünfzehn und noch sehr jung. Ich habe zwei Kinder und einen fleißigen, gottesfürchtigen Ehemann. Er war mein erster und einziger Mann. Ich habe ihn nie betrogen, bis zu dem Tag, an dem ich eine Freundin aus Kindertagen wiedertraf. Ich bin in Pará geboren, und in meiner Stadt gibt es viele Leute, die aus dem Nordosten kommen. Das Mädchen war die Enkeltochter meiner Nachbarin, die ebenfalls von dort stammt. Als ich noch ein Kind war, hatte sie eine Zeit lang bei ihrer Großmutter gewohnt. Uns verband ein starkes, aufrichtiges Gefühl. Dann verlor sie ihre Mutter und zog in meine Stadt. Ich versuchte, dieses Gefühl, diese Anziehung zu unterdrücken. Ich hielt es für falsch, aber es war stärker als ich. Das war genau zu der

Zeit, als meine Verwicklungen mit den Schulden und den Schecks begannen. Eines Sonntagnachmittags erzählte ich ihr von dem wunderbaren Gefühl, das ich empfunden hatte, als ich sie wiedertraf. Sie kam näher und küsste mich auf den Mund. Es war der süßeste Kuss, den ich je bekommen hatte. Damals spürte ich zum ersten Mal, was es bedeutet, beim Sex geliebt zu werden. Es war wunderschön, doch ich fühlte mich schuldig. Ich hatte ein furchtbar schlechtes Gewissen, weil ich meinen Mann betrogen hatte. Bald fing dieses Schuldgefühl an, mich zu zermürben. Ich hatte das Gegenteil all dessen getan, woran ich stets geglaubt hatte. Meine Freundin wollte, dass ich alles im Stich ließe. Sie wollte mit mir irgendwo hingehen, wo wir frei waren, ohne Verbindlichkeiten, ohne Ehemänner, ohne Kinder, ohne Schuld. Über ein Jahr lang hatten wir ein Verhältnis miteinander. Wir erlebten Momente des Glücks, waren total verliebt, und trotzdem konnte ich mich nicht entscheiden. Eines Tages beschloss ich, sie zu verlassen und in die Schweiz zu gehen. Ich habe sehr gelitten, um diese Liebe zu vergessen. Doch meine Kinder sind mir wichtiger als alles andere. Um ihretwillen gelang es mir, die Sache zu beenden … Jetzt fehlt nicht mehr viel, und ich habe meine Schulden abbezahlt. Tagtäglich bitte ich Gott, mir zu verzeihen und mir noch einmal eine Chance zu geben. Ich spüre, dass meine Prüfung zu Ende geht. Für Gott ist nichts unmöglich …«

Ich seufzte und dachte kurz über ihre traurige Geschichte nach. Dann nahm ich ihre Hand und sagte: »Fátima, ich hoffe von Herzen, dass du es schaffst, ein neues Leben zu beginnen. Zu vergessen, was wir durchgemacht haben, wird eine weitere Prüfung sein. Eine vielleicht noch viel schwerere Prüfung als die Sache mit deinen Schulden.«

»Danke! Ich vertraue auf Gott, für Ihn ist nichts unmöglich«, schloss sie bewegt.

Das war das letzte Mal, dass ich mit Fátima sprach.

Die Schweizer Polizei

Nur wenige Tage später fand in der Mega Bar eine große Razzia statt. Zum Glück war ich zu dem Zeitpunkt gerade nicht da.

Der Druck, den die Behörden auf uns ausübten, war enorm. Es hieß, dass die Polizei nach Beendigung der Aktion die »falschen Touristinnen« aussortieren würde. Zuweilen sprachen Polizisten in Zivil ausländische Frauen auf der Straße an und gaben sich als Freier aus. Wenn sie ein Mädchen auf frischer Tat ertappten, führten sie es sofort ab.

Ich beobachtete die Operation aus der Ferne. Es waren an die einhundertfünfzig Polizisten dort. Über achtzig Mädchen nahmen sie mit, darunter auch Fátima. Judite, die zum Zeitpunkt der Razzia ebenfalls in der Mega Bar war, wurde im Gefangenentransport fortgebracht, verhört und anschließend wieder auf freien Fuß gesetzt. Sie war verheiratet und hatte angegeben, zum Kaffeetrinken in die Bar gegangen zu sein.

Diese Kontrollen waren entsetzlich und deprimierend. Die Beamten legten den Mädchen Handschellen an, demütigten sie und behandelten sie wie Verbrecherinnen. Ich wusste nur zu gut, wie es war, hatte ich doch selbst schon mal eine ganz ähnliche Erfahrung durchgemacht.

Die lange Straße der Liebe war zur Einöde geworden. Angst hing in der Luft. Von der Mehrzahl der von der Polizei abgeführten Mädchen hörten wir nie wieder etwas. Diejenigen, die nach der Vernehmung gehen durften, verließen die Szene, den Schrecken noch ins Gesicht geschrieben. Die Polizisten wollten erreichen, dass die Frauen die von ihnen ausgeübte Tätigkeit gestanden. Diejenigen, die dem Druck nicht standhielten und die Wahrheit sagten, wurden unverzüglich abgeschoben.

Ich fand es durchaus nachvollziehbar, dass die Schweizer Regierung etwas dagegen unternahm, dass Ausländerinnen ins Land kamen, um illegal der Prostitution nachzugehen. Die Art und Weise ihres Vorgehens jedoch hielt ich für grundfalsch. Vielleicht hätten sie Steuern erheben oder ein Gesetz erlassen sollen, um die Arbeit der »Touristinnen« zu regeln … ich weiß es auch nicht. Solche Fragen waren für uns letztlich zu hoch. Die Freier waren jedenfalls auch gehörig erschrocken und hatten sich vorerst aus dem Staub gemacht.

Am fünften Tag nach der Razzia traf ich Carolina. Sie stammte aus Goiás, und ich kannte sie aus der Zeit im Medusa.

Carolina war fünf Tage in Haft gewesen. Sie berichtete, sie sei alleine in ihrem Zimmer gewesen, als die Polizei eintraf. Mit ihrer Handtasche sei sie die Treppe hinuntergegangen und habe ihren Zimmerschlüssel bei einem Fenster versteckt. Ein Polizist habe sie festgenommen und sie zusammen mit acht weiteren Frauen in einen

Gefangenentransporter gesteckt. Der Kerl machte sich nicht mal die Mühe, auch nur anzuhören, was sie ihm zu sagen versuchte. Die Mädchen wurden in einen großen Raum in der Hauptwache geführt. Eine gute Weile später kamen zwei Polizistinnen mit Gummihandschuhen herein, die sie bis auf die Haut eingehend untersuchten. Sie nötigten die Frauen, lange weiße Hemden anzuziehen, und verwahrten ihre persönlichen Gegenstände, nachdem sie diese einzeln aufgelistet hatten, in durchsichtigen Umschlägen. Carolina steckten sie in eine Zelle, in der nur ein Bett stand. Darin lag allerdings schon eine junge Afrikanerin. Vier Nächte lang musste sie auf dem Boden schlafen. Während des anschließenden Verhörs wollten die Polizisten wissen, wie sie in die Schweiz gekommen war. Sie wollten den Namen des Mittelsmannes hören, der die Anschriften der Bars herausgab. Nun, sie wollten alles wissen. Carolina blieb standhaft und verriet nichts. Sie sagte, sie sei bei einem Freund zu Gast und festgenommen worden, als sie nach einer brasilianischen Bekannten suchte. Nachdem sie ihre Geschichte überprüft hatten, ließen sie das Mädchen frei.

Mit traurigem Lächeln sagte Carolina, sie fühle sich wie ein Vogel außerhalb seines Käfigs. In ihren Augen lag ein merkwürdiger Glanz. Ich erkannte darin das gleiche Funkeln des Wahnsinns wie in Martas Augen, damals als ich sie in der Klinik besuchte.

Fernandinha, in der Straße der Liebe auch unter dem Spitznamen Mel – Honig – bekannt, war vierundzwanzig Jahre alt. Sie hatte grüne Augen, blondiertes Haar und war von ihrer Cousine Adriana, einem sanftmütigen, in der Szene sehr beliebten Mädchen, aus Santa Catarina geholt worden. Fernandinha war kein sonderlich positiver Mensch und hatte an allem etwas auszusetzen. Sie war geschieden und Mutter von Zwillingen. Ihr Versuch, in Brasilien reich zu heiraten, war fehlgeschlagen. Der Vater interessierte sich kaum für seine Kinder. Sie gab ihr ganzes Geld für Schmuck, Kleidung und teure Geschenke aus, die sie ihren Liebhabern machte. Monatelang schickte sie ihrer Mutter keinen Cent für den Unterhalt ihrer Kinder. Aus Mitleid ließ ihre Cousine den beiden schließlich eine kleine Summe zukommen. Adriana war sehr wütend auf Fernandinha, und aus den beiden waren inzwischen erklärte Feindinnen geworden.

Kurz vor der Razzia hatte Fernandinha sich an den Mann von Nádia herangemacht, einer eifersüchtigen jungen Frau, die ebenfalls in der Mega Bar verkehrte. Am Ende verprügelte Nádia sie zwar wegen dieser Geschichte, aber es half alles nichts. Sie behauptete weiterhin, sie sei das Opfer von Gerüchten und Intrigen geworden, und beklagte sich, dass sie kein Geld hatte, um zu ihren Kindern nach Brasilien zu fahren.

Ich bemühte mich, einen gewissen Abstand zu ihr zu halten. Niemals vernahm ich etwas Konstruktives oder Angenehmes aus ihrem Munde. Als Fernandinha bei der Razzia festgenommen wurde, bekam sie einen solchen Anfall, dass die Beamten dachten, sie stehe unter Drogen. Doch war er darauf zurückzuführen, dass die Polizei an die fünfzigtausend Dollar in ihren Sachen gefunden hatte. Die Behörden stellten das Geld sicher. Sie blieb vierzehn Tage in Haft und musste, als sie die Herkunft des Geldes erklären sollte, schließlich zugeben, dass sie als Prostituierte arbeitete.

Wir alle waren bass erstaunt, als wir hörten, dass sie so viel Geld zurückgelegt hatte, während ihre Kinder in Brasilien Hunger litten. Schließlich wurde sie ohne einen Heller in der Tasche abgeschoben. Sie war Opfer ihres Egoismus geworden.

Da nach der Razzia die Kunden auf sich warten ließen, verbrachte ich einige Wochen in Italien. Auf der Rückfahrt im Zug traf ich Raquel. Sie sah blendend aus und war guter Dinge. Gemeinsam mit Hans wohnte sie in einer Villa in der französischen Schweiz, in der ein philippinisches Ehepaar mit drei süßen kleinen Mädchen beschäftigt war. Hans und Raquel behandelten die drei wie ihre eigenen Töchter. Die beiden gehörten mehreren Organisationen für kulturelle Integration an und kämpften für die Rechte der Kinder in der Dritten Welt. Raquel zeigte mir einen Zeitungsartikel, in dem sie und ihr Mann sich über die Beziehung zwischen Menschen aus unterschiedlichen Ländern und Kulturen äußerten. Sie sahen glücklich aus auf dem Foto. Ich freute mich, dass sie eine sinnvolle Aufgabe gefunden hatte, für die sie lebte und kämpfte. Ihre Augen strahlten vor Freude und innerem Frieden.

Ich blieb fast den gesamten Sommer über in Italien. Hilda lud uns für zwei Wochen nach Lugano ein, wo ich endlich den lang erträumten Dampferausflug über den See unternahm. Es war eine Überraschung, die Stadt mit den Augen einer echten Touristin zu betrachten.

In jenen Tagen rief Glória mich häufig an. Nach dem

Zwischenfall und dem fürchterlichen Streit schien sie allmählich anzufangen, über sich selbst nachzudenken. Ich weiß, dass es sie schwer getroffen hatte, als ich ihr bei unserem Gespräch sagte, sie werde allmählich zu hart. Sie bat mich sogar um Entschuldigung dafür, dass sie mich beschimpft hatte, als ich in der Absicht, ihr zu helfen, die Polizei gerufen hatte.

Ich mochte Glória. Ich hatte mir eine Auszeit von meiner Arbeit genommen und merkte, dass auch sie im Begriff stand, eine wichtige Entscheidung in ihrem Leben zu treffen.

Als sie mich im August 1996 das letzte Mal anrief, sagte sie, dass sie nach Brasilien fahren und versuchen wolle, ihre endgültige Rückkehr zu organisieren. Ich freute mich über ihre Entscheidung und wünschte ihr alles Glück der Welt. Glória stellte mir ihr Apartment zur Verfügung. Den Schlüssel hatte ich noch immer.

Janetes Tagebuch

In jenem August des Jahres 1996 stolperte ich beim Zeitunglesen zufällig über die Nachricht vom Tode Janetes. Ich hatte sie und Jaqueline völlig aus den Augen verloren, über Renata jedoch erfahren, dass Jaqueline inzwischen in London wohnte. Sie arbeitete in einem italienischen Restaurant, in dem auch ihr Freund als Sänger auftrat. Zwar habe ich Jaqueline nicht sehr gut gekannt, aber ich bin mir sicher, dass sie mit Janete eng befreundet war.

Janete verkehrte in den Nachtlokalen der italienischen Schweiz. Es hieß, sie habe ihren Mörder in der Galerie kennen gelernt: einen nach gefährlichen Sexspielen süchtigen, reichen Mann mit unzähligen Spleens. Der Kerl blieb oft stundenlang bei Janete im Zimmer. Er liebte es, sich wie eine Frau zu kleiden, schminkte sich und trug stets ein Hundehalsband bei sich. Eine seiner bevorzugten Nummern war, wie ein ungezogenes Hündchen behandelt und dafür bestraft zu werden.

Im Prostituiertenmilieu trifft man immer wieder auf Kunden, die bestraft, wie Sklaven behandelt oder gefesselt werden wollen. Diese Spielchen sind nicht zu unterschätzen und oft sogar gefährlich. Bei dem einzigen Mal, als ich etwas Derartiges ausprobierte, war ich über meine eigene Reaktion zutiefst erschrocken. Es bereitete mir nämlich tatsächlich Lust, den Freier auszupeitschen. Glória, die damals dabei war, musste mich irgendwann sogar ermahnen: »Es reicht, Mariana. Es ist genug, sonst müssen wir ihn ins Krankenhaus bringen.«

Ich hatte so große Lust verspürt, auf diesen Mann einzuprügeln, dass ich es im Eifer des Gefechts übertrieben hatte. Er hatte am ganzen Körper Wunden und war blutüberströmt. Ich schwor mir, dass ich mich nie wieder auf dergleichen einlassen würde. Es war viel zu gefährlich.

Die Wahrheit über Janetes Tod kam durch ein Tagebuch ans Licht, in dem sie die Fantasien dieses Freiers festgehalten hatte. Anfangs waren es banale, alltägliche Praktiken, doch mit der Zeit nahmen sie erschreckende Ausmaße an. Die beiden konsumierten dabei sogar Heroin. In Janetes Zimmer fand die Polizei verschiedene

Accessoires wie Lederwäsche, Kerzen, Peitschen, Pinzetten für den Intimbereich, Vibratoren in verschiedenen Größen sowie besonderes Zubehör für sadomasochistische Spiele.

Ich kannte Janetes heikles seelisches Gleichgewicht, und sofort fielen mir ihre Puppen und ihr Doktor wieder ein. Es war für sie ein Leichtes, sich in eine Welt fernab der Realität zu katapultieren. Da sie Drogen nahm und mit einem Menschen mit derart kranken Wünschen an ihrer Seite, wagte ich mir gar nicht auszumalen, was wohl geschehen sein und welche eine Art von Beziehung sie mit einem Mann wie diesem geführt haben mochte. Allerdings konnte ich beim besten Willen nicht verstehen, wie sie sich auf einen solchen Kunden überhaupt hatte einlassen können. In der Vergangenheit war sie als Gefangene der Spanier gezwungen gewesen, alles hinzunehmen, doch jetzt war sie frei.

Auf einer der letzten Seiten von Janetes Tagebuch hatte sie eine Begegnung mit diesem Freier beschrieben. Nach einer Sklavenbehandlung hatte er erklärt, er wolle seine Notdurft auf dem Fußboden des Badezimmers verrichten, in das er sich daraufhin mehrere Stunden lang einschloss. Als er wieder herauskam, war das Bad sauber, und auf seinen Lippen lag ein merkwürdiges Lächeln. Dann stellte er Janete eine große Überraschung in Aussicht. Er lud sie für den nächsten Tag zum Abendessen in seine Wohnung ein, ihm schwebte ein besonderes Fest vor. Dieser nächste Tag sollte ihr Todestag sein.

Janetes Leichnam wurde mit schweren Verbrennungen am Ufer des Locarner Sees gefunden. Bei der Obduktion stellten sie jede nur erdenkliche Art von sexueller Gewalt fest. In ihrem Magen entdeckten sie Reste von menschlichen und tierischen Exkrementen.

In der Wohnung des Freiers fand die Polizei einen ordentlich gedeckten Tisch mit Leinentischwäsche, Porzellangeschirr, Besteck, Kristallgläsern und Silbertabletts. In den Schüsseln und auf den Tellern befand sich das Gleiche wie in Janetes Magen.

Es dauerte eine Woche, bis die Polizei den Leichnam freigab. Auf Janetes Beerdigung traf ich Jaqueline. Durch sie erfuhr ich die Einzelheiten der Tragödie.

Mehrere Dutzend Freundinnen nahmen an dem Begräbnis teil. Leben und Tod von Janete sollten sich dem Gedächtnis der Frauen, die während der neunziger Jahre in der Prostituiertenszene Europas verkehrten, auf ewig einprägen. Dies war der Boden des Abgrunds, jene Seite im Menschen, die wir möglichst aus unserem Denken ausklammern und von der wir hoffen, dass es sie nicht gibt.

Nach kurzer Zeit verschwand die Angelegenheit aus den Schlagzeilen.

Einen Monat später las ich in der Zeitung auf Seite vier eine Meldung, die meine Aufmerksamkeit erregte: Italienische Schweiz – Industrieller verwickelt in Prozess um Mord und Prostitution. Er war für schuldig erkannt und in eine Privatklinik in der französischen Schweiz eingewiesen worden. Unter Hausarrest sollte er sich einer Psychotherapie unterziehen.

13

September 1996
Zürich

Francine

Ich habe stets daran geglaubt – und bin noch immer davon überzeugt –, dass nichts im Leben aus Zufall geschieht. Meine Begegnung mit Francine betrachte ich daher als schicksalhaft. Ihr Wesen und ihre Art, sich den Problemen des Lebens zu stellen, haben mich eine Menge gelehrt. Ich traf sie zum ersten Mal an einem Septembernachmittag im Jahr 1996 in der Mega Bar.

Francine war hochgewachsen und dünn und mit ihrem hellen glatten, langen Haar eine strahlende platinblonde Schönheit. Ihrem fein geschnittenen Gesicht sah man kaum an, dass es geschminkt war. Sie war noch sehr jung und ganz anders als die meisten Mädchen des Hauses. Ihre Eltern waren deutschstämmige Südbrasilianer. Neuzugänge wie sie verursachen an Orten wie der Mega Bar meist Probleme. Doch mit ihrem sanften, aufmerksamen Wesen lebte Francine sich rasch ein. Ich wurde zu einer ihrer ersten Freundinnen in Zürich.

An dem Tag, an dem wir uns kennen lernten, erwähnte ich beiläufig, dass ich auf der Suche nach einem Apartment sei. Ich müsse demnächst die Schlüssel der Wohnung einer Freundin zurückgeben, die in den kommenden Wochen aus Brasilien zurückkehrte. Francine antwortete, sie habe ebenfalls keine Bleibe, um ihre Kunden zu bedienen. Sie wohnte in einem Hotel in der Straße der

Liebe und konnte dort nicht ständig mit verschiedenen Männern ein und aus gehen. Sie erklärte, ihr Freund, ein junger Schweizer, den sie im Flugzeug kennen gelernt hatte, sei bereit, auf ihren Namen einen Mietvertrag zu unterschreiben, sobald sie eine Wohnung gefunden hätte.

Ich mochte Francines Art. Wir beschlossen, zusammen zu arbeiten. Glória erklärte sich am Telefon damit einverstanden, dass ich Francine bei mir wohnen ließ. Noch am selben Tag verließ Francine das Hotel.

Bereits vor Glórias Rückkehr gelang es uns, eine Wohnung zu finden, und zwar in dem Haus, in dem auch Juliana lebte. Sie spielte Tag und Nacht an den Videoautomaten in den Bars der Straße der Liebe Poker und lebte wie im Wahn. Ein echtes Trauerspiel.

Das Zusammenleben mit Francine tat mir gut. Sie war fröhlich und gut gelaunt und hatte eine besondere Gabe, Spitznamen für die Menschen zu erfinden. Mit ihr konnte ich endlich wieder lachen und die heitere und fröhliche Seite des Lebens sehen. Nach kurzer Zeit waren wir die dicksten Freundinnen.

Nádia, einem Mädchen aus Bahia und Tochter des Hauses in der Mega Bar, verpasste Francine den Spitznamen Emília. In der Tat erinnerte Nádia an die gleichnamige Stoffpuppe aus der brasilianischen Fernsehserie *O Sítio do Picapau Amarelo:* Sie war dünn und kleidete sich seltsam, trug Rottöne und Streifen, Tiger- und Zebramuster, aus der Mode gekommene Schnitte, Plastikohrringe und schminkte sich übertrieben. Nádia lachte häufig unmotiviert und immer extrem laut. Mit ihrer extravaganten Art fiel sie sofort überall auf. Sie galt als intelligent, sprach gut Deutsch und wusste, dass ihr Typ gefragt war. Da sie der festen Überzeugung war, dass die Männer bestimmte Übertreibungen liebten, benahm sie sich entsprechend. Sie hatte gut zu tun und Erfolg. Dabei war sie verheiratet. Ihr Mann tauchte sogar regelmäßig in der Mega Bar auf, doch das störte sie keineswegs. Sie war streitbar, und wenn es brenzlig wurde, drohte sie: »Ich werde meinen Mann rufen.«

Francine meinte, es sei ratsam, sich mit Emília stets gut zu stellen.

Eine andere Kollegin, die schlampige Morgana, taufte Francine auf den Namen Cuca. Cuca kleidete sich wie eine Zigeunerin, war dick und hässlich und etwa vierzig Jahre alt. Ihr Geheimnis war Francine unbegreiflich: Sie war stets von attraktiven, treuen Stammkunden umringt. Mit der Zeit verstand ich, weshalb Cuca so beliebt war. Sie war nett, fröhlich und hatte unglaublich viel Charme. Wenn sie es auf einen Mann abgesehen hatte und ihn haben wollte, dann bekam sie ihn mit Sicherheit in ihr Bett. Morganas Augen waren wie dunkle Zauberspiegel.

Eine andere bemerkenswerte Gestalt war Doutora, die Doktorin. Es war unvorstellbar, dass eine Frau mit ihrem Aussehen Prostituierte war. Tatsächlich behauptete sie, in Brasilien Rechtsanwältin zu sein. Doutora steckte ständig mit Eva zusammen, einem extrem klein gewachsenen Mädchen mit hüftlangem Haar.

Dann war da noch Feia, die Hässliche, eine Kolumbianerin, die sich in den Tiefen der Bar verkroch und Tag für Tag auch dort blieb. Ohne je irgendjemanden zu stören, wurde Feia eines Tages unsere Chefin: Sie heiratete schließlich Signor Geraldo, den Besitzer der Mega Bar.

Nach der Hochzeit veränderten sich die Arbeitsbedingungen in der Bar – zu unserem Vorteil. Feia bestand darauf, dass die Mädchen ordentlich behandelt wurden, und von nun an mussten wir nicht mehr die ganze Zeit über etwas trinken. Sie hatte schließlich am eigenen Leib erlebt, wie das war.

Eines Tages sprach Feia Francine auf ihren Spitznamen an, der inzwischen in aller Munde war, und verlangte eine Entschuldigung von ihr. Francine schwor, sie habe nichts damit zu tun, und tat so, als sei sie beleidigt über den Verdacht. Am Ende lachten wir alle zusammen. Selbstverständlich hatte Francine sich den Spitznamen ausgedacht. Bald bezeichneten wir beide das Karree um die Mega Bar als Kindergarten und amüsierten uns über die komischen Gestalten, die hier verkehrten. Das war unsere Art, die täglichen Spannungen abzubauen und uns die Arbeit zu erleichtern. Mit der Zeit festigte sich unsere Freundschaft.

Mir machte die Tatsache, dass Francine männliche Geschlechtsorgane hatte, nichts aus. Für mich war sie stets eine besondere Frau, die in den Körper eines Mannes hineingeboren worden war. Ich glaube, unsere Lebenswege haben sich gekreuzt, damit wir einander helfen konnten. Mein Wunsch war es, einen ordentlichen Batzen Geld zu sparen, um endgültig mit der Arbeit im Gewerbe aufhören zu können. Francine kämpfte dafür, ihren Traum verwirklichen zu können: sich einer Geschlechtsumwandlung zu unterziehen.

Nachdem ich sie kennen gelernt hatte, änderte ich

meine Ansicht über Trans- und Homosexuelle. Das sind Menschen, die gegen etwas kämpfen, das sie sich nicht ausgesucht haben. Sie müssen sich so vielen Vorurteilen widersetzen, werden aber fast immer von ihrer Familie und der Gesellschaft abgelehnt.

Im Falle Francines traf ich einen sehr empfindsamen Menschen, der genau wusste, was er wollte. Einen korrekten und weitaus wertvolleren Menschen als viele andere, die mir in meinem Leben schon begegnet sind.

Francine wurde 1974 in der Stadt Porto Alegre geboren. Ihre Mutter Carla stammte aus einer einflussreichen, wirtschaftlich und sozial gut gestellten Familie. Sie hatte Malerei studiert, weil sie von Kindesbeinen an Zeichnungen und Landschaften kopiert hatte. Unmittelbar nach dem Abschluss ihres Studiums hatte sie sich ein Atelier eingerichtet, in dem sie sich stundenlang mit ihren Leinwänden und Farben beschäftigte. Dann erlitt Carla nacheinander mehrere Panikattacken und isolierte sich vollständig von Gott und der Welt. Nachdem mehrere Therapien fehlgeschlagen hatten, schickte die Familie sie nach São Paulo zu einem bekannten deutschen Psychoanalytiker. Carla verliebte sich in den Therapeuten und erlebte eine wunderschöne Liebe. Die Behandlung verlief erfolgreich, doch der Arzt war verheiratet, und die Affäre endete nicht glücklich. In seiner Praxis aber war Francine gezeugt worden.

Als Carla nach Porto Alegre zurückkehrte, bedrängte die Familie sie, die Schwangerschaft abbrechen zu lassen, doch sie beschloss, das Kind zu bekommen. Angesichts der Lage besorgte der Großvater und Patriarch ihr einen Ehemann, dem Carla drei weitere Kinder gebar. Sie tat jedoch alles, damit Francine eine glückliche Kindheit hatte. Obgleich sie wusste, dass ihr Kind anders war, ließ sie es niemals im Stich und tat alles Erdenkliche, um ihm zu helfen. Als indes die Textilindustrie in die Krise geriet, war es mit dem Reichtum der Familie vorbei. Carla erteilte von nun an Klavierstunden und versuchte so, die Ausbildung ihrer Kinder zu gewährleisten.

Francine studierte, fernab von der Familie und den Vorurteilen, Literaturwissenschaften an der Universität von São Paulo. Irgendwann ließ Carla sich scheiden und war nicht mehr in der Lage, Francines Studium weiter zu finanzieren. Die jedoch weigerte sich, nach Porto Alegre zurückzukehren. Um ihren Abschluss machen zu können, fing sie an, sich zu prostituieren. Sie ging eine Beziehung mit einem Professor ein und zog mit ihm nach Rio de Janeiro.

Die Affäre dauerte lange genug, so dass sie ihr Leben organisieren konnte. Irgendwann lernte sie ein paar Leute kennen, die ihr den Weg nach Europa und in die Arbeit als Prostituierte ebneten. Seit ihrer Kindheit hatte sie davon geträumt, einmal in die Schweiz zu reisen.

Francine erzählte mir, sie habe bereits als kleines Kind festgestellt, dass sie lieber mit Puppen als mit Autos spielte. In der Schule hatte sie sich zu Jungen hingezogen gefühlt und daher Angst, ihr Geheimnis könnte entdeckt werden.

Mit dreizehn erzählte sie ihrer Mutter, dass sie sich wie ein Mädchen fühle und sich gerne schminken und Sandaletten und Röcke tragen wolle. Die Eröffnung kam für die Mutter nicht weiter überraschend. Sie erklärte Francine alles über Homosexualität und sagte ihr, sie solle sich deswegen nicht schämen, sie solle sich vielmehr ihren Platz erkämpfen und sich Achtung verschaffen.

Als Francine hörte, dass mit Hilfe von plastischer Chirurgie und Hormonbehandlungen körperlich eine Frau aus ihr gemacht werden konnte, beschloss sie, sich operieren zu lassen. Das wurde von da an zu ihrem vornehmlichen Ziel im Leben. Sie war mit dem festen Entschluss nach Zürich gekommen, sich das Geld für eine Geschlechtsumwandlung zu beschaffen.

Es war die schönste Zeit, die ich in Zürich verbrachte.

Der Betrieb war deutlich besser geworden, und ich hatte abermals eine stattliche Summe zusammenzutragen vermocht. Wir arbeiteten jetzt für eine Modell- und Hostessagentur, die sich mit uns in Verbindung setzte, wenn sie unsere Dienste benötigte. Das Ehepaar, das die Agentur leitete, behielt zwar die Hälfte des von den Kunden gezahlten Betrages ein, doch riefen sie uns häufig, um bedeutende Persönlichkeiten zu begleiten. Über die Agentur lernte ich Bankdirektoren, Schmuckhändler und Politiker aus ganz Europa kennen.

Einmal fuhren wir übers Wochenende mit zwei russischen Männern nach Sankt Moritz in ein Hotel, das mir vorkam wie das Paradies. Am ersten Tag führten uns die beiden in die Hotelboutique und kleideten uns von Kopf bis Fuß neu ein, wie zwei Prinzessinnen. Als wir uns zum Abendessen herausgeputzt hatten, behängten sie uns mit Schmuck. Ehe sie am Sonntag zu einer Sitzung aufbrachen, gaben sie uns noch Geld zum Einkaufen. Am Montagmorgen kamen die beiden Inhaber der Agentur, um uns abzuholen.

Bei anderen Gelegenheiten waren die Treffen kürzer und dauerten rund eine Stunde. So lernte ich eine weitere Seite meiner Tätigkeit kennen, denn diese Männer hatten ein deutlich höheres Niveau als die Freier in der Mega Bar. Oft unterhielten wir uns nur und hatten gar keinen Sex. Ich finde es bis heute bemerkenswert, dass es tatsächlich Männer gibt, die nur Gesellschaft suchen, damit ihnen jemand zuhört und ihnen hilft, der Einsamkeit zu entfliehen.

Ich beschloss, mit Francine nach London zu reisen und ihr bei der Operation beizustehen. Ich wollte an diesem für sie so wichtigen Moment teilhaben, schließlich hatte ich ihr Ringen aus der Nähe miterlebt. Ich erinnere mich noch genau an Francines Freude, als sie die ersten tausend Euro für die Behandlung aufbringen konnte. Häufig musste ich mit ansehen, wie sie aus Angst und Nervosität in Tränen ausbrach. Ich erlebte schreckliche Szenen mit, dennoch hielt sie entschlossen an ihrem Ziel fest.

Manchen Kunden fiel gar nicht auf, dass Francine eine Transsexuelle war. Wenn sie jedoch auf dem Zimmer dahinterkamen, reagierten sie oft grob und aggressiv. Dann legte Francine meist eine Pause ein, atmete tief durch, rauchte eine Zigarette und fing wieder von vorne an.

Ich beschloss, ihr eine besondere Passage in meinem Buch zu widmen. Es ist die authentische Geschichte eines Menschen, der mit großem Mut sein Ziel erreicht und sich seinen Platz erkämpft hat.

Im Januar 1997 lief der Vertrag für unser Apartment

aus. Das war auch das Datum – so hatten wir es abgemacht –, an dem ich aufhören wollte, nachts zu arbeiten, und an dem Francine die dreißigtausend Dollar zusammenhaben wollte, um ihre Operation zu bezahlen. Am 30. Januar des Jahres sollte sie in die Londoner Klinik eingewiesen werden, um den Eingriff vornehmen zu lassen.

Weihnachten 1996 verbrachte ich im Aosta-Tal in Italien. Ich konnte zwar nicht Ski laufen, aber Cristofer hatte von Gianluca bereits gelernt, wie man mit den Brettern umgeht. Auch Carol fing an, ihre ersten Stürze im Schnee hinter sich zu bringen.

Wir waren uns inzwischen mit Leonardo, Gianlucas Sohn, sehr viel näher gekommen. Die Kinder liebten sich. Angela und ihr Freund wollten den Jungen vorbeibringen, damit er einige Tage mit uns verbrachte.

Es war Heiligabend. Unser Chalet war über und über festlich geschmückt. Als es läutete, ging Gianluca an die Tür und öffnete sie. Ich stand oben auf der Leiter und war gerade dabei, den großen Weihnachtsbaum zu Ende zu dekorieren.

Es waren Angela, Leonardo und ... Lorenzo. Ich verlor glatt das Gleichgewicht und stürzte, woraufhin es ein Riesendurcheinander gab. Nachdem sich alle vergewissert hatten, dass ich nicht verletzt war, stellten wir uns einander vor.

»Sehr erfreut, Sie kennen zu lernen. Entschuldigen Sie das Chaos. Das hier sind meine Kinder, Cristofer und Carolina, unsere hübsche Carol ...«, konnte ich inmitten meines inneren Erdrutsches gerade noch herausbringen.

»Was für reizende Kinder, herzlichen Glückwunsch«, sagte Lorenzo ungezwungen.

Sie ließen Leonardo bei uns und gingen. So trafen sich Vater und Tochter, ohne zu wissen, wer sie waren. Dies war ein Geheimnis, das ich in meinem Herzen bewahren musste.

Ich konnte nicht mit Sicherheit sagen, ob Lorenzo mich erkannt hatte. Jedenfalls war er sehr höflich und zurückhaltend.

14

Februar 1997
London

Die schönste Reise meines Lebens

Der Flug nach London startete um acht Uhr morgens von Mailand. Gianluca und ich waren auf dem Weg in die britische Hauptstadt, um Francine zu besuchen. Sie lag in einer bekannten Londoner Klinik und wartete sehnsüchtig auf den Tag ihrer Operation. Gianluca würde nur das Wochenende in London verbringen. Ich dagegen wollte eine ganze Woche bleiben und meiner Freundin in der Zeit nach dem Eingriff zur Seite stehen.

Ich stellte es mir ganz wunderbar vor, eine echte Touristin zu sein. Wir hatten in dieser Stadt, in der alles sündhaft teuer war, ein Zimmer in einem Dreisternehotel reserviert. Wir checkten also am frühen Morgen ein und gingen zur Abflughalle. Gianluca lachte, weil ich wie alle Frauen mit Übergepäck unterwegs war.

Natürlich hatte ich auch einen Reiseführer mit den besten Routen, Restaurants und Anregungen für unvergessliche Spaziergänge dabei.

Wegen des Nebels hatte unser Flug leider Verspätung. Es war eine Maschine mittlerer Größe mit je drei Plätzen links und rechts des Gangs. Ich saß in der Mitte, Gianluca am Gang. Neben mir strahlte mich eine junge Frau mit breitem Lächeln an. Wir saßen über zwei Stunden im Flugzeug. Während der Wartezeit verteilte das Bordpersonal Zeitungen zur Zerstreuung der Passagiere und bat um Entschuldigung für die Verzögerung.

Ich begann ein Gespräch mit meiner Sitznachbarin. Sie war Rechtsanwältin und hatte eine eigene Kanzlei in Mailand. Wir plauderten die ganze Zeit über, während Gianluca sich in sein Kreuzworträtsel vertiefte.

Gegen Mittag landeten wir in London. Der Zeitunterschied betrug nur eine Stunde. Trotz des Winters war es ein wunderschöner Sonnentag. Bei der Einreise kontrollierten sie meinen Pass, stellten mir jede Menge Fragen und prüften aufmerksam meine Papiere.

Für die Fahrt in die Stadt nahmen wir uns eines jener klassischen Taxis, die jeder aus Filmen kennt. Es war das Größte. Das Steuer des schwarzen Wagens befand sich auf der rechten Seite. Die Fahrt zum Hotel dauerte fünfundvierzig Minuten und kostete umgerechnet etwa achtzig Euro. Natürlich hätten wir auch die U-Bahn nehmen können, denn ich hatte mich ausführlich informiert und mir sämtliche wichtigen Informationen über die Stadt besorgt. Allerdings war ich der Ansicht, dass die Ankunft etwas ganz Besonderes sein und in einem Londoner Taxi erfolgen müsste. Die Fahrt führte unter anderem am Hyde Park vorbei. Gianluca und ich genossen schweigend das schöne Panorama. Alles war wohl organisiert, ich war begeistert.

Das Hotelzimmer war schlicht und gemütlich, es hatte einen grünen Teppich mit weißem Rosenmuster. Der Fernsehapparat war gegenüber den beiden Einzelbetten angebracht, die durch grüne, gleich gemusterte Lampen voneinander getrennt waren. Vor dem Fenster standen zwei Sessel und ein kleiner Tisch mit einem Wasserkocher und einem Teeservice darauf. Alles war aus Silber und feinem Porzellan. Als wir ankamen, duschten wir schnell und liebten uns dann. Es war ein schöner Augenblick in unserem Leben.

Die Fassade der Klinik, in der Francine lag, war sehr eindrucksvoll. Zwei schlicht gekleidete Empfangsportiers wiesen uns den Weg durch den langen Flur zum Zimmer mit der Nummer 527, wo sie uns schon sehnsüchtig erwartete.

Francine und Gianluca kannten sich nicht, was aber nicht weiter von Bedeutung war, da beide alles übereinander wussten. Francine freute sich sehr und war gerührt, uns zu sehen.

Nach dem Besuch im Krankenhaus bummelten wir noch ein bisschen durch die Oxford Street. Dort kaufte ich mir einen englischen und um diese Jahreszeit wegen des heftigen Windes und der Kälte sehr nützlichen Hut. Auch hier merkte ich wieder, dass London ein überaus teures Pflaster war. Wir liefen fast eine Stunde umher.

Kurz vor sieben Uhr abends gingen wir erschöpft und ausgehungert ins Planet Hollywood. Ich war gespannt darauf, das Restaurant von innen zu sehen. Die Fassade war hell erleuchtet, nebenan befand sich ein Geschenk- und Souvenirladen. Vor dem Lokal war eine Schlange von über zwanzig Leuten, und es dauerte ein wenig, bis wir hineindurften. Ein junger Mann in Livree und mit einem Notizblock in der Hand fragte uns auf Englisch etwas, was wir nicht verstanden. Wir antworteten auf Italienisch, woraufhin er uns auf Spanisch fragte, ob wir etwas trinken oder essen wollten. Da wir noch nicht genau wussten, ob wir dort zu Abend essen wollten, erwiderten wir, dass wir einen Drink nehmen würden. Er wies uns die Treppe zum Untergeschoss, und wir gelangten in eine warme, angeregte Atmosphäre. Am Tresen und an den kleinen Tischen saßen relativ viele Leute. Zwei Kellner jonglierten mit Flaschen und riefen bei den Gästen Beifall und Bewunderung hervor. Fotos von James Dean und anderen Hollywood-Größen schmückten die Wände. Ich trank eine Coca-Cola, Gianluca bestellte ein Bier. Mir gefiel es in dem Lokal sehr gut.

Kurz darauf gingen wir wieder, auf der Suche nach einem Restaurant, in dem wir zu Abend essen konnten. Ein Stück weiter entdeckten wir ein Lokal, in dem die Leute riesige Steaks mit Pommes frites verschlangen, und gingen auf der Stelle hinein.

Es war mit weinroten Sofas und Tischen aus dunklem Holz eingerichtet. An der Wand hingen Bilder, von denen mir besonders eines zusagte, auf dem eine Fasanenjagd dargestellt war. Es zeigte zwei Männer, die auf einer von Bäumen umstandenen Wiese ruhten und von Jagdhunden umringt waren. Am Boden lagen einige tote Fasanen. Es war ein wunderschönes Gemälde. Gianluca erzählte mir, als kleiner Junge habe er gemeinsam mit seinem Vater an solchen Jagden teilgenommen. Er erklärte mir, wenn der Hund einen Fasan wittere, bleibe er unverzüglich stehen und gebe dem Jäger Zeit, die Waffe schussbereit zu machen. Erst wenn dieser fertig sei und den Befehl dazu gebe, laufe der Hund los, um den Fasan aufzuscheuchen. So sei die Chance, dass der Jäger schieße und treffe, deutlich größer. Mir taten die Fasane leid.

Wir wählten einen Tisch mit Blick auf den Gehsteig. Während wir aßen, beobachteten wir die extravaganten Gestalten, die die Straße entlanggingen. Ich bestellte einen Krabbencocktail mit French Dressing, der in einer halben Avocado serviert wurde, und anschließend Tintenfisch nach Mailänder Art mit Salat. Gianluca bediente sich bei Salat und Salami, orderte dann ein gegrilltes Steak mit Pommes frites. Zum Nachtisch nahmen wir beide einen Pudding. Als die Rechnung kam, erlebten wir eine böse Überraschung: Sie betrug über hundertfünfzig Euro.

Nach dem Abendessen hatten wir nicht mehr die Kraft, noch irgendetwas zu unternehmen, sondern stellten uns an die Ecke der belebten Hauptstraße und hielten ein Taxi an. Die Londoner Taxifahrer sind für ihren riskanten und Furcht einflößenden Fahrstil bekannt, doch unser Fahrer war unübertroffen. Ich hatte kaum den Namen unseres Hotels genannt, da machte er auf der Stelle kehrt und raste mit quietschenden Reifen davon.

Nach tiefem Schlaf wachten wir am Sonntagmorgen gegen neun Uhr auf. Wir gingen hinunter und frühstückten in einem von den Gardinen bis hin zum Geschirr vollständig in Rosatönen gehaltenen Saal. Frische Blumen verliehen dem Ambiente eine romantische Note. Gianluca ließ sich ein Omelett und Kaffee bringen, ich hielt mich lieber an Toast und Schokolade. Und konnte nicht widerstehen: Ich stürzte mich auch auf die verschiedenen Sorten Brötchen und Marmelade.

Dann rief ich Francine an und sagte ihr, wir würden gegen Abend noch einmal in der Klinik vorbeikommen. Gianluca musste tags darauf nach Italien zurückfliegen, und wir wollten gemeinsam die Stadt erkunden. Ich hatte schließlich noch eine ganze Woche, um bei ihr zu sein.

Wir fuhren zur Tower Bridge und ließen uns dort neben einem Wachposten in seiner typischen Uniform fotografieren. Dann nahmen wir die U-Bahn zum St. James Park, wo wir wie zwei Verliebte spazieren gingen. Beim Anblick des Buckingham-Palastes überlief mich angesichts der Erhabenheit der schwarzgoldenen Tore ein Schauer. Wir machten unzählige Fotos und gingen danach weiter zum Trafalgar Square.

Das Mittagessen nahmen wir in dem Restaurant zu uns, in dem Jaqueline arbeitete. Gianluca mit seinem gesegneten Appetit bestellte Spareribs mit Gemüse. Ich entschied mich lieber für eine Spargelsuppe. Es war schön, Jaqueline wiederzusehen. Sie wirkte sehr glücklich und wollte demnächst heiraten. Nach dem Essen bummelten wir über den Platz und waren ganz hingerissen von den Jungen, die auf ihren Skates akrobatische Kunststücke vollführten.

In der Klinik trafen wir eine gut gelaunte Francine an. Auf dem Tisch in ihrem Zimmer stand ein Strauß Rosen, den Felipe, ihr Freund, ihr geschickt hatte. Sie war total verliebt in ihn und träumte von einer gemeinsamen Zukunft. Wir tranken eine Tasse Tee zusammen, bevor Gianluca sich von ihr verabschiedete und alles Gute für die Operation wünschte. Der Eingriff war für den nächsten Morgen geplant.

Gian und ich kosteten die letzten gemeinsamen Stunden in London voll und ganz aus. Nachdem wir eine Kleinigkeit gegessen hatten, gingen wir in eine Diskothek. Als wir ins Hotel zurückkehrten, graute fast schon der Morgen.

In der Früh setzte ich ihn am Flughafen Heathrow ab und fuhr gleich weiter in die Klinik. Francine war noch nicht wieder zurück in ihrem Zimmer, und das machte mich nervös. Es war eine heikle Operation, und ich hatte Angst um sie. Am späten Nachmittag brachten sie meine Freundin endlich ins Zimmer. Sie war bei Bewusstsein, wirkte auf mich jedoch bleich und müde.

Ich hielt ihr liebevoll die Hand, um ihr Kraft zu spenden.

»Hallo! Wie geht es dir, meine Liebe?«, fragte ich vorsichtig.

»Mariana, ich bin neu geboren.«

Ich blieb bis um neun Uhr abends in der Klinik. Die Ärzte versicherten mir, dass alles gut verlaufen sei. Meine liebe Freundin hatte ihren großen Traum verwirklicht.

Trotz sichtlicher Anzeichen der Erschöpfung strahlte Francine am Dienstag überglücklich. Sie war teilweise bandagiert und an einen Apparat angeschlossen, der sie mit Morphium versorgte. Ich küsste sie auf die Wange. Sie schlug die Augen auf und fing an zu weinen. Ich kannte sie gut genug, um zu wissen: Es waren Freudentränen.

An diesem Tag unterhielten wir uns lange, und sie berichtete über die beiden Wochen vor dem Eingriff in London. Beim ersten Termin hatte ihr der Arzt erläutert, wie die Operation vonstatten ging. Er wollte das Gewebe aus dem Genitalbereich benutzen, um die einzelnen Teile eines weiblichen Geschlechtsorgans aufzubauen. So formte er beispielsweise aus der Haut des Hodensacks die

Schamlippen. Der Arzt hatte beteuert, dass das Ergebnis tadellos sein würde.

Zur Vorbereitung fanden mehrere Waschungen statt, außerdem musste Francine absolut nüchtern und ihr Magen leer sein. Nach dem Eingriff, so schärfte der Arzt ihr ein, musste sie jegliche Anstrengungen vermeiden. Bei der Operation, die unter Vollnarkose erfolgte, schuf er dann die neue Vagina.

Francine beklagte sich, sie habe beim Aufwachen einen Fremdkörper in ihrem Inneren verspürt. Der Arzt hatte ihr erklärt, es handele sich um einen Apparat, der die Öffnung frei hielt. So war gewährleistet, dass das Gewebe auch garantiert am richtigen Platz anwuchs. Der Apparat sollte in einigen Tage wieder entfernt werden. Allerdings musste Francine bestimmte Übungen zur Bildung des Vaginalkanals machen.

Meine Freundin hatte sich an die besten Spezialisten auf dem Gebiet gewandt. Sie berichtete, sie habe außerdem mehrere Befragungen durchlaufen. Da es sich um eine heikle und endgültige Operation handelte, musste sich der Patient absolut sicher sein, was er wollte. Da bestand bei ihr nicht der leiseste Zweifel. Der Psychologe stellte fest, dass es in ihrem Fall um eine rein physiologische Korrektur ging, da sie von ihrem psychologischen Profil her eindeutig eine Frau war. Wie üblich sollte sie anschließend die Einwilligungserklärung zur Operation unterschreiben, wodurch sie juristisch die Verantwortung für die Entscheidung übernahm.

In jenen Tagen in London verbrachte ich einen Gutteil meiner Zeit bei ihr. Die Position, in der sie liegen musste, ermüdete sie sehr. Bis zum dritten Tag hing sie am Tropf und wurde darüber ernährt, durfte aber auch ein wenig Wasser trinken. Manchmal unternahm ich spätnachmittags einen Spaziergang durch die Londoner Straßen. Anschließend kehrte ich ins Hotel zurück, klappte meine tragbare Schreibmaschine auf, saß bis in die Nacht und schrieb und feilte an der Struktur meines Buches.

Ich hatte noch keine Gelegenheit gehabt, die Bekanntschaft des Chirurgen zu machen, der meine Freundin operiert hatte. Dabei wollte ich dem Menschen, der Francines Traum wahr gemacht hatte, so gerne in die Augen blicken. Ich wusste, dass er am darauf folgenden Freitag die Verbände abnehmen würde. Wir waren beide furchtbar gespannt und neugierig auf das Ergebnis.

Bevor der Arzt an diesem Nachmittag kam, zeigte Francine mir einen Brief, den sie vor ihrer Einweisung ins Krankenhaus an Felipe geschrieben hatte. Ich las ihn und war tief bewegt. Auf meine Bitte hin erlaubte Francine mir, ihn hier wiederzugeben.

Lieber Felipe,
ich bin im Hotel und weiß nicht, wie spät es ist, es muss schon fast Mitternacht sein. Aber das ist im Moment unwichtig. Ich denke an Dich, wie so oft im Laufe des Tages. Doch jetzt sind meine Gefühle anders, und ich habe das Bedürfnis, Dir zu schreiben. Oft gehen mir tausend Sachen durch den Kopf, die ich Dir gerne sagen würde, aber wenn ich Dich sehe, ist alles wie weggeblasen. Ich versinke in Deinem Blick, und Deine Gegenwart lässt mich alles andere vergessen.

Wir haben bis heute zwar nur wenige Augenblicke miteinander verbracht, aber sie waren in meinem Leben sehr wichtig. Du sagst immer, ich solle die Vergangenheit vergessen, im Hier und Jetzt leben und höchstens einen kleinen Blick in die Zukunft werfen. Darauf möchte ich Dir nun antworten.

Ich bin keine Gefangene der Zeit, der Stunden, der Minuten. Für mich bedeutet leben nicht, einem konstanten Weg zu folgen und die Schritte bis zum Tod zu zählen. Wir müssen auch zurück und nach links und rechts blicken, müssen spüren, wie die Luft in die Lungen hinein- und wieder herausströmt, wie bei jedem Schritt das Blut in den Adern pulsiert, wie die Beine schwächer werden. Nur dann können wir begreifen, dass es jemanden an unserer Seite gibt, der den gleichen Weg geht. Es gibt keine Gegenwart ohne Vergangenheit, und was wir heute sind, ist Teil dessen, was unser Leben dereinst sein wird.

Betrachtet man eingehend alles, was zwischen uns geschehen ist, dann kann man daher unmöglich die Gegebenheiten und die Gefühle in einer Schatulle verschließen und sie irgendwann später einmal wieder öffnen, wie Du es immer ausdrückst. Wenn es aber das ist, was Du willst, dann lass Dir gesagt sein, dass ich Dich bereits in einem Behältnis in meinem Inneren verwahrt habe: in meinem Herzen. Du wirst es nie verlassen, aber den Schlüssel behältst Du. Wenn Du möchtest, brauchst Du es nur zu öffnen. Doch sollst Du wissen, falls dies eines Tages geschieht, wird es vielleicht für immer leer bleiben.

Du hast schon andere Frauen gehabt, die behauptet haben, in Dich verliebt zu sein, und nach ein paar Monaten war alles vorbei. Vielleicht ist dies einer der Gründe, weshalb Du in Deinen Beziehungen und Deinen Gefühlen so skeptisch bist. Ich kann das gut nachvollziehen und möchte Dir deshalb eine Geschichte erzählen.
Ich kenne jemanden, der liebend gerne im Kasino spielte, und das Unglaubliche war, dass er jedes Spiel gewann. Beim ersten Mal war es ganz selbstverständlich, bei zweiten und dritten Male auch, er hatte eben viel Glück, so dachte er. Dann wurde es jedoch zur Routine, und er glaubte, er würde niemals verlieren. Er gewann so viel Geld, dass er irgendwann nur noch um des Spielens willen spielte. Es war geradezu lästig, immerzu gewann er. Eines Tages, als er es bereits leid war, setzte er alles ein, was er besaß, in der Gewissheit, er werde ja gewinnen. Aber er verlor. Großer Gott! Er geriet in Panik und setzte nie wieder einen Fuß in ein Kasino.
Felipe, das Leben ist ein Kasino, allerdings mit einem Unterschied: Im Kasino spielt man nur, wenn man will, das Leben aber ist ein Spiel, das immer weitergeht.
Seit langer Zeit schon bist Du mir sehr wichtig. Ich weiß nicht, ob auch ich Dir etwas bedeute. Sosehr ich mich auch bemühe, ich kann nicht in Deine Seele schauen. Manchmal habe ich das Gefühl, dass Du Mitleid mit mir empfindest. Aber das ist nicht das, was ich will. Du hast Dich selbst davon überzeugt, dass ich auf eigenen Beinen stehen kann. Falls Du

nicht verstehen solltest, so will ich es Dir erklären: Ich möchte, dass Du mir gehen hilfst, ich möchte, dass wir gemeinsam gehen. Aber Du scheinst zu den Menschen zu gehören, die ihren Weg verfolgen und die Schritte zählen bis zum Tod. Wie schon gesagt, habe ich am Freitag meinen letzten Termin beim Arzt. Der Moment, in dem mein sehnlichster Wunsch in Erfüllung geht, steht unmittelbar bevor. Ich weiß, dass ich in den nächsten Tagen sehr leiden muss. Ich bin bisher nicht zum Nachdenken gekommen, aber jetzt merke ich, dass es wirklich wahr ist. Dennoch habe ich keine Angst und auch keine Zweifel, es tut mir nur leid, dass Du an diesem wunderbaren Tag nicht bei mir sein wirst.

Felipe, ich möchte Dir in vollem Ernst etwas sagen: Ich werde nach der Operation Deine Unterstützung und Deine Zuwendung brauchen. Doch es muss von Dir ausgehen. Ich wiederhole, das Schlimmste wäre für mich, wenn Du mir Deine Zuwendung nur aus Mitleid schenkst. In dem Falle ist es besser, Du verweigerst sie mir, das wird mich weniger schmerzen.

Endlich kommt der Tag näher. Wenn ich nach der Narkose die Augen öffne, wird es sein, als sei ich ein zweites Mal zur Welt gekommen, neugeboren. Nur wird dieses Mal weder meine Mutter in der Nähe sein, noch werden Du und damit Deine Zärtlichkeit und Deine Liebe, die mir alles bedeuten, da sein.

Ich hoffe, dass wir uns bald wiedersehen.

Es küsst Dich

Francine

Nachdem ich den Brief gelesen hatte, ging ich hinaus, um einen Spaziergang zu machen und ein bisschen frische Luft zu schnappen. Als ich zurückkam, hatte der Chirurg die Verbände bereits entfernt und war schon wieder gegangen. Francine erklärte mir, es sei alles in bester Ordnung. Sie beschrieb den Schmerz, den sie empfunden hatte, als einen Geburtsschmerz. Sie sagte, sie habe gespürt, wie sich etwas aus ihren Eingeweiden gelöst habe, etwas, das aus der nie vorhanden gewesenen Gebärmutter herrührte. Sie setzte hinzu, es sei nicht exakt ein Schmerz gewesen, sondern eher ein fast angenehmes Gefühl. Wir lachten beide. Francine vermochte es, sich ihren Sinn für Humor zu bewahren, und das war großartig. Ich glaube, ich war noch nervöser als sie. Laut Francine war das Schmerzhafteste die Entfernung der Vaginalsonde gewesen. Der Arzt hatte sie gebeten, die Stelle zu berühren. Sie hatte sich zunächst nicht getraut, sie dann aber unter Zuhilfenahme eines Spiegels behutsam betastet. Sie sagte, sie sei darauf gefasst gewesen, etwas mehr oder weniger Deformiertes zu erblicken, doch habe sie eine der meinen recht ähnliche Vagina gesehen.

Wir hatten viel gelacht, als sie mich einige Monate zuvor gebeten hatte, ihr meine Vagina zu zeigen. Da wir wie Schwestern waren, hatte ich kein Problem damit. Ich kam also ihrer Bitte nach, und sie prüfte sie eingehend. Nun forderte sie mich auf, die ihre zu betrachten. Ich war zwar neugierig, doch fehlte mir der Mut.

Francine sagte: »Sieh hin, Mariana. Sieh sie dir an, sie ist genau wie deine!«

In dem Augenblick kam die Krankenschwester herein und sagte Bescheid, dass es Zeit für die erste Dusche nach der Operation sei. Nur in ihrem Slip und mit einer Binde versehen, versuchte Francine aufzustehen. Sofort wurde ihr schwindelig, alles drehte sich, und die Schwester führte sie behutsam ins Bad. Die Klinik wirkte wie ein Luxushotel, alle waren sehr zuvorkommend, dienstbereit und höflich. Das war allerdings auch das Mindeste, schließlich zahlte Francine gutes Geld für die Behandlung.

Ich wartete im Zimmer. Nach ein paar Minuten stand sie nackt in der Tür des Badezimmers und kam auf mich zu. Nun war es an mir, beinahe in Ohnmacht zu fallen. Sie war tatsächlich eine Frau! Mit einer leicht geschwollenen, aber makellosen Vagina, zwischen deren Lippen die winzige Spitze der Klitoris hervorlugte.

Es war unglaublich, nur fünf Tage nach der Operation ein solches Ergebnis zu sehen. Bei genauerem Hinschauen erkannte ich die Reihe von Stichen, wo kurz zuvor die Fäden gezogen worden waren.

Nach den Worten des Arztes durfte Francine in drei Monaten Geschlechtsverkehr haben. Bis dahin musste sie dreimal täglich Übungen mit einem durchsichtigen, ungefähr fünfundzwanzig Zentimeter großen zylindrischen Apparat machen. In den ersten Tagen fiel es ihr noch recht schwer, doch dann gelang es ihr allmählich, den Zylinder vollständig einzuführen.

Francine erhielt ärztliche und psychiatrische Bescheinigungen, damit sie ihren Namen und ihren Pass ändern lassen konnte. Der Psychiater bescheinigte ihr psychische Stabilität und bestätigte, dass bei ihr Transsexualität vorlag.

Der Arzt hatte erklärt, dass Francine nach der Operation physiologisch eine Frau sein würde. Sie erhielt Anleitungen zu einigen weiteren Übungen, die zu machen waren, um das Gelingen des Eingriffs zu gewährleisten. Beeindruckt von dem Gesehenen, ließ ich meine Freundin mit dem Spiegel alleine und brach auf zu einem Stadtbummel.

Ich beschloss, in das in der Nähe der Klinik gelegene Wachsfigurenkabinett der Madame Tussaud zu gehen. Nachdem ich dreißig Minuten lang in der Schlange gewartet hatte, erblickte ich die wächserne Gestalt Pavarottis, die gleich am Eingang neben Madame Tussaud ihre Arme ausbreitete. Dort befand sich auch der Junge aus dem Film *Kevin – Allein zu Haus*. Dann kam ich in einen großen, von Arnold Schwarzenegger bewachten Raum, in dem in Reih und Glied Figuren aus Vergangenheit und Gegenwart standen: Marilyn Monroe, Cassius Clay, Elvis Presley, Bill Clinton, Ghandi, die Beatles, eine wahre Gala der Berühmtheiten.

Eine auf einer Bank schlafende alte Frau mit einem Korb, der ihr fast aus den Händen fiel, erregte meine Aufmerksamkeit. Sie wirkte so echt, dass ich spontan den Wunsch verspürte, ihr zu helfen. Auf einer Treppe, die in einen weiteren Raum führte, stand Superman. Im Gruselkabinett war eine Reihe abgeschlagener Köpfe ausgestellt. Ich las im Reiseführer, dass Madame Tussaud zu Ruhm gelangt war, weil sie während der Französischen Revolution die Hingerichteten in Wachs nachgebildet hatte. Im Museumsshop kaufte ich Andenken für meine Kinder und fotografierte und filmte, wo es nur möglich war. Nach dem Gang durchs Gruselkabinett bestiegen die Besucher Imitate von Londoner Taxis. In einer Art

Karussell mit sich bewegenden und tanzenden Wachsfiguren drehte ich zum Abschluss der Besichtigung eine Runde durch London. Ich war froh, in dem Museum gewesen zu sein: Die Bilder hatten sich mir ins Gedächtnis eingegraben und erinnerten mich an eine besonders schöne Zeit in meinem Leben. Aber leider bleibt außer den unvergänglichen Gegenständen in einem Museum nichts so, wie es ist.

Am nächsten Tag schaffte ich es, dem Wachwechsel vor dem Buckingham-Palast beizuwohnen, ehe ich in die Klinik fuhr.

Als ich mich von Francine verabschieden wollte, sah ich einen eleganten Mann aus ihrem Zimmer kommen. Er trug einen tadellosen dunklen Anzug, ein weißes Hemd und eine Brille mit dicken Gläsern. Aus der Tasche seiner Weste baumelte die Kette einer goldenen Uhr. Mit seinen blauen Augen musterte er mich eindringlich, grüßte mich und ging seiner Wege.

Dies war das einzige Mal, dass ich den Arzt erblickte, den Künstler, der Francine operiert hatte. Ich blieb bis zwei Uhr nachmittags bei ihr. Sie berichtete mir, alles sei bestens, sie müsse jedoch noch zwei Wochen im Krankenhaus bleiben.

Ehe ich ins Hotel zurückkehrte, bestieg ich einen der berühmten Doppeldeckerbusse und fuhr zu den wichtigsten Sehenswürdigkeiten Londons. Ich sah noch einmal Big Ben, verweilte einige Augenblicke bei der St.-Pauls-Kathedrale, wo ich für meine Zukunft und meine Lieben betete. Dann rief ich zu Hause an und sprach mit Cristofer. Gianluca war nicht da.

Manchmal hatte ich ein mulmiges Gefühl im Bauch, es

war die Angst, Gianluca könne womöglich nicht vollends aufrichtig zu mir gewesen sein. Ich hatte furchtbare Träume. In manchen von ihnen kam ich dahinter, dass er mich betrog, in anderen versuchte ich, ihn anzurufen, doch wollte mir partout die Nummer nicht einfallen. Zuweilen sah ich in diesen Träumen die Scheinwerfer seines Autos an mir vorüberfahren. Ich rief ihn, aber er bemerkte mich nicht, denn jemand saß neben ihm. Traurig und bedrückt schreckte ich aus dem Schlaf. Über diese Alpträume verlor ich kein Wort zu ihm.

Es dauerte ziemlich lange, ehe ich einschlief. Später rief ich noch einmal an und weckte Gian. Ich entschuldigte mich wegen der Uhrzeit. Wir redeten ein wenig, dann konnte ich endlich einschlafen.

Tags darauf kehrte ich nach Italien zurück und blieb eine ganze Woche zu Hause.

Neues Leben

Francine traf zwei Tage nach mir in Zürich ein. Felipe erwartete sie am Flughafen und begleitete sie zu dem Apartment, in dem ich sie erwartete. Sie war noch ein bisschen blass um die Nase, konnte aber mit langsamen Schritten ohne Hilfe gehen. Ihre Ankunft war ein Fest, sie bekam viel Besuch.

Meine Freundin war sich der schwierigen Tage bewusst, die bis zu ihrer endgültigen Wiederherstellung noch vor ihr lagen. Was ihr allerdings am meisten zu schaffen machte, war Felipes Kälte. Offenbar hatte er ihren Brief nicht richtig verstanden, oder aber er hatte ihn sehr wohl verstanden und versagte ihr die Zuwendung, die sie so sehr brauchte.

Felipe verlängerte den Vertrag für das Apartment, und nach meiner Abreise sollte es Marília, eine Freundin von uns, mit Francine teilen.

Marília war ein lebenslustiges Mädchen aus dem Bundesstaat Minas Gerais, und sie kochte für ihr Leben gerne. In ihrer Heimat hatte sie in einer Hütte am Rande von Belo Horizonte gewohnt, in einer illegal bebauten Gegend. Die Behörden hatten die Rückgabe des Grund und Bodens an die Besitzer angeordnet, und Marílias sämtliche Mühen erwiesen sich als vergebens. Planierraupen rissen alles nieder und bretterten über alles hinweg. Es gab Streit, die Polizei musste einschreiten, das totale Chaos. Marília erzählte, sie sei mit ihren drei Kindern einfach vor der Hütte stehen geblieben. Dann merkte sie jedoch voller Entsetzen, dass die Planierraupe sie ebenfalls unter sich begraben würde. In dem Moment hatte sie den Entschluss gefasst, ihr Leben zu ändern. Eine Cousine, die bereits in der Schweiz arbeitete, ebnete ihr den Weg.

Sie flog mit ihren drei Kindern nach Zürich, wo sie Ludovico begegnete, einem anständigen Mann, der sie unterstützte. Marília arbeitete zwar noch immer nachts, versuchte aber, eine normale Arbeit zu finden. Sie war seit knapp einem Jahr in der Schweiz.

An meinem letzten Tag in Zürich organisierten meine Freundinnen ein kleines Abschiedsfest. Marília kochte zur Feier des Tages köstliche brasilianische Spezialitäten. Wir waren froh, schließlich war es ein Sieg, wenn eine von uns ein anderes Leben anfing. Das Fest war wunderschön, ein bewegender Abschied, den ich niemals vergessen werde.

15

März 1997
Italien

Wenn Träume in Erfüllung gehen

Wir zogen an den Ort, wo Gianluca seine Werkstatt hatte, und mieteten ein kleines Haus mit Garten. Er schenkte den Kindern sogar einen Collie. Es machte mir Spaß, mich um die Mahlzeiten der Kinder zu kümmern, sie zur Schule zu bringen, fernzusehen, mit ihnen zu spielen, mich mit ihnen zu unterhalten und ihnen den obligatorischen Gutenachtkuss zu geben. Zum ersten Mal in meinem Leben fühlte ich mich ausgefüllt. Ich war rundum glücklich.

Als ich an einem Tag im März auf der Suche nach Arbeit in der Zeitung blätterte, bemerkte ich eine Reportage über eine Polizeirazzia in einer Diskothek: dem Medusa. Es waren auch Fotos dabei, und der Reporter schrieb in dem Artikel über die Ausbeutung der Frauen und den Drogenhandel. Wie es schien, veränderte sich gerade so einiges, und die italienische Regierung hatte beschlossen, dieser Art von illegaler Arbeit ein Ende zu bereiten.

Ich rief ein paar Mädchen an, um zu erfahren, wie die Dinge standen. Lange schon hatte ich nichts mehr von ihnen gehört. Nach einer Unterhaltung mit meinen engeren Freundinnen konnte ich mir ein Bild machen, wie es um ihr Leben bestellt war.

Renata war nach wie vor mit René zusammen. Sie erzählte, dass sie sich mit dem Gedanken trugen, ein Kind zu adoptieren, da sie nach einer falsch ausgeführten Abtreibung in ihrer Jugend unfruchtbar geworden war. Mit Hilfe von Psychologen war ihr klar geworden, dass es keinen Grund dafür gab, Kinder zu hassen, und dass sie sich vielmehr dringend um ihr eigenes inneres Kind kümmern musste.

Überzeugt davon, dass nur die Liebe ihrem Leben einen Sinn geben könnte, versuchte sie ein kleines Mädchen zu adoptieren. Renata wusste, dass das nicht einfach sein würde, aber sie war voller Vertrauen und Hoffnung.

Paula hatte Zwillinge bekommen. Sie war seit über sechs Monaten in Brasilien und bereitete sich auf eine weitere Schönheitsoperation vor. Sie hatte ihren Mann verlassen und war zu ihrem Liebhaber zurückgekehrt, der einen Film drehen wollte, in dem sie die Hauptrolle spielen sollte.

Von Judite gab es leider keine guten Neuigkeiten. Als ich sie das letzte Mal gesehen hatte, war es ihr nicht gut gegangen. Sie hatte in der Mega Bar in einer Ecke gesessen, Bier getrunken, und das Sprechen war ihr schwergefallen. Sie hatte behauptet, erkältet und müde zu sein, doch munkelte man, dass sie Drogen nahm. Einige meiner Freundinnen beschworen, dass sie in einer Entziehungsklinik war. Das war eine traurige Nachricht für mich, denn ich hätte niemals gedacht, dass sie Drogen nahm. Doch um ihre eigenen Worte zu gebrauchen: Es ist unmöglich, den Menschen ins Herz zu schauen.

Fátima hatte, nachdem sie aus der Schweiz abgeschoben worden war, einige Monate in Brasilien verbracht. Sie war offiziell von ihrem Mann getrennt, der sich während ihrer Abwesenheit mit einer anderen Frau eingelassen hatte. Fátima ging wieder in die Kirche, war Missionarin geworden und reiste in Brasilien und im Ausland umher. Mit ihren Bekenntnissen versuchte sie, den Menschen zu helfen. Ihre Kinder konnten wieder stolz auf sie sein.

Aus Patrícia war eine von diesen rundlichen, fröhlich lächelnden Frauen geworden. Den lieben langen Tag überlegte sie, was sie Köstliches zum Abendessen kochen könnte, entwickelte neue Rezepte für das Restaurant und probierte sie alle selbst aus. Sie war glücklich und zufrieden. Lachend sagte sie zu mir: »Bloß keine Diät, Mariana. So habe ich die Gewissheit, dass ich nicht wieder ins nächtliche Gewerbe zurückkehre. Ich würde nicht mal genug für einen Kaffee verdienen …«

Ich begriff, dass Patrícia lieber ihre Schönheit ruinierte, als das Risiko einzugehen, wieder ein derartiges Leben zu führen. Sie gestand mir, dass sie manchmal ein unstillbares Verlangen danach hatte, wieder zu trinken.

Hilda hatte einen Italoschweizer geheiratet. Sie war wieder mit ihrem Sohn vereint und hatte auch ihre Mutter aus Brasilien geholt. Die konnte nämlich nicht ohne den Enkelsohn leben, den sie von klein auf großgezogen hatte. Sie war Kosmetikerin, hatte sich auf Maniküre spezialisiert und verkaufte Wäsche an die Frauen aus dem Gewerbe. Sie hatte es also ebenfalls geschafft, aufzuhören.

Fernandinha lebte in Spanien und war mit einem Fußballspieler verheiratet. Es hieß zwar, dass sie versöhnlicher geworden sei, ihre traurige Angewohnheit aber, sich über alles zu beklagen, hatte sie nicht abgelegt.

Meine geliebte Freundin Francine war gerade in Brasilien und erholte sich bei ihrer Mutter von der Operation. Außerdem war sie mit allerlei Behördengängen wegen ihrer neuen Identität beschäftigt. Von Felipe war sie inzwischen getrennt. Er hatte ihr gesagt, er akzeptiere ihre Entscheidung und sie habe niemals sein Mitleid geweckt. Die beiden waren Freunde geworden.

Larissa wohnte in Italien. Sie hatte geheiratet, ihr Studium wieder aufgenommen und arbeitete halbtags in einem Kindergarten. Sie wünschte sich nichts sehnlicher als ein Kind.

Doutora hatte in Zürich eine Bar eröffnet, nachdem sie einen reichen, siebzigjährigen kultivierten Anwalt geheiratet hatte, den alles faszinierte, was mit Brasilien zu tun hatte.

Marta war noch immer in der Psychiatrie. Den Aussagen einiger Freundinnen nach war ihr Zustand allerdings stabil. Da sie sich verhielt wie eine Elfjährige, spielte sie die ganze Zeit über mit Puppen. Eines Tages fuhr ich sie besuchen und fand sie ruhig und zufrieden. Sie erkannte mich allerdings nicht.

Clara ging es finanziell sehr gut. Franco hatte sich in Brasilien nicht eingelebt und war nach Italien zurückgekehrt. Er hatte ihr jedoch mehrere Grundstücke überlassen und schickte ihr jeden Monat eine ausreichende Summe, so dass sie nicht arbeiten musste. Sie war Geschäftsführerin eines Nachtclubs im Zentrum von São Paulo und hatte eine Beziehung mit einem Mädchen aus Fortaleza.

Marília hatte das Apartment, das sie mit Francine bewohnte, in eine Art Küche für die Mädchen von der

Straße der Liebe umgewandelt. Sie bereitete brasilianische Gerichte und Süßspeisen zu und trug sie mit Hilfe ihrer Kinder und Ludovicos aus. Es ging ihnen allen zusammen gut, und sie waren glücklich.

Carolina war im Anschluss an die Razzia in der Mega Bar nach Brasilien zurückgekehrt und arbeitete nun in einem Reisebüro.

Jéssica ging ins Filmbusiness und ist inzwischen ein bekannter Pornostar.

Von Jacqueline bekam ich einige Briefe. Sie hatte noch immer nicht verwunden, was mit Janete passiert war.

Mit Raquel telefonierte ich ein, zwei Mal im Monat. Sie war vollauf mit ihren politischen und sozialen Aktivitäten beschäftigt und mit ihrem Leben zufrieden.

Meine liebe Freundin Glória fand inneren Frieden und Ruhe in den Armen eines Mulatten, den sie Ende 1997 heiratete und von dem sie ein Kind erwartete.

Nádia, von Francine spaßeshalber Emília getauft, hatte sich von ihrem Mann getrennt und in der Straße der Liebe eine Boutique für Damenmode aufgemacht.

Nachdem ich mich an all diese guten Freundinnen und Gefährtinnen von der Straße erinnert hatte, ging ich in eine Kirche und zündete eine Kerze für Janetes Seele an.

Einige Zeit später fand ich eine Stelle in einem Altenheim. Der Job war zwar alles andere als leicht, aber es war eine dankbare Aufgabe, den alten Leuten zu helfen.

Cristofer blieb bis fünf Uhr nachmittags in der Schule und anschließend bei Gianluca in der Werkstatt. Carol ging halbtags in den Kindergarten und verbrachte den Nachmittag bei meiner Schwiegermutter. Ich war offiziell von Carlo getrennt, und es schien, als wollte mir endlich das Glück lachen.

Diese Monate im Jahr 1997 waren die schönsten meines Lebens. Ab und an erhielt ich einen Brief von meinem Bruder Mateus mit Nachrichten von meiner Familie. Mein Vater war erkrankt, und meine Mutter war wieder zu ihm gezogen. Aus ihm war ein stiller Mann geworden. Wenn er sich gut fühlte, kümmerte er sich um den Gemüsegarten. Meine Schwestern waren allesamt verheiratet.

16

Dezember 1997
Italien

Schicksalsschlag

Ein diffuses, grelles Licht kam näher und verschwand dann nahezu. Ich schlug die Augen auf und erblickte weiße Wände. Ich wollte mich bewegen, aber meine Beine waren steif. Ich fror, und mein Mund war trocken. Ich blickte um mich, konnte aber nicht erkennen, wo ich mich befand. Ich wollte mein Gesicht berühren, aber aus meinem Handgelenk ragte ein dünner, durchsichtiger Schlauch. Es waren die Nadel und die Kanüle des Tropfs. Ich lag im Krankenhaus.

Allmählich kehrten die Bilder in meinen Kopf zurück.

Ich hörte den Klang meiner Stimme, die nach Carol rief. Dunkelheit. Dunkelheit und dann wieder Licht. Meine Gedanken schwirrten durcheinander. Bilder aus der Vergangenheit und der Gegenwart tauchten auf, ungeordnet wie bei den Karten des Tarots.

Im selben Augenblick, in dem ich die Straße der Liebe entlangging, sah ich das lächelnde Gesicht von Francine vor mir. Ich sah, wie Glória mit völlig geschwollenen Augen Faustschläge mit einem Araber austauschte. Ich sah die Polizei schreiend in die Mega Bar stürmen. Sirenen. Fotos von Gianluca und Leonardo. Die Bilder wirbelten vorüber. Lächelnde Kinder, Erinnerungsfetzen an den Unfall.

Ich versuchte aufzustehen, verspürte jedoch erneut einen Nadelstich.

Abermals Bilder, meine Kinder beim Skilaufen, ein glücklich strahlender Gianluca.

Die Flüssigkeit, die in meine Venen tropfte, machte mich kraftlos. Leere in der Brust. Schmerzen. Wie in einem Film hörte ich Sätze, sah Passagen, Gianluca bewusstlos am Steuer, Carol, die in meinen Armen schlief, Cristofer und Leonardo, die weinten.

Als ich spürte, wie Cristofers kleine Hände mich streichelten, wusste ich zunächst nicht, ob ich träumte. Ich schlug die Augen auf und sah, dass er neben mir saß. Wie ich ihn da so unmittelbar vor mir sah, fiel mir plötzlich wieder ein, was geschehen war. Wir waren über Weihnachten in die Berge gefahren. Auf dem Rückweg war auf der Gegenfahrbahn ein Wagen außer Kontrolle geraten und auf uns zugerast. Näher kommende Scheinwerfer, grelles Licht, dann der Zusammenprall.

Ich wollte mich nach Carol und Gianluca erkundigen, aber meine Stimme gehorchte mir nicht, und ich brachte kein Wort heraus. Dann verlor ich wieder das Bewusstsein und schlief weiter. Manchmal hatte ich zwar lichte Momente, vermochte aber nicht zu sprechen. Die Leere in meiner Brust wurde immer größer. Ich wollte wissen, warum Gianluca und Carol mich noch nicht besucht hatten. Dann aber dachte ich, es sei besser, zu schlafen, ich konnte die beiden ja in meinen Träumen sehen. Ich hatte panische Angst davor, zu erwachen und festzustellen, dass etwas Furchtbares geschehen war. Ich fror entsetzlich.

Das Licht verschwand vollständig. Ich hörte die Stimmen der Krankenschwestern, jemand sagte: »Willkommen, Mariana. Willkommen ...!«

Cristofer und Signora Tina, meine Schwiegermutter, standen neben meinem Bett. Mit dünner Stimme fragte ich nach Gianluca und Carol.

Keine Antwort. Die Stille und ihre Tränen bestätigten meine schlimmsten Befürchtungen. Die beiden hatten den Unfall nicht überlebt.

In jenem Moment starb ein Teil von mir. Leonardo lag im gleichen Krankenhaus und war inzwischen außer Lebensgefahr. Ich hatte fünf Tage im Koma gelegen.

Mir wäre es in dem Augenblick lieber gewesen, ich hätte nicht überlebt. Ich wusste nicht, was ich mit meinem Leben anfangen sollte ohne die Menschen, die ich so sehr liebte. Da kam mir der vermaledeite Satz von Glória wieder in den Sinn: »Alles hat seinen Preis, Mariana, wir können nicht alles haben.«

Ich fühlte mich schuldig und fantasierte, diese Tragödie sei der Preis, den ich für meine Sünden zu zahlen hatte. Ich hatte versucht, mich selbst zu überlisten, indem ich alles aufgegeben hatte. Das hatte nicht ausgereicht. Ich zweifelte an der göttlichen Gerechtigkeit ... ich mochte nicht mehr leben.

Einen Monat verbrachte ich im Krankenhaus.

Lorenzo kam zu Besuch. Nach langem Schweigen sagte er: »Mariana, mir tut sehr leid, was geschehen ist.«

»Mir auch«, antwortete ich mit Tränen im Gesicht.

»Aber das Leben geht weiter. Ich habe keine Vorstellung von dem Schmerz, wenn man ein Kind verliert. Aber denk daran, dass Cristofer dich jetzt braucht«, sagte er mit ruhiger Stimme.

»Lorenzo, hast du mich eigentlich wiedererkannt?«, fragte ich angstvoll. »Warum hast du so getan, als ob du mich nicht kennen würdest?«

»Natürlich habe ich dich erkannt! Im Anschluss an unseren Streit am Telefon habe ich sogar eine Zeit lang nach dir gesucht, aber ich habe nie wieder etwas von dir gehört. Bis zu dem Tag, an dem ich mit Leonardo und Angela zu dem Chalet in den Bergen gefahren bin. Da war es jedoch zu spät für uns, und ich fand es vernünftiger, mich so zu verhalten.«

Ich bemerkte die Aufrichtigkeit in seinem Blick. Dann atmete ich tief durch und machte meiner Seele Luft: »Ich glaube, es ist nur gerecht, wenn du es erfährst. Einige Tage nachdem du aus meinem Leben verschwunden warst, habe ich festgestellt, dass ich schwanger war. Meine geliebte Carol war deine Tochter.«

Er trat einen Schritt zurück, blickte mich einige Sekunden lang schweigend an und brach dann in heftiges Weinen aus. Er ging in eine Ecke des Zimmers und blieb lange dort sitzen. Jetzt spürte Lorenzo, was es bedeutete, eine Tochter verloren zu haben. Es war das letzte Mal, dass ich ihn sah.

Der schmale Grat zwischen geistiger Klarheit und Wahnsinn

Es war unendlich traurig, in unser Haus zurückzukehren. Der Garten und die Zimmer hatten ihre Fröhlichkeit verloren. Ich konnte nicht schlafen und verbrachte den Tag damit, Carols Sachen zu berühren und ihren Geruch zu erahnen. Nach dem Schock regte sich in mir der Widerstand. Ich fing an zu trinken.

Vom Alkohol zum Wahnsinn ist es nur ein kleiner Schritt. Wieder und wieder durchlebte ich den Unfall. Der Nebel, die laute Radiomusik, die grellen Scheinwerfer, der Zusammenprall und dann die Finsternis.

Wenn ich nicht zu Hause war, Fotos anschaute und trank, ging ich auf den Friedhof. Ich verbrachte Stunden damit, die Gräber zu betrachten. Manchmal nahm ich Carols Puppen mit und sprach mit meiner Tochter. Dann ging ich weiter zu Gianlucas Grab und redete mit ihm, als könnten die beiden mich hören. Irgendwann war ich täglich auf dem Friedhof. Ich nahm Schokolade mit und blieb bis zum Einbruch der Dunkelheit bei den beiden. Oft kam Cristofer mich abholen und sagte: »Mama, es ist spät, lass uns jetzt nach Hause gehen.«

Andere Male rief mich der Friedhofswärter und erklärte, er müsse das Tor abschließen. Ich wollte es nicht wahrhaben und tat so, als wären die beiden noch am Leben.

Die Monate vergingen, und ich war nach wie vor in diesem Prozess der Selbstzerstörung und der Schuldgefühle gefangen. Die Freunde Gianlucas und seine Familie versuchten mir zu helfen, aber es war zu spät. Ich hatte die Grenze zwischen geistiger Klarheit und Wahnsinn bereits überschritten. Signora Tina kümmerte sich um Cristofer, denn ich war nicht in der Lage, auch nur das Geringste zu erledigen.

In einer kalten, regnerischen Nacht hörte ich, nachdem ich eine ganze Flasche Wein geleert hatte, das Wehgeschrei Carols. Weinend beklagte sie sich, ihr sei kalt. Ich nahm ihre Wolldecke und ihre Lieblingspuppe und machte mich auf den Weg zu ihr. Barfuß und im Nachthemd ging ich los und kletterte über das Eisentor des Friedhofs. Irgendjemand muss mich gesehen haben, denn kurz darauf kam ein Krankenwagen.

Die Sanitäter fanden mich auf Carols Grab liegend. Verstört bat ich sie, leise zu sein, da meine Tochter schlafe. Sie wollten mich mitnehmen, doch ich wehrte mich und versuchte wegzulaufen. Meine Schwiegermutter war auch dabei, und ihr liefen Tränen über das Gesicht. Sie litt ebenso sehr wie ich, schließlich hatte sie ihren einzigen Sohn verloren.

Die Pfleger gaben mir eine Spritze. Ich verlor die Besinnung und erwachte erst wieder in einem Krankenhaus. Es war nicht dasselbe wie das Mal davor. Die Ärztin, die mich behandelte, schrieb alles auf, worüber wir redeten. Einen Gutteil der Zeit stand ich unter Beruhigungsmitteln. Nach und nach verringerten sie die Dosis. In der zweiten Woche führten sie mich in den Garten.

Das war im Juni 1998, und ich brachte Stunden damit zu, die Schönheit der Blumen zu bewundern. Die ganze Zeit über hielt ich Carols Puppe, die ich unbedingt bei mir tragen wollte, an die Brust gedrückt.

Eines Nachmittags kamen mich Signora Tina und Cristofer besuchen. Ich fühlte mich schon deutlich besser und auch ein wenig klarer. Meine Schwiegermutter, eine starke, entschlossene Frau, sprach zu mir von der Liebe. Cristofer bat mich, schnell gesund zu werden und wieder nach Hause zu kommen. Bevor sie mich verließen, sagte er: »Sieh mal, Mama, wer da ist!«

Es war meine Freundin Marta.

Nachdem die beiden weg waren, ging ich in den Garten zu Marta, die mich tief und eindringlich musterte.

»Lässt du mich ein bisschen mit deiner Puppe spielen? Ja?«, fragte sie mit heller Kinderstimme, ohne mich wiederzuerkennen. »Ich beobachte dich schon seit Tagen«, fuhr Marta fort. »Warum bist du so traurig? Immerzu weinst du ...«

Marta hielt meine Hände, Carols Puppe lag zwischen uns wie ein Bindeglied zwischen unserer Vergangenheit und der Gegenwart.

»Ich weine über Dinge, die ich nicht ändern kann. Ich habe verloren, was ich am meisten geliebt habe. Diese Puppe hat meiner Tochter gehört«, antwortete ich schluchzend.

»Vergiss, was du nicht ertragen kannst«, sagte sie mit der Stimme einer Erwachsenen.

»Hast du das denn so gemacht?«

»Jeder von uns weiß, wie viel Kraft er hat«, fuhr sie in normalem Tonfall fort. »Lässt du mich den ganzen Tag lang mit deiner Puppe spielen?«, fragte sie zum Abschluss wieder wie ein Kind.

Ich atmete tief durch und antwortete spontan: »Du kannst sie behalten. Aber sei lieb zu ihr, und pass gut auf sie auf.«

Marta ergriff die Puppe und fing an, sich mitten im Garten um sich selbst zu drehen, als tanze sie zum Klang eines unsichtbaren Orchesters.

An dem Tag wurde mir zum ersten Mal bewusst, dass ich im Begriff stand, wahnsinnig zu werden. Da beschloss ich zu kämpfen. Ich durfte nicht die Chance vertun, Cristofer eine gute Mutter zu sein.

Im August wurde ich entlassen. Cristofer hatte gerade Sommerferien. Dank ihm konnte ich schließlich Abstand zum Wahnsinn gewinnen. Nach und nach kehrte das Leben wieder in seine normalen Bahnen zurück. Ich kümmerte mich nun um das Haus, um ihn und um mich. Irgendwann fing ich an, regelmäßig in die Kirche zu gehen und allabendlich den Rosenkranz zu beten. Gott half mir, ein neues Leben anzufangen, und ich fand Trost im Gebet.

Ich wusste nicht, was die Zukunft mir bringen würde, aber ich war mir sicher, dass sie anders sein würde als meine Vergangenheit. Ich maß dem Leben jetzt größeren Wert bei und nahm die Dinge hin, die nicht zu ändern waren. Ich wollte nie mehr eine Gelegenheit verpassen, um bei den Menschen zu sein, die ich liebte.

Im September 1998 fand ich in einem Schrank zufällig meine Aufzeichnungen. Nach reiflicher Überlegung beschloss ich, dieses Buch zu Ende zu schreiben.

Gianluca hatte es mir bei seinem Tod ermöglicht, nie mehr im Gewerbe arbeiten zu müssen. Er hinterließ mir genügend Geld, damit meine finanzielle Lage gesichert war. Seine Lebensversicherung garantierte Cristofers Schul- und Berufsausbildung und gestattete mir darüber hinaus ein ruhiges Leben bis ins Alter.

Ich erwog, mit meinem Sohn nach Lugano umzuziehen. Die Schweiz ist eines der Länder, in denen es sich auf der Welt am besten leben lässt. Die letzten Monate des Jahres 1998 verbrachten wir in Italien, wo ich mein Buch vollendete und unseren Umzug in die Schweiz organisierte.

Weihnachten 1998 wollten wir in Brasilien verbringen.

Furchtlos lieben, bis an die Grenzen des Lebens

Der Kapitän kündigte an, er beginne nun mit dem Landeanflug auf den Flughafen von São Paulo. Vom Fenster aus konnte ich erkennen, wie die Entfernung zwischen uns und unserem geliebten Heimatland immer kleiner wurde. Als ich spürte, wie die Maschine auf der Erde aufsetzte, stieß ich einen acht Jahre lang unterdrückten Seufzer aus. *Ich bin zu Hause!*

Eine wunderbar angenehme Hitze wärmte mich und mein Herz. Nach so langer Zeit konnten Cristofer und ich endlich wieder lachen. Auf dem Flug hatten wir einen sehr schönen Film gesehen. Es war kaum zu glauben, aber die Hauptdarstellerin war meine hübsche und berühmte Freundin Paula.

Ich bemerkte die Begeisterung der abreisenden und eintreffenden Menschen auf diesem Flughafen, von dem ich Jahre zuvor voller Träume und Ängste in eine ungewisse Zukunft gestartet war.

Innerlich zufrieden lächelte ich.

Ich hatte ein intensives Leben gelebt, mit Augenblicken des Glücks und des Schmerzes. Ich hatte geliebt und war geliebt worden wie nur wenige Frauen.

Gianluca und Carol würden für immer in unserer Erinnerung leben und uns helfen, unsere Träume und unser Dasein voranzubringen. Nichts würde das Andenken und die glücklichen Momente auslöschen können. Ich empfand Frieden. Frieden in der Seele und im Herzen.

Wir hatten wieder ein Kapitel beendet. Aber das Leben geht weiter, und das nächste wurde schon aufgeschlagen. In mir hörte ich eine Stimme. »Achtung, Mariana!«, sagte sie. »Es ist Zeit für einen Neuanfang. Du musst die Herausforderungen des Daseins annehmen, in all ihrer Intensität, in jeder Minute, jeder Sekunde. Vor allem aber ohne Angst und ohne dich den Gefühlen dieser kostbarsten Gabe Gottes, des Lebens, zu verschließen. Furchtlos lieben, bis an die Grenzen des Lebens.«

Sabine Kuegler

Ruf des Dschungels

»Ich verbrachte meine Kindheit in der Abgeschiedenheit des Verlorenen Tals, mitten im Dschungel. All die Jahre, die ich inzwischen in der westlichen Zivilisation lebe, begleitet mich das Heimweh nach West-Papua, treibt mich der Wunsch, endlich nach Hause zurückzukehren.«
»Ihr Gesicht ist das einer Europäerin, doch in ihrem Herzen ist sie eine Eingeborene: Nun kehrt Sabine Kuegler zurück an den magischen Ort ihrer Kindheit. Doch Sabine Kuegler erkennt: Sie muss das Kind in sich zurücklassen, um den Ort ihrer Kindheit zu retten und die Menschen zu schützen, die ihr so viel gegeben haben.«

Droemer

NEDJMA

Die Mandel

Gedemütigt und verletzt bricht die junge Badra aus ihrer arrangierten Ehe aus. In Tanger stürzt sie sich in eine leidenschaftliche Affäre und erobert den eigenen Körper zurück. Doch die Liebe wird zur Obsession …
Die Mandel ist eine Geschichte voller Liebe und Leidenschaft, die berauschend und traurig, zart und grausam ist: Noch nie hat eine Frau so offen darüber geschrieben, wie schwierig es ist, in einer islamischen Gesellschaft Frau zu sein.

DROEMER